灵魂的风景：

Jeder für sich und Gott gegen alle

赫尔佐格回忆录

Erinnerungen

WERNER HERZOG

[德] 沃纳·赫尔佐格 著
沈巍 译

文匯出版社

新经典文化股份有限公司
www.readinglife.com
出　品

恩启都悲苦地叹了口气，说道："吉尔伽美什，森林的守卫者永远不会睡去。"吉尔伽美什回应道："那个能攀到天上的人到哪儿去了？"[1]

1 典出古美索不达米亚神话《吉尔伽美什史诗》。吉尔伽美什是城邦乌鲁克的国王，他三分之二是神，三分之一是人。恩启都是天神创造的野人，被派去阻止吉尔伽美什的暴政，却与后者化敌为友。二人一同冒险前往雪松森林，杀死森林守卫者、怪异之神洪巴巴，使吉尔伽美什成为森林之王。——本书脚注若无特别说明，均为编译者注

目　录

前言

我的电影《阿基尔，上帝的愤怒》（*Aguirre, der Zorn Gottes*）原本的结尾是这样的：当西班牙征服者抵达亚马孙河口时，木筏上仅剩下几具死尸，唯有一只会说话的鹦鹉还活着。当大西洋的海潮将木筏赶回汹涌的河流里时，那鹦鹉还不停地叫着："埃尔多拉多，埃尔多拉多[1]。"直到拍摄的时候，我才想到一个更好的方案：上百只猴子占领了木筏，阿基尔面对着它们，幻想着自己的新世界帝国。最近，我又看到一版未经证实的关于史实中阿基尔结局的记述。他被所有人抛弃，为了不让亲生女儿看到自己的耻辱而亲手杀死了她，又命令最后一名随从开枪打死自己。那随从用毛瑟枪对准他，一枪击中他的胸口。"什么事儿都没有。"阿基尔说。他下令随从再瞄准一次。那人又射中他的心脏。"这次应该可以了。"阿基尔说，随后便倒地死去。

---

1 El dorado，西班牙语，意为"黄金之国"，指16世纪在西班牙殖民者中流传的南美穆伊斯卡人所建立的"黄金之国"传说。

我确信，用猴子来结束这部影片是所有方案中最好的结尾。在我的故事创作，甚至我的人生中，不知道曾经拥有过多少种可能性，多少个未曾经历的方案，它们要么最终并没有成为现实，要么在多年之后才得以实现。

这本书的标题我已经在那部关于卡斯帕尔·豪泽尔的电影[1]中用过一次，但几乎没有人能够把它正确地复述出来。我在此再尝试一次。或许这个标题使我听起来太像个独行客了。但其实我身边几乎总是有合作者、家人和女性陪伴。这本书里，除了极少数几位之外，你不会了解到任何关于他们的事情。他们无一例外都是独立、坚强、美好而又智慧的人。没有他们，我也只不过是个孤影而已。

命运把我驱使到了哪儿？它是怎么不断地给予人生新的转变？而我却看到，也有许多东西是永恒不变的——那是一种从未离我而去的愿景，以及如同一位优秀士兵所应具备的那种责任感、忠诚与勇气。我总是想坚守住那些早已被人仓皇抛弃的前哨阵地。可又有多少事情是能事先预料到的呢？第二次世界大战结束二十九年后方才投降的日本兵小野田宽郎告诉过我，在傍晚的光线中，你可以看到射向你的步枪子弹，就像看到曳光弹一样。在那一瞬间，你可以看到未来。

我正写到这本书的结尾。我看到窗外有什么东西闪过，朝我扑面而来，闪着紫铜色和亮绿色的光，于是我向上望去。但那并

---

1 《卡斯帕尔·豪泽尔之谜》（*Jeder für sich und Gott gegen alle*），片名直译为《人人为自己，上帝反众生》，本书原版以此片名为书名，中文版书名为赫尔佐格导演亲自建议。

不是敌人的流弹，而是一只蜂鸟。在那一刻，我决定不再继续写下去。最后一句话就中断在我刚刚写到的地方。

1. 星辰大海

约莫中午，女人们的哭泣停止了。有人叫喊着，拉扯着自己的头发。她们走开后，我才走上前去。那是在克里特岛南岸斯法基亚镇一座墓地旁的小石楼里，只有几幢房子散落在陡峭的山崖上。那时我十六岁。那座小小的殡仪馆没有门。在半明半暗的馆内，我看到两具并排的尸体紧挨在一起。那是两个男人。后来我才得知，他们在夜里互相杀死了对方；在如此偏远古老的地区，竟仍然存在着血仇。我只记得躺在右边的死者的脸，呈现出像丁香花那样的淡青色，也有些许泛黄。他的鼻孔里塞着两团很大的棉花球，浸满陈旧的血迹。他被一颗霰弹击中了胸膛。

夜晚降临的时候，我出海了。我在一艘渔船上干了几晚的活儿。那几晚肯定是在新月形成的前后，天空中看不到月亮。一艘小艇拉着六艘小拖船，宛如神话中手持火炬的幽冥仙女，驶向公海，每艘小船上都只载着一个人。我们彼此分散开一公里左右，解开缆绳，各自留在海上。大海平静得像镜面，毫无波澜，水静如油。四下寂静得可怕。每艘小拖船上都带着一盏很大的电石灯，能照亮大海深处。灯光把鱼吸引过来，主要是墨鱼。人们会用一种很奇特的手法捕捉它们。鱼线的末端要附着一张明亮的蜡纸，形状、大小都和一根香烟差不多，把墨鱼吸引过来，让它们有吸力的触手抓住那个被误以为是猎物的东西。为了使它们抓得更紧，在闪亮的诱饵末端还要缠上一圈金属丝刷毛。捕鱼的人必须确切地知道诱饵沉入水里的深度，因为在墨鱼被拉出水面的一瞬间，它们就会立刻松开猎物，重新落入海里。拉最后那段一臂长的线时速度必须加快，好让墨鱼能一摆就落到船上。

夜晚的头几个小时是在不动声色的等待中度过的，直到某一刻，灯光所营造出的人造月亮开始起了作用。我头顶上方是宇宙的穹顶，星星好似触手可及。我仿佛身处于无边无际的摇篮里，一切都在轻轻地摇晃着我。而在我下方，电石灯的照耀下是大海的深处，它仿佛与那苍穹连接在一起，形成了一个球体。在那里的与其说是星星，不如说到处都是闪闪发光的银色小鱼。我置身于一个无与伦比的宇宙中，上、下、四周，所有声响都仿佛屏住了呼吸，我自己则突然陷入一种难以名状的惊奇之中。我相信，此时此刻我已知晓一切。我的命运变得清晰可见。我还知道，在这样一个夜晚之后，我已不会再老去。我坚信自己活不到十八岁，因为在这样的恩典的照耀下，我再也不会有平凡的时光了。

2. 阿拉曼

前段时间，我在文件中找到一张我母亲的明信片，日期是用铅笔写的，1942 年 9 月 6 日。上面的邮票印着阿道夫 · 希特勒的头像。邮戳清晰可见：慕尼黑，运动首都[1]。这张明信片是寄给慕尼黑郊外的格罗塞洛镇的 R. 赫尔佐格博士 / 教授及其家人的。那是我的祖父鲁道夫 · 赫尔佐格，他是一家之主。很显然，我母亲并没有告知我父亲存在这样一封信。

“亲爱的父亲，”她在给我祖父的信中写道，“我要告诉您，昨晚我生了一个男孩。他的名字叫沃纳。献上美好的祝福，莉泽尔。”我的名字沃纳，是对我父亲的一次反抗，他原本给我起的名字叫埃伯哈德。我出生的时候，父亲正在法国当兵，但实际上并不在哪个前线，而是在后勤部门负责分发物资，主要是食物，因为他很会偷懒。在他元旦后不久的最后一次战场假期中，母亲怀

1　运动首都 (Hauptstadt der Bewegung) 是慕尼黑在纳粹德国时期的一种称谓，这里是纳粹党的兴起地和总部所在地。

上了我。后来我母亲发现，他这十天假期的头半段是在一个情妇家度过的，之后才来找她。

我出生在第二次世界大战的决定性转折点之前。在东线，德军正试图攻下斯大林格勒，这场战役在几个月后将会导致德国在东线的灾难性惨败；而在北非，德国的隆美尔将军试图带领军队推进到阿拉曼，但很快也会将这个所谓的“千年帝国”引向类似的溃败。后来，我在二十三岁那年因为违反美国签证规定，要被驱逐回德国，便头也不回地跑去了墨西哥。我不得不在那儿想办法挣钱养活自己。我在夏利里亚赛马场工作，那是一种墨西哥的骑术表演形式，我负责在赛场里骑着一头小公牛扮演小丑，虽然之前我连马都从来没骑过。我给自己起了“阿拉曼”这个艺名，因为没人能正确地念出我的名字，为了方便起见，他们都叫我“El Aleman”[1]，意为德国人。然而我坚持让他们叫我“阿拉曼”，因为每次在演出观众的欢呼中，我都会被打得很惨，让人默默想起德国在北非沙漠中的那场败仗。每周六，人们都会再次啧啧称奇地目睹那场失利，更确切地说，是对我无可避免地遭受的各种伤害而啧啧称奇。

我出生后仅两周，运动首都慕尼黑遭到一次早期空袭。我母亲住在市中心伊丽莎白大街 3 号的一栋小阁楼里。十三年后，我们住进同一栋房子里的一间寄宿公寓，只是比原先低了一层。我

1　西班牙语的“德国人”一词为 El Alemán，与阿拉曼（El-Alamein）发音相似。

就是在那儿结识了暴躁的克劳斯·金斯基[1]，当时他的狂躁症正在发作。但在1942年，我还不记事的时候，周围有很多建筑被夷为平地，我刚出生时住的房子也严重受损。我母亲发现我躺在摇篮里，身上盖着厚厚的一层碎玻璃、砖块和瓦砾。我完全没有受伤，但母亲吓坏了，带着我哥哥蒂尔贝特和我出了城，跑到山区的萨赫朗村。那是巴伐利亚最偏僻的地方，坐落在奥地利边境狭窄的山谷里。我在那里长大。我母亲在那儿认识一些人，通过他们找到了村外山地农场里的一处住所——不是农舍本身，而是旁边的一间小房子，也就是所谓的"养老房"，根据巴伐利亚的习俗，上岁数的农民夫妇会把农舍留给长子，自己则住在这间小房子里。我们住在地下室，楼上住的是从德国北方的哈默尔恩逃难来的一家人。

后面我还会讲关于我父亲和他的家族的事情。但我首先要说说我母亲斯蒂佩蒂奇一家，他们最早来自克罗地亚达尔马提亚地区的斯普利特，后来搬到萨格勒布，当时这座城市还按照德语旧称叫作阿格拉姆。我的先祖在19世纪是当地的高官和军人，外祖父是哈布斯堡王朝总参谋部的一名少校，但我从来没有见过他，因为在我母亲十八岁的时候他就去世了。据她说，他很爱讲超现实又荒诞的笑话。他在于斯屈普（今天的斯科普里）驻扎了两年，在那儿的整段时间都只戴着一只手套。后来在维也纳的一家咖啡馆里，他在一个服务员面前摘下他的军官手套。所有人都惊讶地

1 波兰裔德国演员，出演过赫尔佐格的电影《陆上行舟》《阿基尔，上帝的愤怒》等，在银幕上以激烈的表演和暴戾的性格著称。

发现，他的一只手晒得很黑，另一只手却是雪白的。他会叛逆地穿着盛装礼服，去跟街上的男孩玩弹球，做一些不符合军人形象的奇怪举动来出风头。我们这家克罗地亚人有些民族主义倾向，希望克罗地亚能从奥匈帝国的双重君主制中独立出来。这种渴望后来演变成法西斯主义。在希特勒的扶持下，一位“Poglavnik”[1]，即元首，在克罗地亚掌权了三年，这段噩梦直到战争结束才得以散去。

我的外祖母来自维也纳的资产阶级，我母亲和外祖母的关系从来都不是很亲近，因为她一辈子都没能对资产阶级产生热情。我对外祖母的了解仅仅来自几次探望，而她给我留下的唯一生动的记忆，是我和母亲在她弥留之际一起去养老院看她的时候。外祖母那时候已经糊涂了，管我要了一杯水，我就去水池那儿给她接了一杯。“美味佳肴。”她不断地重复，小口抿着，不停地感谢我给她的这份如此非凡的美味佳肴。

我母亲的妹妹洛特负责照顾这位奥地利外祖母，所以她随了外祖母的性格，在心底里和我母亲不是很亲近。洛特是个十分热心肠的女人，有两个孩子，一个儿子和一个女儿。她的儿子，也就是我的表哥，比我大几岁，和我关系不错，在我人生中一个很戏剧性的时刻，也就是我二十三岁从美国回到德国的时候，他发挥过重要作用。当时我把自己的初恋留在德国的家里，但我们的关系早已出现问题，因为那几年我变化得很快，变得和她格格不

---

1 指安特·帕韦利奇，二战期间担任傀儡政权克罗地亚独立国的领导人，被称为Poglavnik，克罗地亚语意为“头目”“元首”。

入。我是在她父母开的金属厂上夜班做电焊工的时候认识她的。我在高中时就已经开始干这份工，为了给我的第一部电影攒钱。或许是出于不安全感，毕竟我走的时候也没有和她订婚，她在我去美国的时候嫁给了我表哥，却没有告诉我。我回来的时候，她刚度完蜜月回来，还跟我私奔了几天，但我们都没法扭转局面。她不想直接回到她的丈夫，也就是我的表哥身边，我就把她带回她父母家，他们正和四个儿子一起等着我。也可能只有三个儿子，是我在记忆中夸大了他们的势力。我不想就这样把她丢在她父母家门口，也准备好去应战。她的兄弟们都是五大三粗的巴伐利亚壮汉，全都是打冰球的，曾威胁我一出现就会杀了我。她父母也理所当然地表达了类似的威胁。但我并不害怕，还走进了他们的房子。就在前一天，我和表哥有过一次奇怪的会面，而我的恋人在我们两个男人之间纠结。我至今还确信，那天我们没有动手，甚至没有丝毫身体接触，但后来我的颧骨还是肿了，像是被重重地击打过。直到四十年后，我才在一次家庭生日聚会上短暂地见了这位表哥一面，但我们的关系再也没有走近过，即使我们都希望彼此走近。

我第一次去美国之前的这位爱人后来就像中了邪似的，总是招来厄运。她和我表哥有两个孩子，但他们的婚姻破裂了。她后来和其他男人的关系也都结束得很不愉快。最后，她从格罗塞洛大桥跳下自杀了。在我和她的老照片里，我们看起来总是无忧无虑、一身轻松，但在这种气氛的背后，人们不会预料到即将到来的灾难。我在美国的时候就已经有点想要离开她，但没有勇气和她坦白，现如今回想起来仍然心情沉重。我生命中的女性总和富有戏剧性的事件相关联，大概是因为深厚的感情总在发挥着作用。但我从来没有完全理解过爱情的宏伟神秘和刻骨痛楚。我只是几乎从来没有过肤浅的情感关系。爱情这个恶魔驱使我向前，但如果没有女性，我的人生将会一无所有。有时候我会想象一个只有男人、没有女人的世界。那样的世界将会是难以忍受、可怜可悲的，不过是从一种空虚晃荡到下一种空虚。但我也非常幸运，可能比我应得的要幸运得多。

我父亲出身于一个学者家庭。他的祖先来自施瓦本，但家族的一个分支是胡格诺派[1]，姓德·纳维尔，他们可能是17世纪末为躲避迫害而逃到法兰克福的法国新教徒。我对关系更远的家谱从来没有什么兴趣，但我记得父亲曾研究过，我们应该和数学家高斯以及其他一些历史名人有亲缘关系，甚至和查理曼大帝也有亲缘关系。但据统计，大多数德国人和法国人都有这种情况。实际上，我父亲更在乎的是如何赋予我们某种我们并不具备的价值感。我有一个同父异母的弟弟奥特温，我对他几乎没有什么了解，他在全世界到处游荡，还为一个半诈骗性质的行业通讯录机构工作过，我父亲在家谱里把他写成个科考探险家，就好像他是又一个亚历山大·冯·洪堡似的。我的两个同父异母的弟弟中年纪更大的那个，名叫马克瓦特，我对他了解得稍微多一些。但他们两个都有着终生的心理阴影，因为和我不一样，他们很不幸是跟着我父

1　十六七世纪法国基督教新教中信奉加尔文思想的一支教派，俗称法国新教，在政治上反对君主专制。

亲长大的。马克瓦特是我们兄弟中唯一一个拿到学位的。他学的是天主教神学，博士论文写的是对所谓基督地狱之旅的宗教哲学解释。

我的祖母爱拉是一个高大、端庄的女人，凭她刚强的性格逐渐成长为整个家族的领袖，也让我对家族的历史有了更深刻的了解，更准确地说是从两个人的人生中得到管中窥豹式的观察，一个是我的祖母，另一个是她的祖母，也就是我的曾曾祖母。唯有这次对我家谱的研究让我颇费了些工夫。她写过一本回忆录《我的子女和孙辈们》，其中写道："你们是那么、那么地好奇你们的爷爷是怎么娶到奶奶的。"接下来写着："1891年圣诞"。

我曾曾祖母的回忆录可以追溯到1829年。她是在东普鲁士长大的。"我亲爱的小女儿"，她写道，"我在夏天给你写信讲述我在老家的经历和记忆的时候，你写信对我说，你很希望我能给你写我小时候的故事。我第一次有意识的记忆是在三岁的时候。那应该是在1829年。我记得当时是在我们吉尔根堡的客厅里。我已经不记得我母亲的模样了，她坐在窗前的台阶上，正在缝纫台前的椅子上做着针线活，那窗户在离地面很高的地方；我艰难地爬上台阶，又爬上椅子；我站在母亲身后，试着用小孩的方式去整理、抚摸她的头发。然后有一天，那一天就像是发生在今天似的清晰地浮现在我眼前，我永远不会忘记——当时是在上午，我在母亲的卧室里，她从床上离开，躺倒在沙发上，我在她旁边玩儿；当时肯定还有其他人在房间里，我听见有人说话：'她晕倒了。'又听见有人叫人来把她抬到床上。然后我听见有人叫道：'拿个炭盆来，给她暖暖脚。’她的脚被他们又搓又捂，但是无济于事，她的双脚依旧没能暖和过来——后来我听说，那是她生下一个男孩之后第一次离开床。我的小弟弟死了，我记得我还被叫去看了他一眼。”

“在父亲的庄园里，”她写道——那时候她大约六七岁——“有很大一片森林，那时也有许多野生动物。在那一大片橡树林里有野猪，还有很多狼。有时候我们在傍晚穿过森林，马会被惊住，这时你再环顾四周，就会看到灌木丛里有几只绿色的眼睛在闪烁。我们每年都会组织一次大型的猎狼活动。政府还为射杀每一匹狼设置了悬赏。只要还有狼存在，就自然会有狼崽。护林员在林子里巡逻时偶尔还能发现有狼崽的狼窝。老狼晚上出去觅食时，护林员就把狼崽们藏进一个袋子里，带来我们家，把它们倒在房间里，我们这些孩子就会开心地蹦来蹦去，跟狼崽们一起玩，逗得它们大叫，直到玩死它们为止。人们把它们的耳朵和爪子钉在一片硬板上，再带上公证信去找政府，就能得到赏钱。那些狼太放肆了，它们有时候会跑到园子里叼走一只鹅，或者跑到羊倌的羊圈里叼走一只羊。我的好朋友山羊也遭受了这样的厄运。虽然羊倌用喊声和狗赶走了狼，但那只可怜的小动物的喉咙已经被咬穿了。夏天的时候，人们会在夜里去草场放马牧牛，所以必须想法子防狼。傍晚，动物们从田里回来时就会被涂上一种恶臭的油，我记得应该叫作‘法国油’，据说狼很讨厌这种东西。把油涂在牛头上的两个角之间，因为它们防御时会收紧臀部，用角自我保护。而马则要把油涂在它们的尾巴和臀部上，因为它们会把头蜷在一起，甩开马蹄去攻击狼。然而我记得，一天早晨有匹马被牵了过来，它的臀部完全被撕扯烂了，只好给它割喉了断。”

我觉得在萨赫朗山地农场的日子就像是一段穿插着危险的田园牧歌，只不过它是在第二次世界大战的灾难、动荡和难民潮中被迫诞生的。我记得在上学之前，我就和哥哥蒂尔贝特一起在农场放牛。我们几个小孩和农夫的儿子埃克哈特交了朋友，我们都叫他“黄油”，因为他那个经常暴揍他的爸爸总让他把奶酪搅拌成黄油。我们通过放牛挣到了第一笔钱，虽说没多少，但让我们有了更强的独立意识。或许我们其实更早就开始挣钱了，就是在我们用一匹哈福林格马[1]把啤酒和柠檬水运到盖格尔施泰因山上的时候。马背两边分别绑着一箱啤酒和一箱柠檬水，我们几乎是一路小跑着登上了奥伯卡泽，那是位于有人管理的普里纳棚屋上方的一处高山牧场。这儿的海拔比萨赫朗高八百米，我们光着脚，因为夏天没有鞋穿。我们只在秋天和冬天才有鞋穿，一直穿到四月底，然后在五月、六月、七月、八月这些单词里不带“r”的月份[2]里，我们的皮裤底下连内裤都不穿。现如今有了一条上山的路，但当时我们要在一条小石子路上跑，即便如此，我们花一小时十五分钟就能上去。今天的游客们爬一趟却要花将近四个小时。在奥伯卡泽住着一家高山牧民，这家人中有个名叫玛蕾的年轻女子，她是唯一一个整年都待在山上的人，据说自从在山下谈了场恋爱又被抛弃之后，她便不想再和山下的人有任何瓜葛。在她一

1　一种个子小，但负载能力很强的马。

2　德语的 9 月到 12 月（September、Oktober、November、Dezember）都带有字母“r”。

岁的时候，她父亲把她装在一个背包里背到山上。从那时起她就住在上面，青少年时期后的六十年里，她只下过一次山，因为她得去签个字，估计是为了领养老金吧。几年前，就在她去世前不久，我和我的小儿子西蒙在那儿见到了她。她已经九十多岁，尽管有人照顾，她却仍然蓬头垢面、邋里邋遢的。几个山地救援队的年轻人在附近有一座棚屋，他们几乎每天都过来看她。其中一位偶尔会来给她梳头，有个年轻力壮的男人能来给她打理头发对她还是很有好处的。她熬过了冬夏交替、风风雨雨。就在我们去看她前不久，整座牧屋都被一场巨大的雪崩完全掩埋了，山地救援队的成员们挖了一口好几米深的竖直井坑，才把玛蕾活着从基本完好的石屋里拉了出来。我见到她的时候，有个对她关怀备至的人刚在她的新棚屋里安装了一台能根据温度自动开关的新暖气装备，因为有一次他们发现玛蕾差点冻死在床上，还有一次她差点用燃烧的干树枝点着自己。阿绍镇负责照顾她的主管部门认真地讨论过是不是应该把她送去养老院，但是她坚定地拒绝了，于是他们决定让她在自己的家乡安息。玛蕾只依稀记得七十年前那两个总牵着哈福林格马来找她的男孩。有时天气不好，我和哥哥就会睡在山上的草料堆里，然后很早便启程离开，因为我们去上学之前得把马还回去，再拿回我们的五十芬尼。

在通往高山牧场的道路上，草丛里往往有人们看不见的尖石头，我们的脚总是被磨得血淋淋的。夏天，我们口渴了，就闯进施莱克牧场的牛棚。我哥哥凑到牛跟前，想赶紧挤点儿奶。但那头小母牛狠狠地踢了他一脚，把他从牛棚里踹飞了出去。经历过萨赫朗的这段日子，我到现在都会挤牛奶，也能认出其他有这项手艺的人，就像你有时候能认出谁是律师或屠夫一样。多年以后，我的挤奶知识在我和几位航空机组的宇航员打交道的时候派上了用场。起因是我对一项木星探索任务心生向往，这项任务困难巨大、挫折重重。1989 年，“伽利略”号空间探测器在多次延误与计划变更之后，终于由一艘航天飞机送入宇宙深处。为了达到所需的速度，探测器必须绕金星转一圈，再绕地球转两圈，借助两颗行星的引力产生弹弓效应。这项计划持续了十四年，而到任务末期，伽利略号探测器的燃料几乎耗尽。2003 年，美国国家航空航天局（NASA）决定用探测器最后的力量，将它从木星的卫星的轨道中引出，使它暴露在这颗巨大行星的引力之下。他们不想污染木星的卫星“欧罗巴”[1]，那儿覆盖着厚厚的冰层，冰层下可能有液态海洋，还可能存在微生物等生命形式，所以他们计划把伽利略号探测器推到木星的大气层中，让它化为过热的等离子体烧毁。我听说几乎所有参与过这个项目的科学家和技术人员都聚集在加利福尼亚州的帕萨迪纳的控制中心，等待着探测器的死亡。我迫切地渴望在那里，因为我知道很多这个项目的参与者会开香槟庆祝，又预见到有很多人会为此伤感。尽管没有收到参加这次活动的许可，但是我设法翻过基地的金属丝网，却没能逃过控制中心门口的守卫。我被安保人员抓住的时候，有一位物理学家不知怎的认出了我，他给华盛顿的 NASA 总部打了电话，我至今都很感激他。

1　又称“木卫二”，木星的天然卫星之一。

纯属巧合的是，决策者们正好在开会，因为我保证最多只会耽误六十秒，局长还亲自出来接了电话。我运气很好。他看过几部我的电影，便直接下令：“让那个带着摄影机的疯子进来。”那天让我印象特别深刻的是，几乎所有参与者都哭了，而且在探测器的信号还能很好地被接收到的时候，就非常突然地宣布此刻就是任务的终结。虽然信号还在不断传送着，但那是事先已经计算好的，因为空间探测器还将继续传送五十二分钟。这也就是那个已经烧毁的死物最后发出的信号传到地球所需要的时间。

这次经历也促使我做了进一步调研。我在一家资料馆里发现了一段非常精彩的十六毫米胶片片段，是宇航员在执行航空任务的时候拍摄的。我推测这是唯一一段这种格式的胶片片段，胶卷仍然被包裹在洗印厂的塑料包里，没有人对它做过任何处理。当然，1989 年探测器发射的时候也有过录像，在那之前可能也有过在太空拍摄的八毫米电影胶片，但这个机组里有一位宇航员对拍电影既有兴趣，又有天赋。大部分素材都来自于他，但也有其他机组成员拍摄的。我特别提到这位飞行员，是因为他拍摄的素材具有超凡的美感，给我留下非常深刻的印象。他做过美国空军现有的每种机型的试飞员，还曾在一艘核潜艇上担任过舰长。

我很快意识到，这些素材可以和我在南极洲冰层下拍摄的一组镜头一道构成我的科幻电影《蓝星人怀乡曲》（*The Wild Blue Yonder*）的主干。若是能让这些画面凭借它们自身的内在动力自然派生出一个故事，就会更妙了。当时的航天机组宇航员们也应该出现在这个故事里——多年过后，他们已经衰老了十六岁，但在我的故事里，他们在以极高的速度旅行，而这段时间地球上已经过去八百二十年。时间扭曲了。他们回到了一个无人居住的地球。

过了好几个月，我才在休斯敦的约翰逊航天中心见到他们。在一间大房间里，椅子被摆成半圆形。我被领进去的时候，那几位上了年纪的宇航员就坐在椅子上。我知道他们都是高水平的科学家。有两位女宇航员，其中一位是生物化学家，另一位是医生，还有一位男宇航员是美国最有名望的等离子物理学家之一——全都是非常严肃的专家。向他们打招呼的时候，我的心沉了下来。我该怎么去说服这些人去出演一部充满混乱想象的科幻电影？我简要地跟他们说我来自巴伐利亚山区，同时观察着他们的表情。其中一位飞行员名叫迈克尔·麦卡利，他的五官轮廓清晰，就像是牛仔片中能看到的那种长相。我说我根本就不是电影行业出身，而是在战后学挤牛奶的。即使到今天，我还后怕地觉得，当时我可能是在胡说八道，但不管怎样我还是说了，因为我在面对演员和其他人的面孔时，经常能识别出人们身上的某种特质。比如说，我通常能认出会挤牛奶的人。我转身对麦卡利说："先生，您肯定会挤牛奶。"他突然大叫一声，一拍大腿，用拳头做出挤奶的动作。没错，麦卡利正是在田纳西州的一个农场里长大的，他在那儿学会了挤牛奶。我甚至不敢想象，如果我说错了，那场面将会多么尴尬。但我们成功地破冰了，而所有在那段十六毫米胶片影片中出现过的宇航员们也都同意参演我的影片，扮演八百二十岁的自己。

我们萨赫朗的孩子都学过徒手抓鳟鱼。当人出现的时候，鳟鱼会一动不动地躲在石头下或岸边垂下的草里。你得同时用两只手小心翼翼地摸索，然后果断地用双手握住，就真的能抓住它们。我们在早晨去学校的路上要是饿了，就会在普里恩巴赫河里抓一两条鳟鱼，把它们圈养在一个挖得很浅的水坑里，晚些时候在回来的路上再带上它们。然后母亲会把它们放在锅里煎。我还记得那些刚被杀死、剁头的鱼在被煎的时候蜷曲的样子。我亲眼看到有几条甚至还在锅里跳了起来。我们几乎大部分时间都生活在户外，母亲每天下午都会毫不留情地把我们赶出家门四个小时，即使在最冷的冬天也是如此。夜幕降临的时候，我们就站在门外挨冻，衣服上满是雪。5 点整，门开了，母亲没有废话，用刷子扫了扫我们身上的雪，然后才让我们进屋。她认为待在户外对身体健康有益，我们也玩得很开心，特别是我们村子里几乎所有人家都像我们家一样没有父亲，一切都处于最极致的无政府状态。最重要的是，我很高兴家里没有一个军官似的人物来管教我们的行为举止。

我们就是在没有任何引导的状况下体会到了一切。

我记得有一头死去的小牛，来自邻近的风暴农场，倒在森林边缘的雪地里。至少有六只狐狸在撕咬它的尸体。我一走过去，它们都逃走了。就在我哥哥绕着死去的小牛跑的时候，一只狐狸突然从它的腹腔里逃了出来，蜷着身子跳开了。狐狸在受到惊吓时才会有这种蜷着身子的姿势。很久以后，在 1982 年，我沿着德国国境线走在一条森林小路上，一阵风吹来，我突然闻到前面有一只狐狸，味道非常明显。我转过一个急弯，看到它就在我前面很近的地方，毫无戒心，安静地移动着。我轻轻地靠近，几乎要追上它了。这时它转过身来，蹲了一会儿，尾巴压得很低，像是在听自己已经静止的心脏是否重新开始跳动，随后才跑开，而身子仍然蜷着。

只有在秋天雄鹿发情的季节，人们才要小心一点。有一个骑自行车的人就被一只愤怒的雄鹿袭击了。他逃到一座小桥下面，那只横冲直撞的雄鹿就跟在他后面。直到四周散落在地上的空罐头被碰到时发出声响，才把它赶走。此外还有一些神秘的遭遇。我哥哥可以作证，有一次在光天化日之下，我家小房子后面的斜坡上突然满是黄鼠狼，都在朝小溪的方向飞奔。虽然这种现象往往可以用梦境来解释，但我不认为那是在做梦。在那之前，我们最多只见过一只黄鼠狼，也许是两只，但那次肯定得有好几十只。众所周知，旅鼠会集体逃窜，但我这辈子从来没有听说过黄鼠狼也有这种行为。有几只逃到一叠柴火堆的间隙里，我想到那儿去找，但并没有发现它们。那周围的环境充满神秘感。在进村的路上，小溪的另一边，有一片高大的冷杉林，叫作仙女森林，我们都不敢进去。房子后面峡谷的窄处有一道瀑布，在冲入水塘前的位置有个台阶，上面总是洒满冰冷清澈的水。有时会有巨大的树木倒在这潭水里，给这个地方带来一些原始的气息。我看到过“风暴泽普”在那儿光着身子洗澡，用一把树根做的刷子擦洗全身。他看起来不像是一个人，更像是一棵古老的巨树，身上的苔藓随风飘动。

3. 神秘的英雄

“风暴泽普”（Sturm Sepp）是我们童年时的一位传奇人物。他是来自邻近的“风暴农场”（Sturmhof）的雇工。他老了以后，腰部几乎水平地向前弯曲。对于我们这些孩子来说，他肯定有着巨人般的体形，就像是来自某个无法确定的史前黑暗时代。他留着一把灰色的大胡子，嘴里常常挂着个同样大的烟斗。要是他站直了，我们就可以从他的自行车看出他有多高。他那车座比车架高得多，只有巨人才能从那儿够到踏板。风暴泽普沉默寡言。从来没有人听过他说话。星期天的酒馆里，他不用开口点单，啤酒就已经给他放好了。我们这些孩子老拿他找乐。上学路上，他像个原始生物一样弯着腰，在栅栏另一边的草地上割着草，我们就会叫：“你好，泽普。”还一遍又一遍地重复着，想勾引他说出哪怕一个字。有一次，他看起来很平静地割着草，却突然对一个站得离栅栏最近的女孩猛挥了一下镰刀，正好打中了这个来自山地农场的女孩布丽吉特。“哈，是你。”他叫道。那是他几十年来唯一一次语言表达。幸运的是，镰刀尖只刺穿了女孩为学校午餐准备的锡盘。从那时起，我们就和他保持着距离。我们推测，风暴泽普之所以这么强壮，又这么可怕地弯成两半，是因为他在冬天常常拖着原木下山。他的马有一次摔倒了，他就用自己的肩膀把一根巨大的原木扛了下来。从那时起，他的半截身子就一直向前弯曲着。

像他这样的神秘人物还有很多。我不知道这是不是我记忆中的画面，但我黄昏时看到过有一个人站在房子后面的小河边。他为了抵御寒冷，点起一团大火，脸被烤得通红。他盯着火焰看。有人说他是个逃兵，第二天一早就会逃进山里。但那时我真的记事吗？我那时是不是还太小？还有一次，一个女巫抓走了我，不过我母亲追上她，从她的魔爪下抢回了我。从那以后，我就会很及时地上厕所，再也不尿裤子了。我的右手上有一块斑，我知道那就是女巫咬过的地方。还有一件事我很确定真的发生过，那天晚上外面依然寒风凛冽，母亲把我和哥哥蒂尔从床上拉起来，迅速地用毯子把我们裹住。她和我们一起爬上山坡，那儿的视野很好。“你们一定要看看这个，孩子们，”她说道，“罗森海姆城着火了。”战争末期，罗森海姆被炸成一片火海，据说那是盟军的轰炸机飞越阿尔卑斯山回到基地时，由于天气不好无法确定目标，便在敌方德国的城市上空投炸弹，以减轻负载。我们小时候看到过的那些景象，时至今日依然历历在目。在山谷尽头朝北的方向，整个天空发出红色、橙色和黄色的光芒，但那不是闪烁着的火光，而是夜间整个苍穹的缓慢脉动，因为罗森海姆正在四十公里外燃烧着。那是一片巨大的红霞，在夜空中勾勒出世界末日般可怕的脉动。罗森海姆那时候对我来说并不意味着什么，但从那一刻起，我知道在我们的世界之外，在狭窄的山谷之外，还有另一个危险的、鬼魅般的世界。我并不惧怕那个世界，反而对它感到好奇。

有一个谜团至今仍然使我困惑，那是一架在房子后面的山上盘旋了很久的飞机，好像是在寻找着什么。后来，我们很清楚地看见它扔下一个亮闪闪的、像是用铝做的机械状物体。我已经不确定它是挂在一个降落伞还是某种气球上。它有一面旗子作为标记，似乎从一个树梢飘向另一个树梢。山谷里也有人看到它，但由于当时太阳已经要落山了，直到第二天早上，才有一队人马出发搜寻。他们走了一整天，很晚才从山上回来，那时天已经黑了。我们很好奇，但没人愿意说出来。他们一定是发现了什么不能让我们知道的秘密。那是军方的东西吗？它来自这个世界，还是遥远的陌生世界？

然而，萨赫朗的田园风光也蕴藏着危险。即使在战争结束多年后，我们还发现过逃兵扔掉或者藏起来的武器。由于德军四面受敌，它们的控制范围随盟军部队的推进越缩越小，最后只剩下几处未被占领的小飞地，一处在图林根州，一处在弗伦斯堡北部，最后还有萨赫朗、奥地利边境对面的库夫施泰因，以及附近的恺撒山脉。最后几支被打散的部队和打算在战后打游击的狼人行动小队[1]逃到这里，扔掉他们的制服，换上便衣。他们把武器藏在干

1　二战末期纳粹成立的一支秘密抵抗组织，当盟军在德国境内推进时，这支小队在敌后继续进行游击战和破坏活动。

草垛里和柴火堆底下。我从母亲那儿得知，在山间农舍发生过一次很大的骚动，导火索是美国占领军的士兵在一家农民的谷仓里发现了枪。他们威胁要枪决那位农民，我会说英语的母亲出面救了他。其实他自己也不知道有这么个藏枪的地方。我也在一个柴火堆底下发现过一把冲锋枪。我不确定自己有没有真的用它开过火，但我想象过用它去打猎。我看到过一个筑路工人用冲锋枪朝田里的一群乌鸦射击，还打死了一只。大家拔下乌鸦的毛，把它放在一口大锅里炖成汤。我饿坏了，也加入到工人们的行列，那是我有生以来第一次看到油花在汤上浮动，感觉很奇妙。但是我还是没能吃到什么东西。后来，我们这群孩子还摆弄过电石，自己制作炸药。最棒的是在公路下面的水泥管里引爆炸药。我们站在水泥管上面的路上，爆炸的时候会被弹起一点点，那种感觉很奇特。我还依稀记得母亲把我们和朋友们都叫到一起，当着我们的面用手枪射穿了一块粗大的山毛榉木柴。木头被从另一侧射出的子弹打成四分五裂的碎片。这件事留给人的印象太深了，甚至都不需要任何禁令，我们就已经懂了。从那一刻起，我们明白，这辈子都不能用枪指着人，不管其中有没有子弹。即使是玩具枪，我们也不会拿它指着人。

在某种程度上，我属于历史上独一无二的一代人。在我之前也有人经历过巨大的变革，比如从欧洲大陆到新被发现的美洲大陆，或者从手工业时代到工业时代，但每次都只是单一方面的大变革。尽管我自己并不属于农耕文化，但我亲眼目睹和经历的，是农民在田地里如何用镰刀手工收割，如何翻草，如何用大叉子把干草装载到马拉的车上，再把车驶入谷仓里。有些雇农的工作方式就像遥远的中世纪封建农奴制一样。后来，我第一次见到仍由马匹拉动的机械式翻草机，它用平行安装的叉子将干草翻起，我见到第一台拖拉机，还惊奇地见到了第一台挤奶机。那是在向农业工业化过渡。但很久以后，我也看到在美国中西部的大片农田上，巨大的联合收割机列队行驶，收割着数公里宽的田地。尽管每台联合收割机上仍然载着人，却没有人会去打扰那些怪物。它们是数字网络化的，每个驾驶舱都有几个电脑屏幕，通过GPS自动转向，能够画出数学意义上的完美线条。如果是人来操控，就不可避免地会出现轻微的蛇形轨迹，整个车队画出的曲线也会越来越离谱。种子也是经过基因改造的。几年前，我还见到了第一个完全没有人类的机器人农场。机器人在温室里播种、浇水、调节照明和温度，再进行收割，最后将农产品包装成商品供超市提货销售。

在通讯方式上，我也同样经历了从原始到现代的巨大变革。我还记得施瓦本地区维斯滕罗特镇镇长办公室的办事员们，这个镇子距离慕尼黑和萨赫朗只有几小时的路程，我和哥哥与父亲曾在那儿生活了一年。镇上有个传令官，或者叫报信员，在德语里我估计已经没有这个词了，但在英语里，“town crier”仍然很常见。我亲眼看到过他穿过村子走上通往莱特尔斯贝格的路，摇着铃铛吸引人们的注意。每隔四户人家，他就会停下来，大喊“通知，通知”，然后宣布行政部门的法规和任命。我从小就知道什么是报纸和收音机，尽管我们并不总是有电，但我从来没有看过电影，对电影院也根本没有概念。我原本不知道存在这么个东西，直到有一天，一个带着移动放映机的人出现在萨赫朗乡村学校的唯一一间教室里，放映了两部电影，但它们并没有给我留下印象。我们村里也没有电话，我直到十七岁才第一次打电话。20世纪60年代才开始有电视机，我们第一次看电视是在慕尼黑楼上房东的家里，播的要么是新闻节目，要么是足球比赛转播。我见证了数字时代的开始，包括互联网，还有那些不是由人类而是由算法呈现给我的内容。我也曾经收到过机器人写的电子邮件。社交媒体从根本上改变了所有的交流方式，即使我自己从来不用它们。电子游戏、监控、人工智能，历史上从未出现过如此密集的激进变革，我也无法想象未来几代人在一生中会经历如此多根本性的变化。

我们的童年过着古代一样的生活。我们家没有自来水，只能提着水桶去外面的井里打水。冬天天冷的时候，水经常冻住。房子旁只有一个加盖出的茅厕，里面有一块开口的木板。由于这个加盖的厕所的围板没有很好地灌浆，冬天茅厕里经常堆雪，我们的母亲便在过道上放了个桶。我们就把这个桶当作茅坑，但是天气非常冷的时候，桶里的东西会冻成一块一块的。唯一可以取暖的地方是厨房，那儿有一个烧木头的小灶。隔壁的小房间只有大约两米宽，我和哥哥就睡在屋里的上下铺，母亲的卧室也没有暖气。我们连真正的床垫都没有。母亲买不到床垫，就把蕨类植物晒成干草，再装进粗布袋里当作床垫。然而，用镰刀割下的蕨类植物的茎部斜切处会有锋利的尖角，这些尖角晒干后就会变得像削尖的铅笔一样硬，我们睡觉的时候一换姿势就会被扎醒。晒干后的蕨类植物还会在短时间内压缩成球，即便使很大劲儿把它抖松，也无法阻止它形成僵硬得像混凝土似的硬坑。正因为有这些硬坑，我整个童年都没有在一个平整的床面上睡过觉。冬天的夜里有时很冷，我们会把被子拉到头上，透气的地方会冻成坚冰。卧室非常狭窄，在上下铺和墙中间只够放一把椅子。床铺上面，天花板下方，有一块存放着苹果的木板。房间里总散发着苹果的味道。冬天苹果会干瘪结冰，但解冻之后仍然能吃。

当时几乎不存在医疗服务，我母亲因为有博士学位，总被人以为是医生，尽管她一次又一次地解释过她不是。其实她获得的是生物学学位。她的博士生导师是后来的诺贝尔奖得主卡尔·冯·弗里施，她的论文写的是关于鱼类听觉的研究。她在实验室里用竖笛给鱼缸里的鱼演奏旋律，让它们学会对旋律做出反应——或是逃离，或是好奇地浮出水面，因为吹奏特定曲调的时候会提供食物作为奖励。然而村子里的人有紧急情况总会叫她过去。有一个邻居家的男孩，不到四岁，伸手想拿下灶台上的一口大锅时，锅翻了，沸水浇了他一身，从下巴到脖子，到上半身，再到大腿。他烫伤得很严重，我母亲被叫来的时候，那男孩的心脏已经停止了正常跳动。她并没有胆怯，而是透过男孩的肋骨直接往心肌里注射肾上腺素，救活了他。许多年后，那个男孩还曾在学校上课的时候脱掉衣服，给我看他留着疤的上半身。当时的儿童死亡率很高。在山地农场，有个叫贝尼的年轻农夫，他的妻子叫罗塞尔，他们的孩子都在刚出生后一个又一个地夭折。那些孩子都患有血液不相容症，这种病现在可以通过立即进行大量输血来轻松救活。最后，他们两人收养了一个来自占领区的女孩，名叫布丽吉特。她成为山地农场附近的小孩圈子中的一员。我记得罗塞尔有一次又怀孕了，她在阿绍生下一个孩子后被人用车送了回来，我很好奇孩子去哪儿了。突然，布丽吉特哭着从农场里跑了出来，冲到井槽边，用冷水洗脸。我便知道这个孩子也死了，这已经是这对夫妇连续失去的第八个孩子。不过后来，他们有一个名叫本诺的儿子活了下来，我至今还和他保持着联系。布丽吉特在阿绍的一家咖啡馆里当服务员，但她很年轻就因为乳腺癌去世了。

我哥哥蒂尔和我是在非常贫困的环境中长大的，不过也许除了战后的头两三年以外，我们根本没有意识到自己很穷。我们总是很饿，母亲也没法找到足够的食物。我们吃过用蒲公英叶子做的沙拉，母亲还用车前草和冷杉树枝上的新芽榨成过糖浆。前者通常是治疗咳嗽和感冒的药物，后者则用来代替糖。我们每周只有一次能从村里的面包店老板那儿用供应券换来一块长条面包。母亲会用刀在面包上刻下从周一到周日每天的记号，但只够我们每人每天吃一小片面包。特别饿的时候，我们也能得到第二天的一小块，因为母亲寄希望于次日能找到些其他食物。但通常到周五面包就已经吃完，导致周六和周日尤其难熬。我对母亲最强烈的、永远镌刻在脑海中的记忆，是我和哥哥扒着她的裙子，饿得哇哇叫的时刻。随着可怕的一扯，她挣脱开来，又突然身子一转，脸上充满我此前和此后从未见过的愤怒和绝望。她完全控制住了自己的情绪，非常平静地说道：“孩子们，如果我能把我的肋骨切下来喂给你们，我早就切了，但我做不到。”在那一刻，我们学会了永远不再抱怨。对我而言，沉溺于悲伤是可耻的。

贫困无处不在，绝大多数时候我们并不觉得这有什么不寻常。村里的学校只有一间教室，给前四个年级的孩子共用，所有人都在同一时间上课，有几个孩子来自山谷上方更高处的孤立农户，他们过着极为贫困的生活。其中有一个叫豪岑·路易斯的孩子，他每天总是迟到，我想是因为黎明前他得在家里的马厩干活儿，耽搁了他。冬天他坐着雪橇下山，顺着一条陡峭的窄路，每天从头到脚都被雪覆盖。那时早就开始上课了。他也不打招呼，拖着身后结了冰的雪橇走进教室，从我们的老师胡普福尔小姐身边走过，每天总是只有一个解释：“老师，我摔了一跤。”他的表情我已不记得，但初夏的一天，路易斯穿着他有一股马厩味道的外套，老师跟他说天气太热了，让他把外套脱掉，路易斯却假装没听见。老师下命令的语气越来越生气，他还是什么反应都没有，最终被打了手板心。我必须说，胡普福尔小姐是个了不起的人，尽管同时带四门课，她还是能把知识、热情、好奇心和自信心传授给我们。打手板心在当时是普遍的教育方式，没人觉得有什么不合适。我们没觉得这有什么了不得的，因为如果表现不好，我们就会被罚跪在讲台前的台阶上，表现得最糟糕的还要跪在一块木柴板上。路易斯还是不愿意脱掉他的外套。当时应该有大约二十六个孩子，都在六岁到十岁之间，我们在场所有人的注意力都在他身上，这让他更痛苦了，开始不出声地哭了起来。直到今天，他无声的哭泣仍然让我揪心。最后，路易斯脱下他的外套，里面穿的是他唯一一件衬衫。那件衣服被洗得破破烂烂的，一直到他的上臂都磨损严重，碎成破布条。老师也哭了，又帮他把外套重新穿上。

直到七十年后，我才在萨赫朗的同学聚会上再次见到胡普福尔小姐。她在此期间因为结婚而改姓，还守了寡。但即使已经九十多岁，她仍然保持着毫无保留的温暖和热情。早在我的童年时代，她就一直相信我会过上与众不同的人生。在我长大成人后，我母亲还多次向我证实过这点。然而当时还是个孩子的我，没有显露出任何不同寻常的迹象，就算有，顶多也是负面意义的。我小时候是一个安静的孩子，相当孤僻，容易暴躁，在某种程度上对周围的人来说很危险。我可以沉思很长时间，因为我想知道为什么六乘以五和五乘以六的结果是一样的。这规律甚至是普遍成立的，比如十一乘以十四和十四乘以十一的结果也是一样的。为什么？数字中隐藏着某种我无法理解的规律，直到我把它想象成一个长方形，它的边分别是用六块和五块小石头挨个摆成的，再让这个图案旋转九十度，这种规律就突然变得显而易见。时至今日，我仍会对纯数论的问题感到兴奋，例如关于素数分布的黎曼猜想。我对此一无所知，绝对一无所知，因为我缺乏数学工具，但我仍相信它是数学中所有尚未解决的问题中最重要的一个。几年前，我曾经见过可能是还健在的最伟大的数学家罗杰·彭罗斯，并想知道他是如何解决数学问题的，是通过抽象代数还是视觉化的形式。对他来说，数学完全是视觉化。

说回我小时候，我的内心有一些黑暗的东西。虽然我已不记得了，但我一定手里拿着石头打过人，而且还不止一次，这让我母亲很担心。我性格内向、安静，但内心狂暴地翻涌着某种东西，很让人们担心。我的脾气经过我家的一场灾难才得到控制。那应该是我十三四岁的时候，我们住在慕尼黑，当时我和哥哥蒂尔打了一架。我们一直都是对彼此毫无保留的兄弟，现在也是，但我们之间也有过很疯狂的争吵，甚至愤怒到拳脚相向。这是很自然的，也可以接受。但有一次的争吵非常激烈，我依稀记得是关于谁来照顾我们的金丝鼠的事，我那时怒不可遏，用刀伤了哥哥。有一刀刺中他的手腕，他做了个防御动作，第二刀又刺中他的大腿。房间里血流成河。我都被自己的行为吓坏了。我突然意识到，我必须立即做出改变，丝毫不能拖延，这也意味着严格的自律。这件事实在是太可怕了。我闯了能想象到的最大的祸，甚至可能会毁了我们一家。我们开了一次简短的家庭会议，仔细检查了我哥哥的伤口，发现并不构成生命威胁，就决定不把他送到医院去治疗，不然的话肯定会引起警方的调查。我们给他包扎伤口，擦干净地板上的血迹，满心震惊。我到现在还在难过，刻骨地难过。由于刀伤没有被缝合，蒂尔的伤疤至今仍然清晰可见。从此我用绝对的自律控制住了自己。直到今天，我的很大一部分性格特质都是极度的自律。但在我和蒂尔之间，同时牢不可破地存在着一种纯粹的、经常戏弄对方的默契，这种密切关系有时在外人看来无法理解。几年前，我们在西班牙海岸有过一次家庭聚会，我哥哥当时住在那儿。他邀请我们来到一家吃鱼的餐馆，那天晚上我们过得非常开心。哥哥蒂尔就坐在我旁边，在我研究菜单时用胳膊搂着我。这时有东西开始冒烟，我的背部感到轻微的刺痛，我突然意识到是他用打火机点着了我的衬衫。我把衬衫从身上撕了下来，在场的每个人都吓坏了，但我俩都被这个恶作剧逗得哈哈大笑，没有人能够理解。有人借给我一件 T 恤，让我穿上度过剩下的时间，又用普罗塞克葡萄酒给我后背烫红的地方降了降温。

4. 飞行

我从小就想要飞。不是用飞机飞，而是用自己的身体，不借助任何设备地飞。我们从小就开始滑雪，但萨赫朗山谷里没有什么像样的下坡路。因此我们开始玩跳台滑雪，自己建跳台，还有过几次难忘的紧急着陆经历。有一次，我哥哥的滑雪板尖扎入雪地，板子卡得很深，弄掉了他的两只靴子。他既没有雪板也没有雪靴，从斜坡剩余的部分滚了下来。有个名叫赖纳的邻居家的孩子，曾经试过和我们一起去一个远离村庄的跳台。那时候，我们感觉这个跳台很大，现如今我再看到它，却觉得它小得可怜。我们梦想着有一天能成为世界冠军，于是借来真正的跳台滑雪板。但这几块板长达两米二，比我们还高得多，而且它很宽，底部有五条凹槽，用来让滑雪板在滑行中保持直线。跳台上有一条天然滑道和一处天然陡坡，没有人工建造的塔。在顶部有一棵大杉树，人可以侧身靠在树上，然后就要穿着对我们来说过大的滑雪板跳进结冰的滑道。有一天，我的朋友出了次可怕的事故。我当时站在斜坡下面，看见他跳进滑道。但他的雪板没能正确地落进滑道，这使他没法在陡坡上刹住。他在整个滑行过程中跟滑道较劲的样子，我至今仍然历历在目。结果他从跳台侧面飞奔而下，一头扎进林子里。那儿还有一些岩石。他那撞击声直到今天依然让我心惊肉跳。我发现他的头部受了重伤，那样子可怕得让我无法描述。我确信他已经死了，或者快要死了。他想要说些什么，但嘴里的后槽牙都被撞掉了。过了几分钟，他才因上苍的仁慈而失去了意识，这段时间在我的记忆里却如此可怕、漫长。我发现自己处于两难的境地，不知是该留他独自一人，跑到村子里求助，还是该留在他身边，尽管我也帮不上什么忙。最终我决定背他回去，虽说他比我还要重。通往山下着陆点的路坡度很陡。我运气很好，或者说他运气很好，正好有位带着匹马、拉着雪橇的农民路过。我的那位朋友被送去医院，昏迷了三个星期，也可能时间更短，最终醒过来并康复了。他也几乎没有什么后遗症，只是大部分后槽牙被换成了银牙。此外，他一辈子都遭受着头疼的折磨，但只有在天气剧烈变化时才会发作。几十年后，我们已经完全断了联系，却诡异地出现过一次他的音讯。德国电视二台的体育新闻会播放德国足球比赛集锦，节目上总是有“本月最佳进球”的抽奖活动。那大概是20世纪80年代初，观众要通过明信片给最佳进球投票，得到最多票数的进球会在节目上再次播出。一位演播室嘉宾要从大约二十万张明信片里随机抽出一张，被抽中的寄件人会获得前往下一场国家队比赛的地方旅行的机会和两张门票作为奖励。明信片都被装在大邮袋里，围成半圆形放在演播室地板上，嘉宾会从其中一个邮袋深处掏出一张。他念出这名幸运者的名字：赖纳·施泰科夫斯基，萨赫朗。这件事在统计学意义上是如此反常，以至于没有人相信我，但我亲身经历了这一切。无论如何，我的跳台滑雪和飞行梦想已经随着赖纳的事故一并结束。在那之后的很多年里，我甚至无法再接近跳台。

但后来，在1974年，我拍了一部关于飞行滑雪[1]的电影，叫作《木雕家斯泰纳的狂喜》(*Die Große Ekstase des Bildschnitzers Steiner*)。我在电视上一遍又一遍地看过跳台滑雪和飞行滑雪。在奥地利拥有世界上最好的设施的库尔姆滑雪场，我甚至用一台古朴的桃花心木做的相机，还带上三脚架、袋状伸缩器和感光板，去给飞行滑雪拍摄了大尺寸的黑白照片。调整焦距的时候，我得像19世纪的摄影师一样，躲进一块黑布下面。在数百名带着现代相机和巨大的长焦镜头的专业摄影师中，我让人感到惊讶，我根本不想和其他人一样拍摄运动员飞行，而是要抓拍他们跳入没有回头路的滑道前的一瞬间。他们每个人心中都隐隐藏着一种恐惧，但没有人会说出来，最多也就是谈论一下“对设施的尊重”。飞得最远的从来都不是浑身肌肉的壮汉，反而通常是面色苍白、满脸青春痘、神情慌张的十七岁少年。其中一位早在大概1970年就引起我的注意，他叫瓦尔特·斯泰纳，来自瑞士，职业是木雕艺术家，工作和生活在阿彭策尔州的瓦尔德豪斯镇。有时他会独自爬上高高的山峰，把倒下的巨树雕成奇奇怪怪的面孔，通常都面带惊恐的表

---

1 跳台滑雪的进阶版本，跳台规模更大，起点更高，助滑道更长，运动员的飞行距离更远。

情，但这些地方是他的秘密据点，只是偶尔有登山者会发现他的雕塑作品。他第一次参加国际比赛的时候，成绩总远远落后于场上的竞争对手，但我在他身上看到一些令我钦佩的品质。这样一位安静的年轻人，在飞行时有一种狂喜的状态，只是在技术上还没太有把握。我对朋友们说：你们看到的这位就是未来的世界冠军。他的身材很不寻常，长得很高、很瘦，腿非常长，在地上看起来很笨拙，像是一只仙鹤在用细长的腿和骨节分明的膝盖漫步，但在空中他也能像仙鹤一样飞翔。就好像组成他的元素是空气而非土地。

在那段时间里，我在电视上看到了名为《边界关卡》的系列电影，都是些关于人类极端情况的纪录片。这些影片从每天乱七八糟的电视节目中脱颖而出，我注意到它们都出自斯图加特的南德意志广播电台，而且都由同一个编导负责。他的名字叫格哈德·康策尔曼，多年来一直在德国电视一台担任中东通讯记者。我经常在那儿看到他，是一个操着轻微的施瓦本口音的胖乎乎的男人，提供关于整个中东地区的出色报道。他在炎热的沙漠土地上总显得很不舒服，汗流浃背，但头脑又无比清醒。我记得在1981年，德国电视一台意外插播了一期来自开罗的特别节目，康策尔曼在镜头前，身后是一片满地都是翻倒的椅子的看台，还有几名士兵，局面一片混乱。就在几分钟前的一次阅兵式上，几名士兵从开过的卡车车队里跳出来，跑到主席台上，射杀了萨达特总统。看台上有七名来宾和他一起被杀，还有很多人受伤。康策尔曼临时报道了这起事件，当时尚不清楚是否还会有更多的枪击，以及被安保人员拖走的萨达特是否还活着。康策尔曼表现得冷静、专注，他满头大汗地对埃及的内部矛盾进行了我所听到的最好的一段分析，还解释了这起暗杀背后可能的罪魁祸首穆斯林兄弟会以及它的兴起。多年前，我给他打电话询问过他负责的那系列纪录片，后来我在斯图加特的电视台食堂里见到了他。我当时确信我脑海中有一部电影，很适合他的系列片，而还在食堂吃着温热午饭的康策尔曼毫不犹豫地答应了。对我来说，这件事的缺点在于他的系列纪录片不能在镜头外匿名解说，每部片子的导演都要亲自作为记录者出现在镜头前。我必须得出镜。对于这个要求我抗拒了很久，但这也让我不再把自己的解说词委托给配音演员，而是自己来录制。我当时并没有真正意识到走出这一步的意义，但它产生了巨大的影响。我从此找到了自己的声音，可以说那就是我的舞台声音。

像康策尔曼这样的人物在今天的媒体环境中已不复存在。如今的决策是由编委会做出的，收视率就是金科玉律。1977年，我和我的剪辑师贝阿特·美因卡-耶灵豪斯在给一个故事片做剪辑，她总是在早上整理好剪辑台，把小卷胶片按顺序放在架子上，以备当天工作使用；这种时候，我一般会给她读读报纸上的短篇混合新闻，其中连续几天都有关于加勒比海瓜德罗普岛的报道，那儿有一座叫苏弗雷的火山，近来已经发出越来越危险的喷发信号，或者更确切地说是爆炸的信号。根据那里的地质结构，整个火山顶部在岩浆流出之前就会爆炸。因此，整个南部岛屿的七万名居民都被紧急疏散了，但显然还有一个人，一个住在火山坡上的贫穷的黑人农民，拒绝撤离。他一定与死亡有着什么与众不同的、我所不知道的关系，这让我很感兴趣。我随口说，应该有人去火山那儿拍一部关于这个人的电影。中午时分，贝阿特关掉剪辑台，转身对我冷不丁地说道：“为什么不呢？”

“什么为什么不？”我问。

“为什么您不去那儿拍个电影呢？”

于是我打电话给南德意志广播电台，要求和康策尔曼说话，但他当时正在参加德国公共广播联盟的全体会议。我请求只问他一个问题。他们给康策尔曼塞了一张纸条，随后他就接了电话。“您可得简短点说。”他说。我在三十秒内向他简要描述了瓜德罗普岛上发生的事情，问他愿不愿意支持这部电影。他只是简短地回答：“可以，您去吧，但要活着回来。官僚机构太慢了，我们以后再出合同。”两小时后，我就上路了。康策尔曼在退休前就离开了电台，我想那是因为他在创作一部歌剧。在这之前，他还为自己的电影创作过音乐。

我对瓦尔特·斯泰纳立刻产生了深深的亲近感。在1973年底举办的传统跳台滑雪四站赛[1]上，他一开始远远落后于其他选手，因为他还受着伤，有一根肋骨骨折。有人怀疑我是不是在下注一匹“瘸腿马”，我却无条件地站在他这一边。我对他说，在斯洛文尼亚普拉尼察的飞行滑雪比赛中，你会把所有人抛在身后。这话可能给了他更多的信心，但有时不仅如此，我与演员或纪录片拍摄对象工作时，甚至还会出现身体接触的时刻。比如我的两部电

1 跳台滑雪世界杯的一部分，由四站赛事组成，从1952年开始每年在德国和奥地利举办。

影《卡斯帕尔·豪泽尔之谜》和《史楚锡流浪记》(*Stroszek*，又译为《施特罗切克》)的主人公布鲁诺·S.，当他被童年和青少年时期的可怕经历搞得情绪失控的时候，我只是紧紧地握住他的手腕，这种有触感的时刻便能让他冷静下来。斯泰纳在飞行滑雪的前一天情绪很低落，担忧自己的状态。我在他宿舍外面的路上安排了四名摄影师，随我一声令下就抓住他，把他扛到我们的肩上，带他走过那条孤独的雪路。我最近才发现，这一瞬间有人拍摄了一张模糊的照片。但我非常清晰地记得那一刻，那只是一个简单的身体动作，但从那时起我们互相更为信任了。第二天，在第一次试飞中，斯泰纳表现出色。以前从来没有人像他那样飞过。我在他的相册里发现过一张很不起眼的乌鸦照片，他不想对此发表意见，只随口敷衍了几句。但在我把他扛到肩上之后，他打开了话匣子。他在十岁左右发现了一只从巢里掉出来的小乌鸦，小心翼翼地把它养大。这只乌鸦活了下来，成为他最好的朋友，因为斯泰纳一直是个孤独的孩子。那只乌鸦喜欢蹲在他的肩膀上。放学的时候，它会在外面的树枝上等他，斯泰纳吹一声口哨，它就会飞过来，坐在他的肩膀上，跟着他骑自行车回家。但后来那只乌鸦的羽毛掉了，其他乌鸦啄它、折磨它，让人看着很难受。最后，斯泰纳再也忍不了了，他用父亲的猎枪射杀了自己的乌鸦。现在他的乌鸦再也不能飞了，而他，斯泰纳，代替它飞了起来。

在普拉尼察，斯泰纳表现得非常出色，好几次都差点飞向自己的死亡，因为当时的跳台并不是为他这样的飞人设计的。道理是这样的：当人在空中飞行后落在陡峭的斜坡上，动能会逐渐消散，直到抵达水平面。即使是看起来很糟糕的坠落，通常也不会造成太大伤害。但如果出现没人预料到的情况，比如飞得太远，直接落到水平面上，速度就会瞬间降到零，就像从摩天大楼的二十层直接跳到地面的人行道上一样，必然是致命的。普拉尼察的巨型设施和世界上几乎所有的滑雪跳台一样，都有一个圆弧半径，作为从陡坡到平地的快速过渡。圆弧开始的地方是设施的临界点，那里总是在雪地上用一条红线来标记。如果运动员飞过这个点，技术管理人员就必须立即停止比赛，并缩短起跑距离，使运动员无法再达到红色危险区。然而，斯泰纳飞过了这个临界点，他比现有的世界纪录超出了十米，而那儿根本就没有任何挡板。在他着陆时，压缩力已经强大到足以让冲击的力量将他拍倒在地上。

他遭受了脑震荡，脸部出血，在一个小时的时间内他都不知道自己在哪里，也不知道发生了什么。但在随后两天的比赛中，南斯拉夫的裁判仍然让斯泰纳从过高的地方起跳了四次，并四次飞入致命区域。他们希望看到新的世界纪录，为此不惜一切代价。这次飞行滑雪吸引了五万名观众。“他们想看到我流血，想让我粉身碎骨。”斯泰纳说。他以这项运动历史上从未有过的优势赢得了这场飞行滑雪比赛。随后，斯泰纳要求——他现在有权利提要求了——必须重新设计跳台。他尤其坚持无论如何都要采用不同的数学曲线来计算从陡坡到平地的过渡处。据我所知，今天所有大型滑雪跳台已不再使用传统的圆弧，而是根据斐波那契数列计算出来的曲线，即从菊石中得知的螺旋形曲线的一部分。这个弧线的曲率要长很多，让人不会一下飞到平地上。

如今的跳台滑雪比赛与斯泰纳那令人狂喜的时代相比，已经变成人造的、标准化的赛事。斜坡的轮廓与运动员的弹道曲线相适应，让人永远不会飞到树梢那么高，在飞行高度上总能贴近斜坡。在斯泰纳的时代，没有人戴防撞头盔，也没有今天这样的连体雪服。如今，一切都规范到毫米：比如雪服从肩膀到裆部的长度，需要相对运动员的身高成严格的比例，因为裆部剪得太低就会形成一个小小的附加帆。雪服正面和背面之间的透气性也要由委员会用测试设备测量，因为在因斯布鲁克冬奥会上，奥地利代表队曾推出一款背面几乎不透风的雪服，它的背部形成一个人工驼峰，具有飞机机翼的效果。那年，几乎所有金牌都这样被奥地利队拿走。最明显的变化是运动员的飞行姿势。今天，运动员们进行跳跃的时候都采用“V”型滑翔姿势，这样可以形成更稳定、更好的空气动力系统。但斯泰纳那时的运动员仍然要小心翼翼地让滑雪板在身下保持平行，因为这样才能让裁判给他们的姿势打高分。然而，人们很久以前就从风洞实验中得知“V”型滑翔姿势更有优势。直到有一天，一位孤独的瑞典运动员开始以这种姿态进行跳跃。他的名字叫扬·博克洛夫，是一个固执而有远见的人。他在每次比赛中都会因此被裁判打低分，但仍然坚定不移地这样做，因此他在我的秘密英雄榜上处于前列。第二年冬天，其他跳台滑雪运动员纷纷效仿他跳跃的姿态，突然间每个人都这么做，打分系统也就不可避免地要随之改变。我们小时候借来的滑雪板远没有今天的那么宽，在空中不像老鹰羽毛那么灵活，也没有像今天这样可以让脚跟从滑雪板上抬起来的扣带。现在的滑雪装备意味着运动员们可以在空中水平飞行，就像骑在空气形成的垫子上，最大胆的人甚至能把耳朵贴到滑雪板的尖端之间。

5. 费边·马克西穆斯与西格尔·汉斯

我的英雄都是同一类人。费边·马克西穆斯，至今仍被嘲笑为“拖延者”，但正是他从汉尼拔的迦太基军队手中拯救了罗马；赫拉克勒斯·塞格斯，在伦勃朗时代早期几乎没有人注意到他，但他是现代主义之父，创作的画作在几百年后才被看到。或者韦诺萨的亲王卡洛·杰苏阿尔多，他的音乐创作领先于他的时代四百年——我在这儿特指他的第六卷《牧歌》——但直到斯特拉文斯基去往杰苏阿尔多的城堡朝圣，我们才得以再次听到这样的音调。还有埃及法老埃赫那吞，他比摩西早五百年引入早期的一神教。在他死后，人们试图将他的名字从所有寺庙、建筑和石碑上抹去。所有名单都把他除名，他的雕像也被人砸碎。我为惠特尼博物馆双年展创作了一个关于赫拉克勒斯·塞格斯的装置，这个装置后来又在盖蒂博物馆展出。我还拍了一部关于杰苏阿尔多的电影《五声部的死亡》（*Tod für fünf Stimmen*）。我也曾有几部关于埃赫那吞的电影计划，但很快就都搁置了。

在戛纳电影节上，应该是20世纪70年代中期，黎巴嫩制片人让-皮埃尔·拉萨姆提议跟我合作拍一部电影，那时他刚刚完成《极乐大餐》这个赌博般的项目。“只不过你打算拍什么？”他问我。我回答道：“埃赫那吞。”接着，他就把刚打开的那瓶香槟倒在卡尔顿酒店露台的瓷砖上，说它已经变味儿，叫人又去拿了一瓶。这家酒吧里，一瓶这样的香槟贵得离谱。我们为这个我知道在经济上注定永远无法赢利的项目干杯。“你启动前期筹备需要多少钱？”他问我。我说：“一百万美元。”于是他掏出支票本，给我开了张一百万的支票。那时他已经破产了好几次，还嗑药，几年后死于吸毒过量。但他在电影行业里是一个放荡不羁、有创造力的人，我有点喜欢上他了。我从未把那张支票拿去银行兑现。多年以来，我一直把它钉在我的图钉板上，还感慨道，这张不值钱的支票竟然比拉萨姆活得还长。

但在我所有的英雄里，最重要的是我童年时的那位西格尔·汉斯。在巴伐利亚方言中，名字前面总会放一个定冠词，姓氏也放在名字前面[1]。在匈牙利语中也是如此。西格尔·汉斯得名于他居住的农场；我至今仍然不知道他到底姓什么。他是一个年轻的樵夫，强壮得让人难以置信，他的胆量令我们所有人感到兴奋。在村子旅馆里的一次令人难忘的争吵中，他把来自山地农场的年轻农民贝尼摔在了地上。贝尼有着像橡木树干一样的胸肌，多年来没有人敢挑战他。然而有一天在旅店里，西格尔·汉斯挑衅了他，旅

1 比如西格尔·汉斯，德语原文为 der Siegel Hans，前面带有定冠词 der。

店老板因为担心自己的家具，就把这两个吵起来的人赶到男厕所。有些人想把打架的人分开，但大多数人想顺其自然。他们争辩道："就让他们打吧，好让我们看看谁更厉害。"所有男客人都跟到厕所，两人打得如火如荼，最终汉斯取得胜利。他用肘窝锁住贝尼，把他的头按到一个新装好的瓷制小便盆里。故事的这部分真实性存疑，也许是个马桶，因为我还记得当年小便的地方只有一堵金属板墙，底部有一条排水沟。总之，汉斯把贝尼推到那个便盆里，力道之大，使贝尼的眉毛裂开一个大口子，垂在他的眼睛上方。"省省吧"[1]，一阵沉默，"省省吧"，汉斯一次又一次逼迫着贝尼，把他推回便盆里，直到贝尼血流不止，方才作罢。当得知这件大事之后，我们这群孩子都非常惊讶。对我们来说，早在山地农场后的桥被一辆送奶的货车弄塌的那天起，汉斯就已经封神。这座桥很小，是用木头做的，当时那辆货车只有车头和前轮到达了坚实的河对岸，就像是车想用手紧紧扒住岸边似的。其余部分都与桥的碎片一起斜斜地沉入溪水。大家想用马把货车连同沉重的牛奶罐一起拽出来，但甚至没人真的去尝试，因为整辆车的重量有十吨左右。有人建议找西格尔·汉斯，他有一辆轻型履带车，那是种不靠轮子行驶的小型拖拉机，像坦克一样有链条。它常被用来拖拽沉重的原木。但汉斯到达事故现场后，只是简单地观察了一下情况，便简洁地说，这辆轻型履带车无法完成这种任务。我们这帮孩子都期待着发生点什么大事。汉斯先是脱掉他的衬衫，

1　原文为巴伐利亚方言 Gibst jetzt a ruah，标准德语应为 Gib jetzt eine ruhe。

下到小河里，我后来猜想，那是为了让人们赞叹他那一身腱子肉。他看起来就像今天参加“宇宙先生”大赛的健美选手一样。汉斯弯下腰，抓住货车的尾部，竭尽全力，尝试着完成这个不可能的任务。光是他仍然勇于尝试这件事，就让我们这帮小孩激动不已。他肌肉隆起，颈动脉暴突，脸憋成紫红色。随后他放弃了这个了不起的任务。第二天，人们用起重机将那辆牛奶车吊出了小河。

西格尔·汉斯参与了萨赫朗所有的走私活动。所有人都在走私。毕竟，通往蒂罗尔的边境线就在村子外一公里的地方。我母亲会带着我和哥哥穿过边境，买一些便宜的布，把它们裹在我们衣服下的身体上。在回来的路上，我看起来很胖，虽然那时我可能只有四岁，但边防军假装什么都没看见，因为他们很同情我们这些穷人。从母亲的讲述中，我知道了西格尔·汉斯做过的好几件英雄事迹。例如有一次，他从奥地利偷运来一桶乳脂，用皮带绑在背上，晚上在山里差点碰到边防军的巡逻队。为了避开他们，他从一处岩壁上爬下来，但被卡在了岩石里。直到上午很晚的时候，他才从岩壁脱身，但由于太阳已经升起很久，他桶里的固体物质已经融化，在他攀爬的时候不断地往外渗。他爬过的地方，几天后仍然可以在岩石上看到一条宽大的油迹。但我们亲身见证了他最轰动的一次事迹。我们后来才知道，当时他是为了走私九十八公担[1]的咖啡。无论如何，这次行动暴露了，引得宪兵们在晚上过来逮捕西格尔·汉斯。然而，他设法从窗户逃了出来。他只

---

1 德国、奥地利计量单位，在德国，一公担合五十公斤，在奥地利、瑞士则合一百公斤。

带上了他的小号，早上天亮时，他在施皮茨施泰因山上吹响了小号。宪兵们追了过去，但他们到达山顶，才发现汉斯要么是在穆尔赫恩德尔峰的岩峰上吹的，要么是在山谷对面盖格尔施泰因山的山顶上吹的。被羞辱了的警察们调来更多警力抓他，但汉斯的小号从一座山峰吹到另一座山峰。我们听到他吹奏的声音。我们看到一队队宪兵冲过山谷、爬上山头，但无论是他们，还是驻扎在峡谷里的搜捕人员都没能见到汉斯的面。他就像个鬼魅一样。我们这群小孩却知道为什么抓不到他。我们判断他是从施皮茨施泰因山出发的，朝着日落的方向，沿着整个国境线一路走去，直到绕过德国，从圆圈的另一侧抵达了盖格尔施泰因山迎着日出的那一面。这样一来，他就不用下到群山之间的萨赫朗山谷了。他在十二天后才向警察投降，但那时他已经成了我们的一个神话。几年前，巴伐利亚广播公司拍摄了一部关于西格尔·汉斯的电影，直到那时我才意识到，他被囚禁在库夫施泰因城堡的时候条件极其恶劣，差点死在那儿。

许多年后，当大部分政界人士已经放弃德国的统一大业时，我产生了一个想法，那就是始终沿着边境线，完整地绕着我自己的国家走上一圈。我记得维利·勃兰特[1]在一份政府声明中宣布了“德国统一书”的完成。那时候，他正在推行“小步走政策”，通过务实的、小型的，主要是经济方面的活动，使社会主义的东德更接近西德。从当时的角度来看，改善东德公民的生活是符合一

1 德国政治家，1969 年至 1974 年任西德总理，任内因推动德国和东欧国家关系的缓和以及促进德国统一的努力而闻名，于 1971 年获诺贝尔和平奖。

定逻辑的，我的一位重要的摄影师约尔格·施密特-赖特魏因便通过这种方式从东德的监狱中获释。他在1961年柏林墙开始修建后仅几天便被抓捕，因为他尝试用第二本护照进入东德，想把他的未婚妻偷渡出去。在一次审判中，他被指控为美国中央情报局工作，因为有证据证明他曾经为自由柏林电台做过两个星期的摄像助理，这家单位的部分资金来自美国情报部门。他被指控企图为阶级敌人走私人口。约尔根拒绝供认他未婚妻的名字。他在包岑的一间“热房”里度过了半年，那是一间地牢，房间里有加热管道穿过，目的是将他折磨得筋疲力尽。他被判处五年徒刑，但三年半后，他在一次以一整车黄油为交换筹码的反向交易中被释放了。在那些年里，许多知识分子，包括作家君特·格拉斯，强烈地反对德国统一，这让我心情很沉重。为此我打心眼儿里憎恶他。格拉斯很晚才承认他曾经在党卫军中服役，对此我并不惊讶，但同时我也尊重他直面自己过去的勇气。我认为只有诗人才能让德国重新团结起来。我想我必须绕着我的国家走一圈，就像皮带一样把它绑起来。我从萨赫朗镇外、靠近奥地利边境的橄榄山小教堂出发，爬上了施皮茨施泰因山，就像西格尔·汉斯当年那样。我也想像他一样从那儿开始，沿着边境西侧一路往前走，直到绕过德国之后，抵达盖格尔施泰因山的东侧。

6. 在边境

我的笔记只剩一些我曾经抄写下来的片段。完整的原稿已经不知怎的消失了。1982 年 6 月 15 日，我开启了漫长的旅程，从那时起，零散的记事本中就再没有标注日期。

从边境关卡旁的橄榄山小教堂出发，我穿过美丽、高大、潮湿的树林，朝萨赫朗走去。我快步沿着通向米特莱滕的路往高处走，很快视线中就看不到萨赫朗了。一台建筑机器正磨着碎石。旁边是一栋砖砌的毛坯建筑，它永远不会完工。在接近米特莱滕的地方，一个骑着摩托车的农民超过了我，我知道他是谁，但向他打招呼的时候，他没有认出我。我向上爬得很快，然而走过第一个台阶的时候，内心深处却犹豫不决。那里是人们往森林里倾倒建筑废料的地方；在那里，卡车会穿过屋顶的碎瓦片驶入森林；在那里，潮湿的风想把大塑料油布吹上山，油布却像被肢解的尸体一样牢牢地压在地上的石头下；在那里，胆小的鸭子一定是经历了什么不好的事情，才会在烂尾的建筑基坑里那又小又难看的砾石水池中逃窜，慌忙地从我身边逃开；在那里，我在自己的过去中徘徊了很久之后，离开了心爱的萨赫朗，我在那儿度过了童年，而现在却匆忙地踏过滴水的草丛和蓍草，在凉爽的雨中爬上山坡。地上有割过草的味道，我瞥了一眼山谷对面的盖格尔施泰因山，在走了很久之后，我会再回到那儿。从一处边境走到又一处边境，从一个地平线走到下一个地平线，我感到一种勇气和信念。西格尔·汉斯吹响他的号角，让我的心情变得轻松。他的小号制作极为精细、珍贵无比——它是由一位伟大的乐器制造大师用几十年的工夫从一处岩壁上切割出来的。那不是普通的岩石壁，而是一块巨大的祖母绿。

我向施皮茨施泰因山上的小屋攀爬，一种越来越强烈的孤独感轻轻地笼罩着下面的土地，就像一只巨大而强壮的动物小心地卧在地上。当我爬上山坡，朝小屋走去的时候，屋主人用他的大望远镜紧紧地盯了我几乎整整一个小时——好像我是一个奇怪的生物，一个来自另一星系的外星人。

………

我几乎是跑着离开米滕瓦尔德的。我从来没在其他地方见过这样商业化的景观。像疗养公园里的路那样有分散的沙道、天然形成的小径，还有危险警示牌，上面补充说明镇政府不承担任何事故责任。瓦茨曼山矗立在苍白的夜光中，它的脉岩看起来越来越冷。瓦茨曼山是一座坚挺的山峰。森林寂静得令人窒息。一片沼泽地里，两只野鸭子在游来游去，像是在原始的梦里。绕过高高的野生动物围栏，我看到一个几乎像工厂一样的野生动物饲养场，那里有叉干草用的大耙子、舔盐砖、观测台，还有一间毫无特色的小茅屋。两只小鹿和一只母鹿正在通往森林的草地上吃草。当我出现的时候，它们仔细观察了我一会儿，不知道来的人是谁。我对它们来说是个陌生人，所以它们并不认得我。“赫尔佐格”，我用平静、亲切的语气说道，然后它们就以雄健的姿态，跳着步子小跑着，消失在森林里。

………

我迈着坚持不懈的步伐前进，看到北极的冰原，从我面前一直延伸到斯匹次卑尔根岛的冰川和冰峰。随着冰原的临近，它变得越来越真实。我滑倒了，一路滑到一座巴洛克式城堡结着冰的阳台栏杆下，掉进冰舌裂开的深渊里。那冰舌在我面前突然断裂，落入易北河。我无法分辨这到底是易北河，还是西伯利亚的叶尼塞河。我意识到这次坠落将会是我的末日，内心充满突如其来的恐惧。但在空中翻腾之际，我仍保持着一丝清醒，如同一位跳伞者张开双臂，在空中滑翔，朝着下方斜斜地靠近自己的队友一样，引导着自己的下落轨迹。用这种方式，在几百米深的地方，我直接越过了冰层断裂的尖锐边缘，落入易北河的冰水，只不过那几天的易北河里，已经不再是水了……

………

山谷中响起钟声。山坡上充满寂静的庄严。午后的阳光下，一个退休老人坐在一张休息长椅上睡觉。“好啊……好啊，”他在睡梦中说，过了一会儿又说，“可是，好啊。”他躺着的椅子旁有个标志国界的告示牌，上面用毡头笔写着“德国大于联邦共和国”，由于天气原因，字迹已几乎变得模糊不清。

在克里纳-科夫勒小屋，我和一位来自明斯特的退休教师交谈了很久。他回答了我的问题，给我讲了战争对他来说是如何结束的。我想了解战争后期的情况。他说，在荷兰，当加拿大军队的坦克推进到离他只有一百多米的距离时，他按照指示，在敌方坦克部队推进的另一侧——也就是说那时候坦克已经超过了他——的一个农舍里抓了几名俘虏。他用枪指着自己的上级，防止对方在这个荷兰农舍里把俘虏打死。随后，他带着那几名荷兰俘虏，还有也被他俘虏了的上级军官，躲在加拿大坦克行进的高架路下面，只靠几丛灌木作掩护，顺着敌军的前进方向走去，并试着超过他们，向自己部队的阵地方向行进。在这个过程中，他连同那些俘虏都一起被俘了。

隔壁林务所护林员家的智障儿子来了，嘴里发出些奇怪的声音，仿佛来自他那异样的内心世界。他先是扯住我，然后又扯住一条看起来很聪明的猎狗。我们两个都耐心地任他折腾。后来，这个男孩跟着我来到登山俱乐部的小屋，我正在那儿收拾我为数不多的行李，他拿走我最后一块巧克力。我让给了他，因为他本来还准备把我的望远镜和笔记本也拿走。我毫不犹豫地交出自己的一小部分物件，他显然也对他的战利品很满意，只是他又给自己添上了几件想要的东西。

………

通往巴伐利亚阿尔卑斯山脉陡峭的下坡路上，一个不起眼的山坳里有几座丑陋的高山房屋。去往克罗伊特温泉林区的林道就从这里开始。下山路上，下了一阵雨过后，天在几分钟内突然就黑了，仿佛有什么像圣经中会出现的可怕事件要发生。为了安全起见，我在一间无人居住的小屋的顶棚下找了条长凳躲着，只等了一小会儿，就下起猛烈的暴风雨，狂风沿着狭窄的山谷呼啸，将一缕缕白色和灰色的雾气席卷进呻吟的树丛。情况越来越糟，每当我以为此刻暴雨的猛烈程度已经到达顶峰的时候，就又会袭来一波，使之前的一切似乎都只是一个小小的开始。对面陡峭的山坡上，四处飞溅着白色泡沫的瀑布倾泻而下，一切都笼罩在白色的、狂怒的云层下，那云层撕碎自己，偶尔露出树梢几秒，又沿着山坡慌忙地飞掠而去。仿佛一幅狂乱撕裂的帷幕被猛然拉开，视野豁然开阔，露出了翻腾着白色泡沫、怒吼奔流的瀑布与溪流，而就在片刻之前，它们还根本不存在。这天气就像是上帝对渎神者的惩罚。我等了很久，直到最糟糕的状况结束，看着那难以理解的翻腾景象，我知道除了我之外，没有人看到这一切。在这种奇怪的压抑状态下，一想到要下到山谷，远离边境，进入有人居住的地方，我就无法忍受，于是选择向西走去，进入陡峭的山脉，尽管雨还没有停。我先沿着一条汹涌的瀑布艰难地爬了上去。岩石中的路已经变成一条洪流，越往上走越是湍急。云层很快把我完全包围。上到“野人鞍口”，眼前的整个地平线突然豁然开阔，闪耀着黄橙色的雨后阳光。山峰、山谷和森林出现在山脉深处，却奇怪地转瞬即逝，像是对干渴的人民许下的伟大承诺。而在我身后，一道摇曳的白色雾幕从深渊中向上升起，以一种戏剧性的姿态，舞台在我身后重新合上了。

我在山间的避难小屋度过了这个夜晚，还和一位曾在20世纪50年代多次夺得德国漂流冠军的人聊了一晚，他讲述了自己在战后作为运动员的经历。他独自一人训练时，经常因饥饿而哭泣。

巴尔德施旺。我把那些荡着好莱坞式秋千的夏季游客们抛在身后，向山里越爬越高。天色已晚，下起小雨。要在哪里过夜呢？我上路的时候几乎没带行李，没有帐篷和睡袋。两头牛在草场上跟着我走了很久，似乎在等待我最后的消息。“你们不是牛，”我对它们说，“你们是公主。”但这也并没有阻止它们，似乎反而鼓励了它们继续紧跟在我身后。直到我穿过一片被雨打湿、斑驳的雪地，它们才停下来。在缆车站顶部，能够看到德国广阔而壮观的景色。橙色的、朦胧的地平线深处，山谷、农户，以及逐渐变得平缓的高地，向远处渐渐平坦的土地延伸。在西边，博登湖躺在柔软的银色中，慢慢变成金红色。在这一切上方，是积雨的苍白云层，而在西边很远的地方，如同古画中一样，夕阳斜照的橘红色光芒冲破雨幕。现在，一道黯淡的光线冷漠地洒在暗银色的森林和亮银色的草地上,没有投下任何影子。在这样无影的光芒里，德国看起来就像被淹没在水中。这是一个易受支配的国家。我坐了下来。燕子在头顶上纷乱地飞进夜光中。德国就在那儿僵持着，就像观众在音乐会里听完一曲不知名的乐章后，犹豫不决地不敢鼓掌，因为没有人知道它是不是真的已经结束。我感受到这一时刻，但它仿佛被拉长了几十年，让德国不可避免地纠缠其中。这片没有归属的土地就在那儿，仿佛正遭遇着不幸和失败。难道说，我的国家在自己的领土上已经变得无家可归,却仍然紧紧地抓着“德国”这个名字不放吗?

博登湖。人们吃饱后上床睡觉。博登湖里有只天鹅从此处游到彼处。德国在两次世界大战中已将自己的秘密暴露殆尽。我希望可以作为一个不信神的旁听者，加入一群僧侣的晚间祷告。

莱茵河畔的施泰因小镇。在城镇后面，我端详着莱茵河强劲的水流、天鹅和木舟，仿佛在端详着另一个世纪。我把双臂深深地浸入水中，弯下腰喝水。莱茵河的水是可以喝的。我就着它吃了面包。

斯特拉斯堡。在斯特拉斯堡，我正坐在一张长椅上，过了一会儿，一个阿尔及利亚人礼貌地坐在我旁边。不久，又有一个阿尔及利亚人拎着白色的塑料袋走来，和坐在我旁边的他的朋友握手，又理所当然地也和我握了握手。这举动深深地触动了我。我已经越过边境进入法国。莱茵河的对岸，德国就像是想象中的产物。在斯特拉斯堡的大礼拜堂，摩托车手们静静地驶过教堂的寂静，只有他们紧身的皮革在嘎嘎作响。他们就像中世纪的骑士一样把头盔夹在腋下。晚上，在我睡觉的空地上，牛群在睡梦中呻吟。

清晨，很早的时候，我被一种前所未有的恐惧吓醒：我完全没有了任何感觉，德国已经消失，一切都不复存在，就像某样在前一晚被郑重托付给我保管的东西，忽然之间失落了一般——或许就像一个本应在晚上为军队站岗的人，突然发现自己莫名其妙地失明了，这让整支军队不再设防。一切都消失了，我发现自己完全是空虚的，没有哀乐，也没有渴望。什么都没有，一切都不复存在。我就像一副没有骑士穿戴的盔甲。那份惊恐带来的是一种解脱。紫红色的幻象覆盖在了我身上。

………

虽然我知道自己曾穿过弗雷德这个地方，但却一点也不记得有这段经历。我发现一个扁平的可乐罐，它一定是被压扁后又过了至少两个冬天，因为它已经褪成白黄色，而不是红色。到处都是拉紧的厚窗帘，没有人期待着任何改变或者解放。最后一次行动是这样的：一小群妇女决定即使在晚年也要学会屠宰，为了表明她们的认真态度，她们在附近一家旅馆前放火烧了一辆轻型摩托车。我站在边境线上向右望去，越过山丘望向德国，这个国家似乎在沉默中忍受着痉挛般的痛苦，但这痛苦让人难以察觉。到了晚上，月亮本应升起，却没有出现。夜色中的大地只凭自己的尺寸变得辽阔而巨大。我用打火机点亮些光，压抑地在手表表带上写下自己的名字。我睡在露天的斜坡上。几个小时后的夜里，我站了起来，在来自山谷的光线和头顶的星星之间，我感到备受压迫，然后呕吐起来。到了早上，我才稍微睡着了一会儿，但那时天已经亮了，太阳很快就会升起。在我上方的一根树枝上，我听到一只鸟在抖动身体，整理着它的羽毛。随后它开始唱歌。我直起身来。日出前的德国就在那儿，得不到救赎，带着撕裂的土地，凝视着毫无意义的天空。

我从来没有走完过环绕自己国家的旅程。走了一千多公里后，我病倒了，不得不去住了几天院。今天回想起来，我知道他们不会允许我绕行东德，因为当时警方禁止沿波罗的海行走。有太多“流亡者”从波罗的海坐划艇或充气的汽车内胎逃到瑞典或丹麦。柏林墙的倒塌对我来说是统一的信号，令人难以忘怀。那时候我正在巴塔哥尼亚拍摄我的故事片《石头的呐喊》(*Schrei aus Stein*)。

在这个远离文明的地方，一位登山者在事件发生几天后从短波电台上听到这个消息，在我工作的时候告诉了我。直到今天，我仍能感受到当时那种深深的喜悦。那天我提前结束拍摄，和剧组一起喝了智利葡萄酒。对我而言，德国和巴伐利亚只在表面上是矛盾体[1]。一方面，德国在历史深处从未真正形成过，另一方面，我祖上的代际传承和巴伐利亚并没有很深的关系。尽管我的家族在欧洲还有着不同的根源，但我在文化上仍然是个巴伐利亚人。巴伐利亚语是我的母语，那里的风景就是我熟悉的风景，我知道我的家乡在哪里。

小时候，我经常在萨赫朗和周围的山上徒步行走，有时甚至光着脚。后来，这种习惯有了一种新的、不同的意味，这与我皈依天主教有关，也和一群有着宗教信仰的同龄人有关，我和他们一起在当时的南斯拉夫-阿尔巴尼亚边境上徒步旅行。这一点我以后还会再提。但对我而言，更重要、更有意识的转变出现在与我祖父鲁道夫——也就是我父亲的父亲——的关系中，也来自我在他生活过的那些风景中徒步的经历。我与他的关系比和我父亲的关系更为亲密。我认为这与19世纪到20世纪之交的那代人比我父母那代人更强大、更有历史根基有关。在纳粹主义的意识形态下，我父母那代人远离了欧洲文化的连续性，陷入模糊的日耳曼神话

1 巴伐利亚，也译作拜仁，位于德国东南部，现为德国面积最大的州，但它的历史、宗教信仰、语言等却和德国北部、东部存在明显不同。历史上，巴伐利亚长期为独立王国，直到19世纪后期才并入德意志帝国，居民地方认同感极强，常认为自己是“巴伐利亚人”胜过“德国人”。

史前史的历史建构中，并与之一同走向消亡。或许这番说法太主观，只是我对自己家庭的投射。但家庭本就是种奇特的东西，我的家庭也不例外。更何况，我对祖父的清晰记忆，也只是在他已然变得糊涂的时期。

7. 爱拉与鲁道夫

我的祖母在回忆录里为好奇的孙辈们讲述了她与他相遇的过程。我从中了解到，祖母在法兰克福度过了无忧无虑、既富裕又惬意的童年。她在回忆录的第一句话中就谈到她“美丽、无忧无虑、幸福的童年”。她住的房子有一个“面向花园的巨大阳台，可以看到长廊上的绿植和古老的护城河”。看一眼法兰克福的地图你就会发现，这种紧邻老护城河公园的位置，在今天一定是完全买不起的。市中心的花园里种着果树和浆果灌丛。

“特别自豪的是，”祖母回忆起1890年左右的这段时光时写道，“在凉亭旁有一棵又大又美的梨树。沿着墙茁壮成长的葡萄总是被单个捆在透气的小亚麻布袋里，以防被贪婪的乌鸫鸟吃掉。露台可以从花园大厅进入，那里有一个圆形的喷泉，喷泉中间有一个小女孩举着一只高昂着头的鹅，鹅嘴里喷出一道水柱。每年春天，喷泉里会放进许多金鱼。爷爷很纳闷为什么越到夏天，金鱼就变得越来越少。起初他怀疑是猫干的，直到一天早上，早起的他发现一只鹳在吃着鱼当作早餐。”

这种富裕的生活对我来说是难以理解的，我无法想象祖母在如今的大城市法兰克福的市中心有个花园，里面还有一只鹳从喷泉里抓鱼。但祖母爱拉在嫁给祖父后，把这一切都抛在脑后，与他一起去了贫穷的科斯岛工作和生活。那座岛当时属于土耳其，现在是希腊的领土。她与我祖父的见面是很久以前就安排好的。祖母的父亲在他的岳父多次中风后的最后两年里，一直尽心尽力地照顾他。作为感谢，祖母的父亲被安排去一条邮轮上休养，而正是这件事改变了她的命运。她父亲带着她上路，先是顺着莱茵河到安特卫普，他们在那儿登船环游法国和西班牙，后来又去了热那亚和那不勒斯。爱拉当时十七岁，生得美丽、高大、端庄。旅程快结束的时候，在前往卡普里岛的一次郊游中，一位同行者和她攀谈起来，他是蒂宾根大学的化学家比洛教授。

> 比洛夫妇在卡普里岛向爸爸坦白，他们（比洛和他的妻子）最开始是在议论“那个老家伙怎么会和这么漂亮的年轻女子在一起”，然后才意识到原来这两个年纪不相称的人是父女。在卡普里岛，比洛先生对爸爸说：“大夫，把你的女儿送到蒂宾根去吧，我认识一个男人跟她很适合。”爸爸回答说：“这事儿我才不急呢！”夫妇俩回到家后，比洛对鲁道夫说：“赫尔佐格，我给你找到了一个老婆。”第二年夏天，也就是 1902 年，我真的在比洛家做客了四个星期。第一天在大学礼堂里举行了一个仪式，他们介绍给我认识的第一位男士就是赫尔佐格

博士，后来我又经常在社交场合上见到他。

爱拉后来才从比洛和她父母的通信中发现，有好几次她受邀参加晚宴的时候，都被故意安排和鲁道夫坐在一起。后来她收到这些信件作为礼物，并在回忆录中详尽地引用了其中的内容。这些步骤安排得如此严肃和谨慎，始终尊重着爱拉的感受和世界观，从今天的角度来看依然令人钦佩。蒂宾根大学的化学教授冯·比洛深信，他的朋友鲁道夫·赫尔佐格，这个很年轻就成为古典语言学教授、同时又有深刻智慧和丰富情感的人，值得拥有一位像爱拉这样出众、坚强、美丽的妻子。只是我的祖父是一个害羞、内向的人，却充满想象力，还有着非凡的领导素质。这一点在他与爱拉结婚后不久就显现出来。那时爱拉跟随他到科斯岛进行考古发掘，他能够在那儿指导数百名土耳其和希腊的工人。他就像一位古代的统帅，在危险的时刻与他的士兵们一起，裹着斗篷，在守夜的火堆旁露天睡觉。

爱拉觉得鲁道夫太老了，他们之间有十二三岁的年龄差距，但他们的关系很快就通过文学变得更加亲密。鲁道夫对爱拉的学识印象深刻，有一天他们打了个赌，赌的是他们都喜欢的一首诗是冯·艾兴多夫还是霍夫曼·冯·法勒斯莱本的作品。他俩都确信自己是对的。最后爱拉从书架上挑出她那卷霍夫曼·冯·法勒斯莱本的诗集，赢得了这次赌局。后来，鲁道夫已经炙热地爱上了她，给她从蒂宾根带来一卷冯·艾兴多夫的诗集，其中有一段用诗歌形式写成的献词，几乎毫不掩饰地表达着他的求婚之意。对于之前几个星期的经历，她用“屋顶下着火”来描述自己。

突然间，一种不安的情绪抓住了我。我从正在干的活儿中起身，走过花园，又开始干起针线活儿，又站起来，上楼去看看信筒里有没有东西——没有——又回到缝纫机前，又回到花园，又去了信筒。现在，当我再一次开始干活儿的时候，我如此兴奋，以至于我从袖口布料上往下撕了相当长的一道裂缝……我跑进花园，什么事都做不了。

那天，鲁道夫原本写了一张明信片通知他的来访，但明信片当时仍然在邮寄中。在一次乡间旅行中，由于很难把爱拉的弟弟们从这对情侣身边支开，于是爱拉和鲁道夫选择了一个短暂而亲密的时刻表达他们对彼此的爱意，并在当天下午就订了婚。婚礼本来要在一年多后举行，但鲁道夫仅仅两星期后就写信说，他要去科斯岛进行考古勘探，询问能否赶在那之前成婚，他想带着爱拉一起去。因此，他们订婚后很快便举行了婚礼，后来爱拉写下了很多封关于她蜜月旅行的信件。而在半个多世纪后的1966年7月，她给包括我在内的孙辈们写道：

鲁道夫和我在一起幸福地生活了近五十年，从未发生过真正意义上的争吵，但我们的婚姻仍然不乏乐趣！学着点吧！！！鲁道夫在八十二岁那年永远地离开了我。他临终前感谢过我之后，说的最后一句话是：和你一起的人生是一段美好的日子。然后他把手放在我的头上，为我祝福，随后便安静地睡去了。

然而，在他生命的最后八年里，他陷入越来越严重的精神错乱。他得的不是失智症，更可能是一种大脑血管钙化。他很少认出身边的人。我的妹妹西格丽德是我父亲在第二次婚姻生的女儿，她小时候经常去格罗塞洛，鲁道夫在那儿建了一座房子。当她的母亲多丽丝来接她走的时候，我的祖父总是很糊涂。他会在花园门口拦住路人，请求帮助，说有人绑架偷走了他的女儿，还把这个三岁的孩子说成是可爱美丽的天使。实际上，这么形容我妹妹也是贴切的，因为我们都有同样的感觉。警察来了好几次，祖母每次都要跑去解释。还有好几次，祖父从锁着的花园里逃了出来，在旁边的森林里乱逛，恰好联邦情报局在普拉赫的总部离这里只有几百米。守卫情报局大院的安保人员被吓着了，也加入搜寻的行列，通常都是他们把祖父找了回来。我和哥哥，尤其是我，都很爱祖父，但我们这些小孩也很残忍。通往花园的阳台前有一道树篱，我们常躲在树篱后面，当我们认为祖父在屋里能听见时，就会大喊："老教授，吃人的叫兽！"[1]只有全知全能的上帝才知道是什么驱使我们这样做的，我希望只是因为我们觉得那种简陋的韵脚很好玩。我祖父带着他的手杖走到外面，我们就逃到花园角落里的一棵高大的白桦树上，因为我们知道他不可能爬上来抓我

1 在德语中，教授 professor 和食人者 menschenfressor 两个词有相同的韵脚。

们。有一天，祖母亲眼见到我们在搞恶作剧。她把我拉到她的膝盖上，用木炒勺打我的屁股，打到勺子断裂为止。她愤怒极了，立马又抄起第二把，也在我身上打到裂开。我知道，这都是我活该。

但每当祖父讲起他的挖掘工作，特别是讲到他在科斯岛港口入口处威尼斯人建造的堡垒中发现的铭文，或者是作为填充石料砌在砖石建筑物里的大理石铭文时，他的脑子总是很清醒。后来，1967 年，我那时二十五岁，在科斯岛的同一座堡垒中拍摄了我的第一部故事长片《生命的讯息》(*Lebenszeichen*)，我把其中几段铭文拍进了画面里，其中一个主角还从砖石院子里的大理石灰岩上翻译了一段文字。我的祖父鲁道夫把他对古代文本的精确分析鉴定能力从古典语言学带到了考古学。那是公元前 3 世纪的一名二流剧作家赫罗达斯所著的拟剧《米米安比》。文本上只有零散的几行字尚能辨认得出。直到 1890 年，人们才在法尤姆绿洲的一座埃及坟墓中发现了这个文本，它被近乎完整地记录在一张保存完好的莎草纸上。《米米安比》是一系列短小的闹剧，直接取材于大众生活，文本写得相当粗糙，一般会有几个角色出场，但大概率会由一个戴面具的演员在街道和市场上进行表演，这个演员要用不同的声音说出所有角色的台词。文本主题都是些非常世俗的事情，比如其中一篇是关于一个女仆早晨起不来床，错过了喂猪的时间；还有一篇是关于一个妓院老鸨，突然怀着雅典悲剧式的高度悲怆，讲起在几个世纪前的舞台上才能听到的古老语言；第三篇是关于两个年轻女子向一个鞋匠打听，想知道是谁买了他制作的假阳具。令人惊讶的是，19 世纪末那些假正经的学者们是如何拧巴地表达自己的观点，只支吾地影射着谈论这些戏讲的到底是什么。只有第五篇《米米安比》有点出格，从某种程度上讲，正是它决定了祖父的人生。这部戏讲的是两个妇女去医神阿斯克勒庇俄斯的神庙的故事。众神之父宙斯担心阿斯克勒庇俄斯能使人类得到永生，就用一道闪电杀死了他。在文中，妇女们详细地描述了科斯岛上的艺术作品、神庙以及医疗设施。几乎可以肯定，作者赫罗达斯正是来自该岛，也许他生活和写作的地方就在埃及的亚历山大港。正如几代人以前，海因里希·施里曼受到《伊利亚特》启发，在小亚细亚挖掘出特洛伊，我的祖父可以说是受到《米米安比》的启发，扛起铁锹，动身前往科斯岛寻找。他对风景有着敏锐的嗅觉，再配合上想象力，可以想象出小岛两千年前被森林覆盖时的样子。比如说在一片由田地和散落的橄榄园组成的大平原上，他在一个不起眼的地方进行挖掘，结果发现了一座罗马晚期的浴场。他在岛上的山坡进行试验性的挖掘，发现了一个大型神庙群的初步线索。在我的祖父发现这组线索近五十年后，一位年轻时曾给祖父打过杂的希腊导游声称，当初是他掌握了这处遗址的秘密知识，才把祖父导向正确的轨道。这个传说虽然早已被鲁道夫的同事们用准确的研究报告进行了驳斥，却一再流传，因为传说的本质就是在事实之外仍会保持很久的生命力。我的祖父有一种我很敬重的品质，那就是他能读懂“风景”。

在这些事情发生几十年后，他被失智症折磨得惶恐不安，执念于一个可怕的情景：有人要把他从他在慕尼黑附近为爱拉和自己建造的房子里赶走，他会在黎明时分被带走，一辆卡车会拉走一切，他的书、他的衣服、他的家具。夜复一夜，他怀着深深的悲哀站起身，把自己的西装装进箱子，收拾家具做好被拉走的准备。日复一日，祖母又打开行李箱，把衣服挂回衣柜，把家具放回原处。有人委婉地建议，把鲁道夫放到养老院里可能会更好，但祖母严厉地驳回了这种想法。“我已经和这个人幸福地生活了一辈子。谁要是想把他带走，都必须先从我的尸体上迈过去。”祖母后来向我描述了一个最为动人的时刻。她的丈夫鲁道夫在他生命最后的几年里已经不认得她，称呼她为“女士”。有一次晚饭，他穿得格外正式，穿着西装打着领带。吃完前菜后，他小心翼翼地把餐巾重新叠好，把餐具整齐地排在盘子旁边，然后站了起来。“女士，”他鞠了一躬后说，“如果不是已经结婚，我现在就想向您求婚。”

祖母去世后，格罗塞洛的房子就彻底衰败了。她之后的那一代人是完全失败的。从我的父亲迪特里希开始，他们就是迷失的一代。除了他以外，鲁道夫和爱拉还有一个孩子，是个女儿，也就是我的姑妈。我对她只有最崇高的敬意，因为她心地善良、善解人意，在母亲最穷困的时候，她经常塞给母亲一些钱。我的父亲从来没有尽过他的责任，还又结了两次婚。他的妻子们承担着抚养孩子的任务——我们在家庭内部管她们叫“第二窝”和“第三窝”——还要赚钱养家。姑妈在我出生的前几年结婚了，她嫁的男人与这个家庭格格不入，有人传言说他是个从不看书的乡巴佬，我却觉得很新鲜，但他很早就在东线战场中阵亡了，也可能是在前线病死的。姑妈和他有一个女儿，她勇敢地把命运掌握在自己手里，成为一名教师。这个堂妹后来和我很熟。我们一起长大，也常在家庭生日聚会上见面。姑姑先是和我祖父母一同居住，后来又接管了这栋房子。当时在一楼有一个巴基斯坦租客。我估计他是在印巴分治的动荡中来到德国的。他好像是个电气工程师，我从来都不清楚他有没有学位，但他的小房间里总是堆满破烂不堪的收音机，他给当地的客户修理这些设备。我经常惊叹于他在焊接电阻和连接精细的电缆上是多么熟练。他的名字叫拉扎，我们叫他拉扎叔叔，或者布谷鸟叔叔，因为他看到我们在花园里玩时，经常会用布谷鸟的叫声吸引我们的注意。在堂妹大约十四岁的时候，她的母亲当场发现她与拉扎叔叔在一起。这段秘密的性关系可能已经持续了一段时间，后来法庭判处拉扎数年监禁。我在很久以后才知道这一切。

在这些事发生之前，姑姑就已经对自己的生活失去控制。她开车，但总无视十字路口和红灯，她是怎么在这种情况下还能活过一个星期的，对我来说是个谜。工作上，她的问题越来越多，无法及时批改完作业，与同事发生奇怪的冲突。祖母去世后，房子就变得越来越破旧。姑姑把所有的东西都收集起来。报纸在墙边堆了好几排，一直堆到天花板上，有一次一叠报纸掉下来，差点砸到她。她痴迷于囤积纸张、绳子、玻璃瓶和塑料酸奶杯，房子成了一个垃圾场。她会拆下并储藏起茶叶袋上的线，可能是为了在某个想象中的紧急情况下把它们编成绳子。她把固定茶叶袋的小金属夹当作金属收集起来，又把袋子中煮过的茶叶倒出来，用被煮尽养分的茶叶做堆肥。但她始终无法找回她所收集的东西。

不知什么时候，她再也够不到地下室的洗衣机，因为连最后一条狭窄的路都被堆积的垃圾堵住了。我父亲第三次婚姻生下的弟弟那时还是个神学学生，他搬进来以后，看到过我姑姑晚上赤身裸体地把手洗的内衣挂到花园里晾晒。她只剩下这一套衣服，其他的都在垃圾山下再也够不到的地方，所以她才在晚上去洗衣服，这样就没人看到她光着身子，直到黎明时分，她会重新穿上还湿着的衣服。我有房子内部的照片。只有床还能用，被纸张和垃圾半掩着，要在堆积的纸板箱中蜿蜒前行才能抵达。后来清理房子的时候，我在地窖的架子上发现一罐写着 1942 年的密封的蓝莓，我把它保存了很久。姑姑在祖父母家的最后几年，混乱的局面已经蔓延到外面，甚至连阳台上都堆满垃圾。

我的堂妹在我年轻时就已经完全从我的视线中消失。她嫁给一个美国数学家，但那个数学家有过几次精神崩溃，最终搬回了美国。姑姑和他们二人一起搬了过去。他们一起经营着一家有机农场，养着山羊，在农贸市场上卖奶酪和羊奶。堂妹有两个孩子，一个男孩和一个女孩，但当时的情况一定很糟糕，他们成天互相掐架，甚至最后孩子们威胁说要趁他们还没到十一岁，也就是法律规定的刑事责任年龄之前，把全家人都杀死。但至少这部分的悲剧，我只是从别人那里听说的。

8. 伊丽莎白与迪特里希

我对自己的父母是如何相识的，比对祖父母的相遇的了解少得多。从表面上看，他们的结合很容易理解，他们是在慕尼黑上学时认识的，学的都是生物学，我母亲也在辅修体育。他们两人都较早地成了坚定的纳粹党支持者。母亲仍有着在当时还没能被化解的克罗地亚民族主义情结，还有模糊迹象表明她斯蒂佩蒂奇家族的亲戚曾积极参与过刺杀塞尔维亚国王亚历山大一世的行动。有一次，母亲曾经秘密地给我看过几张照片，上面有几个被吊在桩子上的游击队员，还有几个奥匈帝国陆军军官在摆着姿势。但不好确定那几个被吊死的人属于哪个民族。母亲还有一把装满实弹的手枪，她枪法很好，但我相信，她是在父亲和她闹离婚，还想抢我和哥哥的监护权的时候，才搞来那把枪的。母亲在维也纳上学的时候，曾在纳粹党成立早期就很活跃地参与过他们的政治活动，而在奥地利被德国吞并之前，她躲到了慕尼黑。她以前可能被逮捕过，但她从不愿意谈及此事。所有这些终归是一条尴尬和荒唐的歧路，而母亲很快就完全放弃了在德国的政治活动和纳粹主义，因为她可能意识到，这条道路将会不可避免地通向灾难。在我出生时，也就是在俄国和北非战场的重大战败转折点之前不久，她终于醒悟了。她并不是种族主义者，我记得我跟一个美国占领军士兵交朋友的时候，她还鼓励过我，那名士兵是我见到的第一个黑人。在此之前，他们只存在于童话故事中，是来自东方的摩尔人。但这个人很好，非常高大，有着像篮球明星沙奎尔·奥尼尔那样魁梧的身材。我还记得他温暖的声音，在那样一具强大的身躯里，却只有温暖。至今，每当我遇到非洲人或非裔美国人的时候，那个士兵的声音仿佛仍然在我心头回响。我们总在房子后的小山坡上激烈地交谈。母亲问我在用什么语言和他说话，我很肯定地说：美国话。他送给我一块口香糖，我嚼了好几个星期，还老得躲着我哥哥。我总把它塞到我们上下铺的一条木头缝里。有一天，我哥哥也嚼了一块口香糖。我看了看我藏糖的地方，发现我的那块儿已经不见了。但我们很快就通过交易赚到了新的口香糖：我们给占领军士兵们找蚯蚓，他们需要用它来钓鳟鱼。我们用 Wurmbs[1] 换来口香糖，当时还以为那是个美国词。

我父亲身上纳粹主义的根源来自于他很热衷加入学生社团，这些社团自 19 世纪初以来就一直在推动建立一个德意志民族的帝国。他曾在不同的大学学习，总共参加过四个社团，都是些有打斗性质的团体，这意味着会员们要在决斗仪式中用锋利的剑和军

1　美国士兵可能在说指小虫子的英语词“worms”，和德语中指蠕虫的“wurmbs”发音相似。

刀在对方脸上留下被称为“决斗疤”的伤口，有了这些疤就可以从远处认出他们。父亲很为他脸上的大伤疤感到自豪，热切地盼望我有朝一日也能在上学的时候加入一个有打斗性质的社团——因为他的长子蒂尔贝特，也就是我哥哥，很快就因为学业失败而结束了学术生涯。伤疤使父亲的外表略显粗犷，他总是晒得黝黑，看起来更像一个海盗，而非学者。此外，他学识广博、记忆力惊人、口才极佳，能把你聊得晕头转向。所有这些素质都让他成了一个迷人的花花公子，也就是所谓的“女人杀手”。他转向纳粹主义可能既是出于真心，也有机会主义的成分，因为这会让他的学术生涯发展得更快。我猜，正是由于他是纳粹党员，才使他很快就成为大学研究助理。他总在寻找捷径。我父母在战后都经历了“去纳粹化”，但多年来，父亲始终对德国的战败和美国生活方式在西德的蔓延感到痛苦。正如他所说，美国人的“没文化”是他的眼中刺。

至于我父母的关系是怎么开始的，我只知道他们曾有一次带着折叠船和帐篷，沿多瑙河漂流的旅行。后来，父亲被征召去服兵役的时候，他们两人在没有太多准备的情况下迅速结了婚。我们从来没见过他们婚礼的照片。战争结束后，父亲在法国当了大约一年的战俘。有一天，一个陌生人站在我家厨房里。在我的记忆里，他穿着白色的衣服站在那儿（也可能是我想象出的画面），我母亲问了我们好几次：“这人是谁，这人是谁？”我当时大概四岁，最终惊呼：“是爸爸！”然后父亲就非常感动地抱起了我。但在某种程度上，他对我来说仍是个陌生人。在我父母吵架和离婚的过程中，我总觉得自己跟母亲更亲近，尽管我并不是一个黏人的“妈宝”。就在他们离婚的时候，我弟弟出生了。他姓“斯蒂佩蒂奇”，我母亲婚前的姓氏，后来我在这两个姓氏之间来回摇摆了一段时间。我在二十岁出头的时候，用“斯蒂佩蒂奇”这个名字向一个竞赛提交了我的第一个剧本《生命的讯息》，但作为电影导演，我后来认为我应该坚持用“赫尔佐格”。时至今日，我仍觉得自己的身世被笼罩在轻薄的迷雾中，这让我有种如释重负的感觉。哪个姓氏是我“战斗时的化名”，哪个不是，光是这个问题就让我感觉并不是每个人都需要知道所有事情。我所拍的电影，我所出版的书，足以成为进入我这座早已门户大开的堡垒的突破口。

我弟弟有一个难听的、过度具有德国民族主义色彩的名字，我母亲很快就拒绝叫他这个名字——假如她曾经这么叫过他的话。她改叫他沙维尔，但我们两个哥哥都认为这个名字也不适合他，就叫他卢基。这个名字一直保留下来，直到今天，我弟弟还非常自然地使用着“卢基”，好像他对这个名字拥有天然的使用权。他的父亲是个艺术家，住在萨赫朗和阿绍中间，我们叫他托马斯。那是他的姓，而我直到现在才知道他的名字，但对我们来说，他只是托马斯。他和我父亲没有什么不同，既自负又懒惰，同样是个浮于外表的人，智力上却又不如我父亲。卢基的本名正是他给起的，这个名字在此还不能提。至于母亲是如何跟这个画家好上的，对我来说仍是个谜。至少他还画过几幅不算差的水彩画。他在远征俄国的途中冻坏了两根手指，靠一点战争抚恤金生活，但连他自己也不明白为什么要工作或继续画画。他寄宿的那个小农场的农妇负责照顾他。他在那儿活得像一只任人喂养的寄生虫。我们兄弟俩都很期待卢基的降生，但母亲在没有任何收入的情况下几乎养活不了我们，因为父亲从来没有履行过他的义务。有一次，她带着卢基在奥地利的韦尔斯住院，结识了住在那儿的一户人家，他们看出她过得艰辛，主动提出要收留这个孩子。卢基那时是个小天使，迅速赢得了所有人的心。于是，他在韦尔斯的赫里伯特“叔叔”家住了几年。卢基后来再回到萨赫朗的家里的时候，已经四岁了，蒂尔和我都很高兴他终于和我们团聚。后来，卢基在我的工作和生活中发挥了决定性的作用。从 1972 年的《阿基尔，上帝的愤怒》开始，他就在我身边。他拥有出色的组织能力，多亏了他，我才有创作这么多作品的余地。他本人在音乐上很有天赋，但他很早就意识到自己恐怕没法成为顶级钢琴家。许多年前，他建议我成立一个公益基金会，现在我所有的电影都转移到了那儿。卢基还有三个同父异母的兄弟姐妹，来自他父亲托马斯的另一次婚姻，分别名叫贡杜拉、吉泽尔赫和格诺特，他们就像日耳曼史诗《尼伯龙根之歌》里来自遥远迷雾中的神秘人物。托马斯去世时，这几个兄弟姐妹故意没有通知卢基。

我的父亲迪特里希生活在幻想里，他想写一份跨越许多学科领域的伟大研究论文，但他一行字都没写出来过。不过，这项研究仍然是他没法直接去工作挣钱的借口。在某种程度上，他是一个完全的反对派。他后来的每任妻子也总要挣钱养家，还要带孩子。他总是拒绝城市生活，住在施瓦本的小村庄里，在天气足够暖和的时候甚至拒绝一切衣物。其实我只见过他赤身裸体地躺在阳台上，皮肤晒得黝黑，手里拿着一本书，牙齿间叼着一支削好的铅笔。他还不停地在重要的地方做标记。他的父亲鲁道夫，也就是我的考古学家祖父，也总是这样做。鲁道夫的阅览室里几乎所有书都写满旁注和画线，但在他失智的最后几年，他把书中的每一个字母都从头到尾划了线，每个字，每一行。父亲从来没有从事过生物学家的工作，但通过自学涉猎了很多领域，包括历史、语言、心理学。由于对柔道感兴趣，他也会说一些日语。他接受过笔迹鉴定专家的培训，并确实在几次任务中作为专家证人出现在法庭案件里。他是当时少数几个懂非欧洲书写系统的人之一，比如他曾经正确地指认出一个用阿拉伯文写勒索信的阿拉伯绑架犯。但他的工作始终只是昙花一现。在陌生人面前，他能够振振有词地谈论他那个总是处于保密状态的伟大研究项目，仿佛它已经完成，只需要在出版前稍作修改。但实际上那项研究连一个字、一句话也没有。他的伟大研究是他想象出来的，但他说得如此坚定，连他自己都信了。在这方面，他活得像一个纯粹的空想家。有一回，他正在忽悠一名客人说自己的项目是多么大胆，我在厨房里悄悄对他说："你什么都没写。"他吓了一跳，像个梦游者一样猛然回到现实，但一分钟后又继续对客人谈起他的研究。有时候，当有人提到我某部电影的标题时，我也会有类似的惊吓：这真的是我拍的吗？会不会是我一直在告诉自己这一切，久而久之，连我自己都相信了？或者会不会是这部电影真的存在，但是由别人，由某个陌生人拍的？

卢基出生的时候，蒂尔和我曾与父亲一起在维斯滕罗特住了一段时间，因为母亲没法再养活我们了。她正准备让我们搬到慕尼黑去，但那时她还没有地方住，也没有工作。维斯滕罗特被称为空气疗养地，离海尔布隆和施瓦本哈尔不远。后来，在蒂尔和我要转到文理中学的时候，我们又和父亲住在了一起。我们在当地的小学度过了最后几个月。让我们震惊的是，那里的人会嘲笑我们的巴伐利亚方言。我是在那里才学会标准德语，几乎可以说那是我的第二语言。我的巴伐利亚口音太重，连父亲有时候都需要翻译。有一次，他拍了几张照片，在换胶卷，我对空胶卷筒很好奇，就问他："Kriag i d'Roin, d'laare？"母亲不得不翻译一下："能把空胶卷筒给我吗？[1]"我们为了参加文理中学的入学考试，需要坐公共汽车从维斯滕罗特到海尔布隆，哥哥想在五年级后转学，而我想在四年级后转学，然而我俩几乎都没注意到还有什么考试，因为那对我们来说太简单了。但对于那个年龄段的孩子来说，能否通过考试对他们今后的生活至关重要，我还记得其他没有通过考试的孩子和他们家长的眼泪。我们被海尔布隆的特奥多尔·霍伊斯人文文理中学[2]录取了。迄今我都很感谢我父亲，因为他坚持按照家庭传统，让我们学了拉丁文和希腊文。回到维斯滕罗特以后，他自豪地请我们去了村里的小酒馆，给我们每人点了两个煎蛋，我想那应该是我吃过的第一个煎蛋。在萨赫朗，山地农场有几只鸡，但那个暴脾气的老农民什么也不给我们。他甚至连我母

1　标准德语原文为"Kriege ich die leere Rolle?"。

2　在德国教育系统中，人文文理中学遵循传统欧洲学制，学生要学习拉丁文、希腊文等古典科目作为基础，最终拿到考大学的资格。

亲都骂，母亲可是在美国大兵从他的谷仓里搜出武器的时候，把他从行刑队手中救下来的人。他管她叫臭母猪，还在背后用各种不堪入耳的话骂她。

在维斯滕罗特，我们开始和附近的男孩儿们一起踢足球，总是把衣服弄得很脏。父亲觉得这项运动太粗俗了，想让我们进行一些更有教养的活动，比如花剑或者曲棍球。我们试探性地加入海尔布隆的一家曲棍球俱乐部，但就在第一堂训练课上，我被赛场上直接打出来的球击中小腿。这些球根本就不是球，而是拳头大小的石头。我疼得要命，骨头上长出骨赘。从那时候起，我就受够了。为了不让人发现我们还在继续踢球，我们把运动短裤藏在整齐的衣服下面，放学后立即脱掉，跑去菜地上踢球。

我和蒂尔很快就喜欢上了我们的小妹妹西格丽德，而她的母亲多丽丝，也就是父亲的第二任妻子，早已对父亲心灰意冷，暗地里与我们这些来自他第一次婚姻的继子密谋。她这个人格外友善，我永远都感谢她。她是我在维斯滕罗特的另一个母亲，甚至永远是我的另一个母亲。但她仍然无法帮助我这个十岁的孩子摆脱渴望离开的苦闷。我们这些孩子在这儿都睡在一个单间里。蒂尔有一个类似床的东西，我躺在一张军用折叠床上，上面铺着一张淡红色的、恶心的橡胶床垫，就像自行车的内胎一样。这张气垫每晚都会漏出去很多气，到早上就完全瘪了。冬天的时候我会被冻醒，因为房间里没有暖气。我不记得自己在维斯滕罗特有哪个晚上不是默默地哭着入睡的。我不想让哥哥察觉到。但早晨总是很好玩，因为小妹妹刚刚开始学说话，老在她的小床上站得笔直，给还在睡觉的人发表演讲。她后来在慕尼黑的奥托·法尔肯贝格戏剧学院培养了三代演员。多亏了她，我发现了泽普·比尔比希勒，让他在我的电影《玻璃精灵》(*Herz aus Glas*)中扮演主角。那是我在1976年拍摄的电影，里面所有的演员都在催眠状态下表演。西格丽德一直对戏剧很有兴趣，在德国和美国都导过戏。现在她也执导越来越多的歌剧。

我们要坐单程一个小时的公交车到海尔布隆的文理中学去上学，每天的通勤很快就让人不堪重负。为了便宜，我们总是乘坐挂在公共汽车后面的简陋拖车，这种车是用来把贫穷的产业工人运送到山谷里的工厂去的。拖车里有一个形似炮筒的小炉，工人们在车里打牌或者睡觉。香烟的烟雾总萦绕在小车里，车上只有一个小窗户。父亲很快就把我们安置在海尔布隆的一个寄宿家庭里，但关于那里，我只清楚地记得和我们一起生活的几个兄妹。大一点的哥哥名叫克莱特，我不清楚这是他的名还是姓。他有一种强烈的犯罪能量，我们也开始和他一起从商场里偷东西。不是孩子们经常干的那种小偷小摸，而是真的有章法的偷窃。比我们大一岁的克莱特甚至打算撬车锁，但在事情发展到那一步之前，我们已经不在海尔布隆了。我记得我们在他的指导下，撬开一个圆形的排水井盖，用水泥袋的粗纸小心翼翼地盖住这个大洞。我们在纸上撒上沙子和几片秋叶，这样一来陷阱就只有仔细观察才能发现。我依稀记得，我们是打算通过这种方式，让一个毫无戒心的路人掉下去，这样我们在救他出洞的时候就可以更容易地抢他的东西。但我们这个小团伙中的其中一员反而忘记我们下的套，自己踏进陷阱。他的小腿和膝盖被排水井锋利的铁环刮伤，几天都不能正常行走。

我渴望能回到萨赫朗，或者至少回到维斯滕罗特，我们在那儿有一起踢球的朋友，尽管他们都只存在于我模糊的记忆中。我在萨赫朗度过了更长的时间，那儿有里希特·阿迪、凯因岑·鲁埃普和豪岑·路易斯。凯因岑·鲁埃普成为基姆湖的女士岛上一家农庄里的一名挤奶工，后来死于失火。当时他肯定是喝醉了，床被他的烟烧着了。路易斯在阿绍镇外的一个陡坡上骑车时冲出公路，撞上了一棵树。他不到二十岁就死了。维斯滕罗特有我们的朋友策夫和辛克尔，我们每天都一起踢足球，风雨无阻。后来，辛克尔成为一家汽车厂的油漆工，策夫则成为一名粉刷匠。奇怪的是，策夫是个色盲，颜料都是他的雇主给他调好，策夫只需要用现成的颜料来刷墙。当我们最终要和他们告别，搬到慕尼黑的时候，正是个让我们毫无目的地喝得酩酊大醉的好机会。我们买了几瓶最便宜的酒，一种加了苦艾的红葡萄酒。我踉踉跄跄地走到父亲的公寓，他立刻把我扛到床上，拿来一个桶让我吐。我吐了一晚上，父亲还为他的儿子表现得像个真正的学生社团成员而感到无比自豪。实际上，当时我还不到十二岁，对他来说就像是一个额外的奖赏。这场狂欢的一个后果就是，即使几十年后，我一看到红酒就浑身发抖。这种反感持续了几十年才慢慢消退。

在这期间，母亲曾试图在慕尼黑站稳脚跟。在萨赫朗，我们没有任何前途。我们这些儿子的前景就是成为养牛人或者伐木工人。我们也从来没有被村里人完全接纳过，虽然他们不觉得我们是完全的陌生人，但依然把我们当作“新移民”来对待。更确切地说，是其他那些难民儿童和周围农庄的孩子被吸引进了我们的圈子。战后不久，第一批美国援欧协会的救援包通过马歇尔计划送了过来，帮我们挨过了最困难的时期。就因为这一点，我永远感谢美国。这些包裹里装着玉米面，我们当时不认识这是什么东西，觉得相当可疑。母亲为了让我们嘴馋，瞎编说这些面粉之所以是黄色的，是因为它含有蛋黄，所以非常有营养。从那时起，我们就起劲儿地吃了起来。最早的一个包裹里还有一本书，印得像一本大练习册，是一本《小熊维尼》。我要向这个包裹里蕴含的智慧和温暖鞠上一躬。迄今也没有人知道是谁打包的包裹，又是谁想出这个主意，但我得向负责这个东西的人致敬。来自周围农场的所有孩子都聚集在我们家的小厨房里，我们这个小团体有十四个孩子，或者更准确地说是十三个男孩和一个来自山地农场的女孩，我们叫她“小丫头”，她比大多数男孩都更大胆，更富有想象力。我们挤在沙发上、椅子上、地板上、窗台上，屏住呼吸听我母亲用不同的声音读着克里斯托弗·罗宾、小熊维尼、小粉猪和小驴屹耳的故事。我们所有人都听得兴奋得喘不过气来。还有《琥珀珠》这样的书，讲的是一个小女孩孤儿的故事，她在穷困潦倒中长大，被人瞧不起，但脖子上戴着一颗琥珀色的珍珠，经过一番波折后，她的父母认出了她，我记得他们来自一个伯爵家庭。我们只能一小段一小段地缓慢吸收这个故事，因为我们都哭得很厉害。我记得小丫头的哥哥，他叫恩斯特，是唯一没有来听读书的孩子。他粗暴地打开厨房的门，喊道：“小丫头，喂母猪去！”

小丫头哭着爬过一群孩子，又哭着去照顾母猪。半个小时后，她回来了，仍然在哭，我母亲就换了更轻松的内容来读。

我们喜欢我们的小房子。现如今，它已经被现代化改造得毫无特点。房子的整个后半部分，以前是个透气的仓库，现在被改成公寓单元楼。从前，那里有灵异事件，有奇怪的嘎吱声，还有鬼。还有一次，我在那里见到了上帝。当时我大概四岁，和哥哥蒂尔吹嘘说，在圣尼古拉斯节，我们要在黑暗的走廊用金属绊脚索给克拉普斯使绊儿。克拉普斯是一个穿着毛皮，长着角，摇晃着沉重的链条来吓唬淘气小孩的恶魔。这个想法让我们兴奋不已。我们一点也不害怕，吹嘘着自己的无畏。我们还想象过，也许圣尼古拉斯本人也会跌跌撞撞地走进厨房，朝我们走来，然后被绊倒在地，他所有的礼物就都会从袋子里掉出来，这样我们就根本不用听他的说教也能拿到礼物。但随着圣尼古拉斯节越来越近，我们越来越胆怯。我们压根就没有设下绊脚索。我听见克拉普斯在走廊里跺着蹄子，摇晃着他的链子，就躲到了沙发底下。接下来，我感到克拉普斯的爪子抓住我的裤脚，把我拽了出来。我就站在那儿，我记得自己还尿了裤子。但就在这时，我看到上帝在向我微笑。他靠着门框，身穿一件洗得发白的棕色罩衣，上面有深色的油渍。我知道我得救了。那就是上帝本人。很久以后，才有人告诉我说，那个人其实只是碰巧从瀑布旁峡谷的供电小屋出来，经过我家，他出于好奇，跟在圣尼古拉斯后面走进了房子。森林里有一台小型发电机，是用从溪流中引来的水驱动的，那个人时不时要去给它上润滑油。那个设备的混凝土基墙至今还在。

然而，在战后的最初几年里，电力从没得到过保障。在晚上，我们在厨房里常常只点一根蜡烛。

我们总归是要搬到大城市去的。我们对山谷外的世界几乎一无所知。十二公里外的阿绍就是我们所认知的世界中最远的界限了。罗森海姆就像天空中一束离我们很远的光。从那儿来的汽车很少往我们这儿开，每当我们看到一辆车，都会跑去看热闹。有一回，在一个急转弯处，有一辆车失控滑进小河，就在厄茨风暴口下面。从此之后，我们就经常坐在那儿，盼着另一辆汽车也能掉进这个弯道。有一次，我们看到了西格尔·汉斯骑着他的摩托车，以冒险般的角度飞快地通过弯道，随后又立即加足油门。从那时起，我就一直对飞驰的汽车很着迷——至少在视觉上是这样的。2009年，在拍摄《坏中尉：新奥尔良港》（*Bad Lieutenant – Port of Call New Orleans*）的时候，我特意把凶杀案侦破组用来审讯嫌疑人的房间挪到靠近窗户的地方，从那儿可以看到高速公路桥上有许多繁忙的车辆呼啸而过。我们还专门为此给窗户贴上厚厚的双层有机玻璃，用来阻挡卡车的轰鸣声。阿绍是个坐落于山谷起点的小镇，只有几辆车，在这镇上我唯一了解的地方就是一家医院。我大约六岁的时候，曾在半夜里发生过窒息。我从卧室里冲了出去，跑到冰冷的走廊里，拼命地挣扎着想要呼吸。母亲那时候一定很痛苦。住在楼上的难民妇女施拉德夫人用羊皮包裹着我，把我绑在雪橇上。当时是深夜2点，没有电话，也没有汽车能开进来，因为通往阿绍的道路都深陷在雪里，路在雪堆里没法通行。她们两人拖着我在大雪里走了四个多小时，才走到阿绍的小医院。

我记得那是一次严重的假性肺炎发作。在医院里我记得两件事：我有生以来第一次得到一颗橙子。我以前从来没有见过这种东西，护士还得告诉我怎么把它剥开。然后她就走了。我不知道接下来该怎么办，就把橘子小心翼翼地剥成一瓣一瓣，又琢磨了很久。最后，我又轻轻地把皮从每瓣上剥了下来。终于，我把剥下来的细长橘子丝一条一条地放在嘴里。那真是难以描述的美味。第二件事，是我记得我把玩了好几天从床罩下摆拉出来的线。我发现这根线有着各种不可思议的可能性。这给了我个巨大的启示。后来母亲告诉我，在整整一个星期里，我除了那根线之外什么都没有，但与那根线在一起的时光是非常愉快的。

9. 慕尼黑

搬去慕尼黑之前，我们只去过那里一次。那时主火车站周围还满是堆积如山的瓦砾和碎片。我和哥哥在街上向每个路人打招呼，就像我们在萨赫朗的乡村街道上做的那样，向上百个人打了招呼。我们还解开皮裤的围兜，在人行道边上撒尿。那可能是母亲一生中唯一一次抛弃我们，假装和我们不认识。几年后，我们和父亲一起住在维斯滕罗特，母亲还在为我们寻找住处，并通过打零工来维持生计。她当过清洁工，还和一个朋友一起当过小贩。她们两个人在城外的盖塞尔加施泰格卖尼龙袜子给群众演员，那儿有一个重新投入使用的制片厂。母亲凭借她务实的意志力，毫无怨言地做着一切。她给一个美国占领军军官当过很长一段时间女佣，后来她几乎从未谈起过这段经历。她要打扫公寓、洗衣服、做饭，军官的夫人还不断刁难她。母亲还得遛狗，有时那家人吃了顿大餐，那名夫人就会把剩饭剩菜倒进碗里给她。“伊丽莎白，这是给你和狗的。”[1] 我母亲是我见过最勇敢的女人，她还有着匹配她勇气的坚强的性格。许多年后，蒂尔和我已经十九二十岁了，我们买了一辆摩托车，但每周都会发生一些小事故。蒂尔在电车轨道上滑倒，平稳地滑到一辆公共汽车下面，只是肘部受了些擦伤，而我在农村公路的一处下坡弯道上绊倒在碎石上，最后落进一片田地里。那时候戴头盔还不是强制性的。我们总是出事儿，搞得母亲对摩托车有了根本性的反对意见。她可不想有朝一日要把她的儿子埋在墓地里。然而我们太喜欢摩托车了。我们管它叫“大机器”，德文写作 D’Maschin，大写 D，一撇，然后是 Maschin。“大机器”不是用来骑的，而是用来“干”的。啤酒也不是用来喝的，而是要像结婚仪式一样从厨房里“娶”过来。煎猪排不是用来吃的，而是像肉布一样用来撕咬的。觉也不是睡过去的，而是打呼噜打过去的。一天晚上，晚饭后，母亲抽起了烟。她成年以后一直是个大烟鬼。但她这次只抽了几口，就把烟头插进烟灰缸灭了。然后她跟我们说，让我们卖掉摩托车，放弃它，也永远不要再买了。这是她的最后一支烟。之后她就再也不抽烟了，一个星期后我们就处理掉了“大机器”。

在为我们寻找住处的过程中，母亲找到一间小寄宿房，就在我出生头几天所住的阁楼的下面一层。在这段时间，屋顶已经被修复，但伊丽莎白大街上几乎所有邻近的房子仍然处于废墟状态，或者正在重建中。一辆又一辆的卡车仍在清理着瓦砾，把它们运

1 原文为英语。

到越垒越高的瓦砾山上。最大的瓦砾山后来成为慕尼黑奥运会场地的一部分，上面长满草和树木，还有一个小人工湖，几乎延伸到了体育场的透明房顶顶部。我所有在慕尼黑长大的朋友们都能热情地回忆起战后最初那几年。那时候有着最真实的冒险乐园。孩子帮就是国王，是所有被炸毁的街区的领主。他们收集有色金属，再倒卖给收废品的。他们还能找到武器，比如手枪和手榴弹。有一次，他们在废墟的横梁上发现了一个吊死的人。他们在很小的时候就能对自己负责，而且对此都很兴奋。我总能听到对这些孩子充满怜悯的说辞，但这和他们的现实经历并不相符。就像我在山区一样，战后的城市儿童拥有你所能想象的最美好的童年。比如迪特·登格勒，后来我为他拍了一部电影——实际上是两部电影，1997 年的《小小迪特想要飞》（*Little Dieter Needs to Fly*）和 2006 年的《重见天日》（*Rescue Dawn*）——他在黑森林的维尔德贝格与世隔绝地长大，他的说法也完全一样，尽管他比我们过得更困难。他回忆说，母亲带着他和弟弟进入被炸毁的房子，撕下废墟墙上的墙纸。然后他母亲把墙纸给煮了，因为粘在上面的胶水含有营养物质。我远远没有把这个时代理想化，这是一场德国人所造成的可怕的战争和可怕的罪行。我们记得的只是自己的感受，但战争本身是可怕的，而且随着战争工具的发展而变得更加可怕。有两件事作为那个时代的回声留在了我身上。首先，当你有东西吃的时候，必须要快，否则兄弟们总是会先把东西吃光。时至今日，我吃饭仍然很快，尽管我也试着好好咀嚼，仔细去吃。其次，我很难扔掉食物，尤其是面包。我总照看着我的冰箱，把它管理得很好。不可思议的是，在工业化的世界中，百分之四十的食物是被扔掉的，而据统计，在美国这个数字高达百分之四十五。我只能默默地看着，因为几乎没有人和我有着一样的童年经历。餐厅里分量巨大的食物被端上来，有一半最终是要被扔进垃圾桶的。整个工业化世界里蔓延的消费主义正在对地球的健康造成巨大的损害。许多人的肥胖症只是消费主义的一个表象。并不是说我不会偶尔在冰箱里发现枯萎的生菜，只是我很少扔东西。

位于慕尼黑伊丽莎白街的那间寄宿房是一栋老建筑里的宽敞公寓，其中有五六个房间对外出租。房主叫克拉拉·里特，年轻时曾活跃于富有创造力的施瓦宾区，20世纪20年代，那里是这座城市著名的艺术家聚居区。然而现在，这里已经没有艺术家了，就像巴黎蒙马特的艺术家聚居区最终凝结成一个神话，为游客们保存着19世纪末的韵味。然而在20世纪六七十年代，年轻的德国电影正在崛起，几乎所有的电影人都住在施瓦宾区。慕尼黑是当时德国的文化首都，直到柏林取代外省城市波恩成为首都后，几乎所有人又都迁往了柏林。克拉拉对艺术和戏剧非常感兴趣，穿得很不寻常，把头发染成亮橙色，就跟几十年后的朋克一样。在她公寓的大走廊里，有一个隔间被厚厚的帘子隔开，后面住着我母亲的朋友，她曾经和母亲一起卖过袜子。还有一个房间住着一个土耳其工程师，他隔壁的房间里住着我们四个人：我母亲、蒂尔、卢基和我，全都住在一个单间里，与共用的浴室相连。使用浴室的时间必须和室友们一起协商安排。克拉拉要给她所有的客人做饭，这是含在房价里的。她经常这样描述自己：“我做饭用的是爱和黄油。”但事实证明她夸张了，她用的只是人造黄油而已。在那间公寓，我永远地学会了如何在狭小的空间里生活，也学会了如何完全沉浸在自己的世界，即便我周围的房间经常一片混乱。至今，我仍然可以在嘈杂的人群中阅读或者写东西，不会注意到有其他人在场。当外部环境的力量迫使我要改变方向的时候，在片场无数人的高压和要求下，我可以在几分钟内改写一整段剧本。

有一天，我从学校回来的时候，听到楼梯上有骚动。我打开公寓的门，首先注意到的是帮厨赫米娜，她大约十八岁，很结实，来自下巴伐利亚地区的乡下。她正在追着一个我从没见过的年轻人，用一个木制的托盘打他。正在逃跑的男人发出尖锐的叫声。他把手伸进了她的裙子下。那就是克劳斯·金斯基。许多内容我都在很久以后的1999年，在电影《我的魔鬼》(*Mein liebster Feind*)中描述过，大部分内容人们可能已经很熟悉了，但我要在这里重述一下我对他的记忆。心地善良的克拉拉·里特在街上偶然认识了金斯基，当时他正在把自己塑造成一个饥饿的艺术家。金斯基那时候已经通过在各个剧院演小角色有了些名气，让人们知道他是个不寻常的演员。他挣得不多，但总喜欢扮演被鄙视的、饥饿的天才那种角色。他曾经强占附近不远处一栋旧住宅的空阁楼，宣称要把那儿当成自己的家。房主想把他轰出去，但被他简单地用狂躁症发作给吓跑了。在这个阁楼里，他没有家具，只有散落着的枯树叶，最后堆到了膝盖那么高。他就睡在这堆树叶里。和我父亲一样，他在公寓里从来不穿衣服，觉得穿衣服是一种文明的强迫，会让我们无法体验到纯粹的自然。邮递员来敲门的时候，金斯基会赤裸地穿过树叶，沙沙作响。而在舞台上，他引起一个又一个丑闻，这些事早已传开。一旦他发现任何人有丝毫的走神，甚至听到一声紧张的咳嗽，他就会对观众大喊大叫，用最粗俗的方式侮辱他们。他朝观众席上扔过燃烧着的蜡烛台，还因为自己没有记住台词卡了壳而一次又一次地狂躁症发作。他在演出一场独白表演的时候，只背下了第一句台词，干脆就把自己卷在地毯里一动不动，直到观众开始抗议，剧院不得不拉下幕布。后来我和他一起拍电影的时候，也三番五次地经历他这样发疯，但当时我对电影还没有一丝一毫的想法。那时候我只有十三岁，他大概是二十六岁。作为一个否认所有文明的人，他也拒绝用餐具吃饭。在寄宿公寓的客桌上，他趴在盘子上用手吃着饭，狼吞虎咽地把食物塞进自己嘴里。“狼吞虎咽可真是种兽行。”他冲吓坏了的克拉拉吼道。而有一天，他发现克拉拉真的是在用人造黄油而不是黄油做饭，便砸碎了厨房里的餐具，还把一个生铁锅从紧闭的窗户扔了出去。我还非常清楚地记得克拉拉为了帮助金斯基，邀请了一位戏剧评论家来吃晚饭。那位评论家叫弗朗索瓦，他非常胖，连腰带都不能完全扣住。他完全站在金斯基那一头，称赞他前一天晚上的演技：“您太棒了，真是魅力四射！”随后发生了一件事，那动作之快，人们只有在动画片里的啄木鸟身上才见到过——金斯基把桌上盘子里几个热气腾腾的土豆猛地扔到那名评论家的脸上，同时跳了起来，脸色煞白。接着他从同桌人手里夺过刀叉，也扔了过去。这是名副其实的快速射击，而当所有这些同时发生的时候，金斯基大吼道：“我不棒，也没有魅力。我是不朽的，我是划时代的。”

我们就这样跟他做了几个月的室友。克拉拉给了他一个很小的房间，屋里有个狭窄的窗户，可以看到后院，这是她的寄宿公寓里唯一的空房。他免费住在那儿，克拉拉给他吃的，不收他钱，还给他洗衣服、熨衣服。我还记得他能锁着门在屋里做好几个小时的发声练习，没完没了。但听起来更像是歌手在练声，调整吐字、音高和音量。这与他后来的说法是矛盾的，他说他的一切素质都是浑然天成的，仿佛他真的是德国文学狂飙突进时期的产物。金斯基能喊得比我认识的所有人都更大声。若他用尖锐的音调喊叫，能把酒杯喊出裂缝，把杯子“喊碎”。有一次晚饭，金斯基的座位一直空着。然后他突然出现，仿佛是一个迟到的轰炸中队朝我们扔下个什么巨大的东西。他肯定是冲过了整个长长的走廊，随着一阵可怕的咔嚓声，他把整扇门从合叶上拽了下来，平放在餐厅里。金斯基像频闪一样抽搐着，挥舞着手臂。不对，他是把衣服甩到了空中，发出刺耳的尖叫，就是那种尖叫把克拉拉的玻璃杯震碎了。当衣服像树叶一样落在餐桌和地板上的时候，金斯基的叫声才逐渐变得可以理解。他喊道：“克拉拉，你这头母猪！！！”只有在这一幕结束后，大家才发现他是因克拉拉没有熨好他的衬衫领子而大发脾气。

我不记得我的哥哥弟弟当时是什么反应。但我知道，除了母亲之外，就数我不怕他。这种感受更像是人们面对一场龙卷风过境后留下的一片狼藉的惊叹。大约三个月后，金斯基有一天把自己锁在共用的洗手间里。从里面传出的轰鸣声穿透到外屋。然后是一通撞击声，接着是一阵奇怪的寂静。克拉拉从外面拍打着门，试着让他平静下来。我至今仍不清楚引起他愤怒的事情是什么，但在克拉拉的干预下，他的破坏性只会更加强烈。我们在外面只能知道，他一直在破坏着浴室里的一切。好在走廊里还有一个带小洗手盆的厕所可以用。金斯基对瓷器的狂暴行为持续了好几个小时。后来，当所有东西——水槽、马桶、镜子、一部分浴缸——都碎成小碎片时，金斯基一脸沉醉地出现了。克拉拉害怕得要死，母亲就接手了把他轰出去的任务。她很不客气地做到了。惊吓结束了。十五年后，当我开始和他一起工作的时候，我已经知道自己会陷入什么境地。

蒂尔和我去了慕尼黑的马克西米利安人文文理中学上学。这所学校有很高的声誉。除了八年的拉丁语课程和六年的古希腊语课程之外，它在数学、物理、文学和艺术方面也有很高的水准。20世纪的两位伟大的理论物理学家马克斯·普朗克和沃纳·海森堡都毕业于这里。今天我们很难去解释古老的语言有什么意义——比如拉丁语，它表面上顶多只对律师、神学家和历史学家有用。从实用层面上讲，这些语言是相当无用的。但是对这些语言的训练使我们对西方文化的起源、文学、哲学以及对世界的思潮变迁有了更深的理解。然而那时候，和其他来自慕尼黑本地的高知资产阶级家庭的同学们相比，我从某种程度上来说总像是个外来人。我极少感到自己很穷，这种阶级社会的矛盾并没有明显到我无法应对。即使在上学的时候，我就已经注意到，周围的人竟然好像都在为他们的事业而努力。我的朋友很少，讨厌学校，一度讨厌到幻想着趁晚上教学楼没人的时候放火把它烧掉。世上有一种东西叫校园智慧，而我显然不具备。智力总是由一系列素质组成的：抽象思维、逻辑思维、语言能力、推理能力、记忆力、音乐感知能力、同情心、联想能力、计划能力，等等，但在我身上这些素质的组合方式是不一样的。然而我哥哥的情况更糟，他更不适应这个框架。人们很快就看出他完全不开窍，虽然他是一个智力超群的男孩，但他那部分“其他”方面的智商表现在他的领导力上。在学校里，我们所做的一切违反校规的事情，都是由他领导的。从来没有人质疑过团伙里的层级划分，也从来没有人质疑过谁才是领导。即使在今天，每当蒂尔从远处走来，大家就都知道：老大来了。并不是说蒂尔要以任何形式的姿态来证明自己，就像灵长类动物中的首领必须要出来炫耀那样，而是他自然而然地就拥有这种品质。从我的角度来看，他是我们家唯一真正成功的人。我这样说是半开玩笑的。但是，早在马克西米利安中学二年级的时候，他就发现自己对拉丁文既没有丝毫兴趣，也没有丝毫天赋。他没有通过期末考试，不得不留级一年。从那时起，比我大的哥哥被安排在我的下一个年级。他完成了被我们委婉地称为“荣誉重读”的学年，但在下一个年级，他又挂科了，于是比我矮了两级。十四岁时，他决定离开这所他不喜欢也不适应的学校，开始在一家木材公司做学徒。他在那儿进步神速。他二十一岁时，已经当上采购经理，开着公务奔驰车。几年后，他与一家主要与中国有联系的半国营南斯拉夫集团公司合作，共同创立了一家东西方贸易公司。这家公司发展得很迅速，在中国的东北和四川建了家具厂，所有机械都直接通过蒂尔的公司出口过去。那时候，蒂尔多次和一个南斯拉夫代表团一起前往中国，并停留了好几个星期。后来，一家有着类似结构的南斯拉夫皮革制鞋公司入股了蒂尔的公司，能交付五百多万双质量很高的鞋子，这些鞋子在南斯拉夫制造，卖到俄罗斯，设计师来自意大利。皮革也来自意大利，整个项目都要由我哥哥的公司预先融资，再通过交付鞋子来报销。在这个过程中，奥地利和希腊共产党也能在财政上获利，而苏联出于声望的考虑支持这个项目。在苏联人知情的情况下，这些额外成本被加到了交货价格中。蒂尔的公司涉足的领域还包括另一家南斯拉夫汽车公司，他们在日本买了两千辆汽车，立即付了款，但交货时间只有六个月。这单生意是以德国马克结算的，而采购则是以日元进行的。当时在南斯拉夫没有汇率对冲的手段，因此蒂尔的公司作为采购方，一下子在账户上就收到了两千万马克。蒂尔在这些汽车上没赚到钱，但当时的利率是百分之八，于是半年内他的账户上的利息就累积了八十万马克。

在生意最好的几年，他公司的销售额超过一亿马克，总有高利润的业务，尽管他们的重点始终是南斯拉夫。五十一岁的时候，蒂尔经过三十六年的紧张工作，已经筋疲力尽。他后来直言不讳地告诉我，如果事情一直这样发展下去，他可能在一年内就要死于经理病。他卖掉公司的股份，作为总经理的高薪和每年的利润分红都足够让他再也不用工作。他在自己地中海和加勒比海的豪华帆船上度过了大量的时光。后来他在西班牙的白色海岸为自己建造了一座贵族式的豪华庄园。如今，他生活在慕尼黑和西班牙两地。他幸福的婚姻已经持续了四十七年，有两个出色的儿子。

蒂尔参加工作后，我母亲在一家卖艺术品和古籍的老字号古董店找到一份稳定工作，但那几个极其有钱的老板只付给她一份低得吓人的工资。然而他们总热衷于将她作为一个拥有博士学位的学者介绍给客户们。她的收入本来就不够四个人用。我哥哥很快就成了家里主要的经济来源。如果没有他，我几乎不可能留在文理中学，尽管我自己也有一点收入。我在业余时间当帮工，负责堆木板。这是个很累人的工作。这些木板大多由热带木材制成，又长又重，我们得用两个或者四个人扛起它们，准确地横放在中间的木框上，这样它们才不会掉下去，还能形成通风良好的堆栈。

顺便说一下，现在我很少叫我的哥哥蒂尔贝特，也不叫他蒂尔，而是叫他菲尔伯。1971 年，我在筹备《阿基尔》的时候，他来秘鲁看我，一家国内航空公司不小心给他出了一张写着菲尔伯·赫尔佐格而不是蒂尔贝特·赫尔佐格的机票，我们就开玩笑地这么叫他，这个名字以一种奇怪的方式保留了下来。后来在最危急的时刻，他用贷款挽救了这部电影，本想着再也看不到这笔钱了。但我真的把钱还上了，就如同我还清了曾经欠下的所有债务一样。当时我和蒂尔从利马出发，直接去安第斯山脉旅行。原本《阿基尔》的开场是在高海拔的冰川上，远景里有人和动物、西班牙征服者和被锁住的印第安奴隶、羊驼、一群黑猪、火枪、大炮和轿子。这些猪扛着高原反应，沿“之”字形的道路蹒跚前行，受到高原反应的折磨，为此我本来准备和兽医做几回测试，但最终没有实现。我为了方便工作，要寻找一个离可通行道路足够近的冰川。蒂尔和我在三个小时内从利马的海平面没有停歇地开车到提契约奥山口，那儿接近五千米高。山顶已经开始下雪。我们被高原反应折磨得很痛苦。我们决定再次去寻找冰川，便沿着一条状况糟糕的小路出发。但在路上我们遇到越来越多几乎无法通行的地方，有时路被泥石流淹了，或者被部分冲走了。雪越积越厚，最后我们看到一个拥挤的小村子，打算到那儿去避雪。但是我们一到村里的广场，就被一群愤怒的人包围。那群男人们开始用拳头殴打汽车。我看到在我们后面有人用重石堵住村子的入口，而在我们前面的出口处，有人把一块巨石滚到路上。我们感觉待在车里更危险，就下了车。我们被扯来扯去，但完全保持着冷静。有几个讲克丘亚语的人能听懂西班牙语，我就在混乱骚动中尽可能试图弄清楚到底发生了什么事。时至今日，我也不太清楚究竟是什么原因导致这种情况，但我可以从零碎的喊叫声中分辨出，可能和附近一个矿场的事故有关，有几个印第安工人在事故中死去。他们显然以为我们是负责那个矿的工程师。最后那群愤怒的人终于意识到我们与此事无关，于是把我们送到旅馆，通过招待我们喝皮斯可酒来给我们道歉。但我们不想喝酒，我们很不舒服，都快吐了，此外，我头痛欲裂。作为补偿，他们把我们安置到一张稻草床上，带进来两个年轻女人。“这两匹小马你们可以骑一整晚。”他们对我们说。这个奇怪的画面永远地铭刻在我的记忆里。我们面前站着的这两个女人穿着几层厚厚的裙子，光着脚。寒冷似乎对她们并没有什么影响。她们的脸上有着生活在极高海拔地区的人脸颊上常有的强烈红晕。两人都戴着克丘亚妇女特有的礼帽。她们摘下帽子，把它们高高地举向空中。就这样，她们站了很久，像雕像一样，仿佛是从另一个现实中被凿出来的。我丝毫不理解这种另类的表演，它似乎指向另一种存在。我被排除在周围的现实之外，却仍然感觉自己深深地沉浸在其神秘之中。

在文理中学上高年级的时候，我在两个班级之间转来转去，一个是天主教班，一个是新教班。这与我已成为天主教徒有关，但也与我没有遵守学校的正常程序有关。哥哥已经开始工作的那一年，我和他一起搭车去了德国北部。我们在那儿分开，过了一段时间我回到慕尼黑，直到开学后一个星期才重新开始上课。在此期间，我住过破旧的花园棚子，在埃森用我的“外科医生工具包”撬开过一栋空别墅。还有一次，我把自己的暑假延长了一个多月，那时候我才十七岁。我跟着当时的女朋友来到英国，在曼彻斯特的伊丽莎白街附近的工人区，和四个尼日利亚人（三个成年人和一个小孩），还有三个来自孟加拉的印度人一起，用相对很少的钱买了一栋砖砌的排屋。我在很短的一段时间里作为房子的所有者拥有一个房间。这栋英国房子相当荒废，后院有大片的垃圾堆，我在壁炉里还抓到了一大群老鼠。母亲这两次都站在我这头，给学校的行政部门写请假条，借口说我得了肺炎。但是由于第二次我的班收了另一个学生，占了我的位置，班也已经满员，我就被仁慈地安排到了新教班。今天我很庆幸，因为我在那儿交到了两个对我很重要的朋友。一个是罗尔夫·波勒，他很有音乐天赋，会拉小提琴。他多年来饱受痤疮的困扰，不是在皮肤上，而是在灵魂深处。他踢足球的时候是个凶悍的后卫，就像一只猎犬。你在他面前带球走不了两步，他就已经在你前面了。罗尔夫后来学习了法律，越走越左，在1967年成为慕尼黑大学学生委员会的主席，在1968年慕尼黑所谓的复活节骚乱中组织了反对警方禁令的示威活动。他因此惹上官司，在毕业考试前不久被法学院开除。这段遭遇最终使他变得更为激进。他加入了巴德尔-迈因霍夫团体，也就是红军旅[1]，转入了地下。因为他持有有效的武器执照，便负责为暴力行动采购手枪。对我来说，他完全消失了一段时间，直到一年冬天，他在奥格斯堡附近的高速公路上造成了一场事故。他穿过雪地逃跑，然后又消失了，最后于1971年底被逮捕。我参加了他在慕尼黑长达数月、在高度保密的情况下进行的审判。我的个人资料最终果然出现在涉嫌同情红军旅成员的名单上，但我和他们完全没有共同点。后来他被判处六年半的有期徒刑，我去斯特劳宾的监狱看望过他。我很早就知道这个监狱，因为我在十五六岁的时候就想在那儿拍我的第一部电影，幸好并没有拍。最近我又看了看这个剧本的片段，它的愚蠢程度让人难以理解。那真的是我写的吗？访问斯特劳宾要经过安全部门设置的重重关卡，罗尔夫·波勒被完全隔离在非人的监狱里，被单独监禁了一年多。

这段隔离结束后，我才被允许去探望他。我给他带了一个小硬橡胶球，那种球可以弹得很高。我们以前在学校操场上常把这

---

1 即西德左翼恐怖组织RAF，以反对北约和美国为宗旨，造成多起谋杀案和爆炸案。

种球扔到墙上玩，得先让它在你面前不平整的石地上反弹一次，然后再接住它。这些球像发疯似的不可预测地朝各个方向反弹，你必须像冰球守门员那样有惊人的反应能力才能接住。我预感到会有麻烦，进入监狱的安全门前，我主动要求给球安检，让他们看看里面除了它本身奇怪的实体外没有别的什么。有两名警员随后会在我们见面的时候在侧面记录我们的谈话，他们很清楚地知道我带来的只是个球。他们还知道，罗尔夫独自在院子里“放风”的时候可能真的用得上这个球，他待在一个狭窄的混凝土隔离院里，上方用铁丝网覆盖着。但球还是被没收了，没有进一步的解释。我也无法和罗尔夫真正地交谈。他在我对面的小桌前坐下，手铐和脚镣还没有从他身上取下来。而他由于已经一年没和人说话，根本没法正常地交流。我们离得很近，但他的声音太大，我直接跟他提了这点，但直到会面的最后几分钟，他才找到合适的音量。此外，他几乎只是冲我的方向喊政治口号，而不是在对话。他已经变得很不习惯于与人眼神接触。

他的刑期后来又增加了。之后，他被列入 1975 年用来交换柏林政客彼得·洛伦茨的六名囚犯名单中。洛伦茨是被“六二运动”[1]绑架，以支持红军旅组织。人质交换如期完成，罗尔夫与其他获释的囚犯一起被空运到社会主义的南也门的亚丁。唯一的问题是，当他获释并要收到补助金的时候，他可能提出了比预先约定的更高的数额——至少事后人们是这么传言的。这个行为被认为是敲

1　和红军旅同为活跃在 20 世纪 70 年代的西德的极左翼组织，二者有相似的意识形态背景但各自独立运作，在洛伦茨的绑架事件中共同合作，迫使政府释放红军旅成员。

诈，所以他很快在希腊重新被捕，又被引渡回德国，在监狱里多待了几年。后来我再也没见过他。1982年他刑满释放，那时候我正在世界的某个地方旅行。他离开了德国，通过和他的希腊女律师假结婚拿到了希腊居留权。我听说他病得很重。2004年，他在雅典去世，官方说法是得了癌症，非官方说法是艾滋病。

我在新教班上的另一个朋友对我的内心成长有着决定性影响。他的名字叫沃尔夫冈·冯·翁格恩-斯特恩贝格·冯·皮克尔。最初那几年，我从来没有真正地注意过他，因为他在隔壁班，还因病缺席了好几个月。他身材高大，骨瘦如柴，轮廓鲜明，面容宛如苦行者，总像猎鹰一样向前伸着脖子。他是那种头脑很清醒的人，能够立刻理解复杂的过程，并从中发展出自己的大胆想法。在我早期的几部电影中，可以看到沃尔夫冈作为演员出镜。他和他的弟弟约亨（也是我们这个班的同学）来自文理中学附近的一个新教教区。他们家四个孩子都很有天赋。年纪稍小的约亨在所有科目上都成绩出色，但与他哥哥不同，他是一个安静内向的男孩，却很有深度。他成为一名律师，有着辉煌的职业生涯，还成为联邦最高法院迄今为止最年轻的法官。沃尔夫冈则才华横溢，并不在乎自己有所偏科。他对文学的理解是我再也没有在其他人身上见过的。他十六岁的时候就能单独主导我们的德语课。在德语课上，他通常会有礼貌地鞠躬说：“抱歉，我不这么看，我的看法不一样。”当他被点名陈述自己观点的时候，他就会再鞠躬道歉，然后开始顺着自己的观察即兴发表离经叛道的精彩演说。他从来不认同教科书上的标准化解释。他说的话用的都是一连串随时都能直接出版的复杂句式。他通常不去理会下课铃声，继续在越来越空的教室里演讲，完全没有注意到已经没有人了。

对我来说，他是个天降之才。终于有人拥有我所艳羡的火种。慕尼黑大学认识到了他的杰出才能，允许他在上中学的同时也来大学学习。他还在参加高中毕业会考时，就已经在大学里读完了六个学期的日耳曼语言学。但他和我的处事方式有很大不同，他总会细腻地论证观点，并且生动多变地展现自己想法的复杂性。这就是为什么他后来先是在他的毕业论文上，然后又在他获得教授资格的论文上无休止地钻牛角尖。而我更关心大局，直奔问题要害。但他是个热心人，他的热情也把我点燃了。也正是在他那儿，我发现了史上第一份可以用于我的电影《阿基尔，上帝的愤怒》的关于洛佩·德·阿基尔的参考资料。那次我去拜访他，但他几乎没有跟我打招呼，就立即继续跑去打电话了。当时他正为恋情所困。我很清楚，他很难匀出时间给我，便沿着他的一排排书溜达。我几乎是随便挑了一本，因为它的样子很奇怪。那可能是一本给十二岁小孩读的关于探索发现的书。书里提到了瓦斯科·达伽马和哥伦布，但有一段几乎不到十几行的简短段落引起我的好奇。这段话讲述了一个名叫阿基尔的征服者，沿着亚马孙河一路航行，寻找名为“埃尔多拉多”的黄金之国。到达河口后，他向加勒比海进发，想从西班牙王室手中夺取整个南美洲。他自称为“大叛徒”、“朝圣者”，还有“上帝的愤怒”。

实际上，我在学校里从来没有特别喜欢过文学或者历史，但那是因为我对学校的普遍排斥。我一直都是自学成才，但我一从文理中学毕业，就立即进入大学学习历史和文学。然而，我从一开始就知道我的学业只是浮于表面的，因为我当时已经在拍自己的第一部电影了，我必须挣钱才能把它制作出来。其实我几乎没有进入过大学的大楼，有几个学期，我甚至都没有露面超过两次。

10. 遇见上帝

尽管有新班级里的朋友，但天主教班也给我在学校外面的人生留下了持久的印记。我和哥哥弟弟从小就没有宗教信仰，可以说是异教徒。直到萨赫朗当地的牧师在街上大喊我们是无神论者，还打了哥哥一巴掌，我才意识到这事。那时候我们可能只有六七岁。我父母都是无神论者，父亲还是很激进的那种。后来在慕尼黑，我在十三岁的时候，感到内心有一种空虚。那就好像是渴望着某种超验的、崇高的东西，让我感到不安。与我亲近的人，比如哥哥蒂尔，一直都不太理解我内心的感受。他以为我只是被当时的宗教老师——一位天主教牧师——带偏了。大家总管他叫“绳命”，因为他总是在谈论“永亨的绳命”[1]。但这个解释过于简单了。朋友们也以为我皈依天主教是对父亲的一种反抗，但这只是一种非常肤浅和相当愚蠢的解释，因为我母亲也是无神论者。父

1 原文为 Äwigen Läben, 带着口音的德语 das ewige Leben，意为“永恒的生命”。

亲在我的人生里是很边缘的，我根本不在乎他，犯不上为了能够自我决定而做出反抗的姿态。我从来没有想过要用什么更高的东西来取代不在我身边的父亲，就好像我有多想念他的爱似的。我们知道有一种现象，男孩——当然也包括女孩——在缺乏亲情和爱的时候会出现问题。但对我来说，甚至扩展到我家来说，情况都是相反的：我们有一个不被爱的父亲。他第一、第二和第三窝里生下的我的兄弟姐妹们，没有一个人对他有好感，他的三任妻子也都抛弃了他。至于他的第三任妻子，我只能做出猜测，因为她和我母亲以及多丽丝的关系更像是联合对他进行某种秘密抗衡。他的妹妹也对他恨之入骨，甚至他的亲生母亲，也就是我的祖母，也从来不谈及她的儿子迪特，只叫他“那个混蛋”。十四岁时，我接受了洗礼，并在同一天接受了坚信礼。所以我是一个自愿的天主教徒。

为了迈出这一步，我克服了巨大的障碍。这些障碍存在于三个方面：教会历史、教会等级结构和教义。教会历史的问题很容易描述。例如，我对宗教裁判所有意见，或者说是对教会在征服新大陆上的其他国家和民族时总站在压迫者一边有意见。我天性上反感等级制度。在这方面，我更喜欢像伊斯兰教这样的宗教，因为阿訇阶层几乎发挥不了什么作用，人在那儿要独自面对真主，没有中间环节。

我对一些教义问题有着更深层面的质疑。三位一体的问题便让我困惑，因为在这一教义中，造物主上帝居然还有了个儿子和圣灵在他身边。圣母玛利亚也被作为一个几乎是母神的存在纳入进来，还有一整个万神殿的低等神以圣徒的形式出现。总之，如果我生活在4世纪，我就会站在阿利乌斯教派一边。关于上帝本质的问题，一位来自亚历山大港的牧师阿利乌斯进行了简略的阐述：上帝的本质是独一无二的，他本身就存在，不依赖于其他东西。他存在于时间之外。他的儿子是由他创造的，所以属于时间之内。因此，圣子属于不同的存在秩序，也就不具有同样永恒的实质。在公元325年的尼西亚会议上，阿利乌斯教派被宣布为异端，但我觉得站在异端一边会更舒服。我也同样会站在伯拉纠一边，他是另一位在公元431年的以弗所会议上被宣布为异端的思想家。他是4世纪末5世纪初基督教神学中自由意志论的鼻祖，他的观点是，人类被赋予了不犯罪的道德能力，也因此拥有自由意志。占上风的是圣奥古斯丁的观点，他认为原罪是人的一种存在特征，没有基督的恩典就不可能有无罪的人生。他提出自己著名的箴言：Non possum non peccare——人不可能无罪。就这一点而言，我认为圣奥古斯丁才是异端，而不是伯拉纠。我对来自巴伐利亚的教皇本笃十六世也有看法，他在2005年至2013年期间领导了罗马天主教会。我喜欢他的思想深度。然而作为教皇，他并没有很好地管理教会，在处理公共关系方面甚至是个灾难。我怀疑他辞职也是因为他开始怀疑上帝。他在奥斯维辛集中营的演讲相当简短，但他令人震惊地问了三次：“上帝在哪里？当这一切发生时，上帝在哪里？”换言之，他在奥古斯丁和伯拉纠的观点之间纠结。前者不是曾宣称上帝创造的一切都是好的吗？那上帝又怎么能把人创造成一个堕落的物种？我在十四岁时决定加入天主教，可能部分是因为这是我家乡巴伐利亚的宗教。同时我也很清楚，作为教会成员，作为普通教徒，我有义务进行修正，倡导变革。我强烈的宗教信仰并没有持续很久，它渐渐消失，几乎不知不觉地消散了。几年后，我正式退出教会，尽管天主教教义认为洗礼是人灵魂上不可磨灭的印记。理论上你可以离开教区，甚至被逐出教会，但你永远是一个天主教徒。但这个教义我也不相信。

然而我在最初的一个短暂阶段里是真正虔诚的。而今天我觉得很困惑，很难理解当时的自己。我还当过一段时间的圣坛侍从，但哥哥蒂尔只是嘲笑我。我最终意识到，我这样会堕落成为一个单纯的信徒。实际上我想要的是一种更激进的基督教形式，于是我最后加入了一个同龄人的小团体，被我家人称为“圣徒俱乐部”。我们梦想着创造一种理想化的、几乎从没存在过的早期基督教。我们的当代榜样是莱皮希神父，一位耶稣会士。他给我们留下了很深刻的印象，在德国各地的街头活动中吸引了大量追随者。由于他的激进主义，莱皮希对于青春期的少年来说是个理想的出发点。经过仔细观察后，我开始对他的煽动性感到不安。很快我就对他产生怀疑，而我自己的激进主义阶段也已经过去。“圣徒俱乐部”受到20世纪初德国候鸟运动[1]的启发，我们本着它的精神进行了几次冒险，其中第一次是去南斯拉夫、希腊和阿尔巴尼亚边

1 1896年至1933年间德国青年团体发起的一场运动，通过在乡间徒步旅行和在森林里与大自然交流来抗议工业化，强调团体的独立性和节俭的生活方式，并意图在未受现代性浸染的民间文化中恢复旧日的德意志民族生活方式和价值观。

境的奥赫里德。这次旅行期间，我们也开始沿着阿尔巴尼亚的边界徒步行走。阿尔巴尼亚很令我着迷。战后，它被恩维尔·霍查发展成了激进共产主义堡垒，因此与苏联发生了冲突。20 世纪 50 年代末，这个国家被严格封锁，没有任何人能拿到签证。那是个神秘的、不为人知的国度。后来我独自去了阿尔巴尼亚边境旅行，但时至今日我还没有踏足过它的境内。这个国家是我向往已久的目的地之一，想必以后也会如此。

在我的许多电影里，都可以感受到上帝遥远的回声，感受到某种超验的东西。我注意到即使是一些片名，也能给人一种转瞬即逝的暗示：《人人为自己，上帝反众生》《阿基尔，上帝的愤怒》《上帝与负重者》《布道家》《上帝的愤怒者》，还有《来自深处的钟声》，那是一部关于俄罗斯的信仰和迷信的电影。就在几年前，也就是 2017 年，我与策展人保罗·霍尔登格雷伯进行了一次公开对话，我非常欣赏他对文化关联的深刻理解，对话的题目是“上帝心中的狂喜与恐惧”。我们聊了很多，还讨论了很久亚马孙丛林，这个仍未完成的景观是由上帝在愤怒中创造的。我不太记得是他还是我，最后引用了我在《征服无用》一书结尾的一段话，这段话是我在回到《陆上行舟》（*Fitzcarraldo*）的拍摄地时说的，上帝的愤怒在那儿就像我描述的上帝一样，让人能立即感觉到：“我环顾四周，丛林在同样火热的仇恨中愤怒地蒸腾着，而那河流则以庄严的冷漠和讥讽的居高临下的姿态，对一切视若无睹：无论是人的辛劳、梦的负担还是时间的折磨。”

11. 洞穴

这种超验的感觉曾有过一个先兆。我可以毫不犹豫地称之为我灵魂觉醒的时刻。至少那是我第一次超越学校教育，开始独立思考和感受的时刻。当时我十二岁，要么是刚满十三岁，我们已经搬到慕尼黑。我路过一家书店，没仔细看展品，但我看到了个东西，使得已经走过的我又停住脚步退了回去。我的眼角余光看到橱窗里有一本书，封面上是一张我从未见过的马的图片。那本书是关于洞穴壁画的，照片是拉斯科洞窟最著名的一幅马的壁画。我走近一看，书的副标题上写着它收录了大约画于一万七千年前的旧石器时代的绘画。我整个人都很震惊。这本书我必须得到，但它的价格我没法承受。我便立即开始在一个网球场上当球童赚钱。每个星期我都会偷偷经过那家书店，看看这本书是不是还在卖。我害怕别人可能已经把它买走了。这种深深的不安占据了我的内心。我认为这是本绝版书。两个月后，我攒够了钱，书也还在那儿。当我打开书，翻阅着书页和图片的时候，那种不寒而栗的感觉一直牵绊着我。几十年后，我很幸运地得到许可，去拍摄关于肖维岩洞的电影。这个洞穴在1994年才被发现，它就像是一个保存完好的时间胶囊，仿佛这些画不是三万两千年前，而是昨天才画的。这个电影项目的竞标非常激烈，尤其是有很多来自法国的优秀又认真的导演作为候选人。我以为自己没有什么机会，因为法国人在涉及他们遗产的项目上都非常注重用自己人。所有探洞的科学家都是法国人，我必须克服的第一个障碍是获得他们的同意，然后是获得阿尔代什地区政府的同意。第三个障碍是法国文化部长，他非常友好地接待了我，出乎意料的是，他一开场就给我讲了我的电影在他年轻的时候曾带给他灵感，并留下了深刻印象。他在开始政治生涯之前，当过演员、作家和导演，作为影评人看过我的电影。他正要继续说他精心准备的托词，“但不幸的是，有个情况……”什么的。这时候我毫不客气地打断了他。我很简单地说，我知道自己能胜任，其他几位导演也是如此，但我内心有一种从十二岁起就无法熄灭的热情。我告诉他我灵魂觉醒的体会。后来，部长在办公桌上探出身子，握了握我的手。“不要再说了。就你了，这电影你来拍吧。”他的名字叫弗雷德里克·密特朗，是前总统的侄子。根据程序，大概也是为了保护法兰西共和国的利益，我必须与国家机构以雇佣关系来拍这个片子。密特朗问我工资要求是多少。我答道：“一欧元，我收到后会把这一欧元捐给法国。”这部电影叫《忘梦洞》（*Die Höhle der vergessenen Träume*），拍摄于2010年，是我唯一一部用3D拍摄的电影。我终于满足了一个执念。

拍摄的过程受到严苛的限制。由于过去在拉斯科洞窟，每年有多达十万名游客，他们呼吸和排放的气体污染了洞窟，所以现在在肖维岩洞，他们希望做得正规一些。拉斯科有一种真菌在壁画的颜料中蔓延开来，几乎侵蚀了壁画。因此，拉斯科洞窟就像西班牙的阿尔塔米拉洞窟那样的洞穴一样，被永久关闭了。肖维岩洞大约是在两万八千年前被落石掩埋的，洞几乎被“封死”，此后洞穴里的气体一直没有改变过。入口处厚重的钢制安全门要尽量少开。拍摄的时候，我们只被允许在进去的时候短暂地开一次门，准备离开的时候再开关一次。进去的时候，我们只能携带能背在身上的东西。最多允许四个人进入，包括我在内，每天只能在洞里拍一次，每次四个小时，而且仅允许拍不到一个星期。我们只能在一条宽约六十厘米的金属栈道上走动，照明设备不允许散热，当然，这些措施都是非常合理的。也不可能有外部支持，因为这样的话就得再次打开门。我们自己做了一个非常小的 3D 摄像机，实际上是两个平行连接的摄像机，只有火柴盒那么大。那时候还没有微型设备，而且数字存储素材也非常复杂。我之所以这样说，是因为当时的情况促使我们要拥有一支高素质的团队，每个人都要随时准备在必要的时候承担其他人的工作。团队成员包括摄影师彼得·蔡特林格，他的摄影助理埃里克·瑟尔纳，他俩都是奥地利人，坚定、强壮，而且能干，还有来自爱沙尼亚的数字技术大牛卡斯帕·卡拉斯。卡斯帕自己也拍过电影，为詹姆斯·卡梅隆的《阿凡达》开发过关键部分的软件，自己也是一位优秀的摄影师。在拍摄研究员采访的时候，我大部分时间都要用一个便携式平板灯来负责打光，同时还要录音。每次进入洞穴前几分钟，我们都会有条不紊地测试镜头，就像飞行员在客机上过检查单一样。但有一天的拍摄过程中，我们下到洞穴低层的陡坡上，数据存储器的电池却坏了。它的电压很不正常，什么设备都连接不上。该怎么办？爬回地面意味着要打开门。这样的话，很宝贵的一个拍摄日在短短几分钟后就要结束。团队中的三个人想出一个办法：他们跪在狭窄的走道上，拆开了电池。我们仅有的工具是一把很好用的螺丝刀和一把瑞士军刀，而我作为多余的那位，在他们三人干活的时候帮他们打手电照明。不到一个小时的时间，他们自己就造好了一个电池，我们可以开始拍摄了。我之所以提到这一点，是因为我一直拥有素质非凡的技术团队，他们可以毫不犹豫地准备好扫清道路上的所有障碍。洞窟里的条件真的很棘手。其实如果可能的话，人在里面根本不应该呼吸，一个喷嚏都会吹走部分黑画上沉积的细小煤尘。沙地上有一串小孩的足迹，实际上有两串，因为和它并行的地方还有一匹狼的脚印。洞穴的巨大入口在史前时代是被人类和大型动物共同使用的，特别是一种现已灭绝的洞熊，它们在那儿冬眠。我们无法靠近这些足迹，但即使到了今天，有个想法仍然困扰着我：那匹狼是跟踪着那个孩子进去的，还是他们像朋友一样熟悉地并肩而行，抑或那匹狼的足迹是几百年或者几千年后才留下的？有一些洞穴壁画很让人费解，比如说有一幅猛犸象或者毛犀牛的画，是在很久以后才完成的。利用木炭画的同位素放射性碳的衰变时间，可以很准确地断言，这幅画是由一个画家开始画，然后由另一个画家在五千多年之后完成的，就好像这幅画是在第一代法老之前开始画，而由现在的人完成的。

我一直对某些时刻从时间深处表现出来的集体记忆感到着迷。比如为什么当有人打喷嚏的时候，我们会祝他“身体健康”或“上帝保佑”，但当有人咳嗽的时候，我们却从来不这么说？这可能是受鼠疫大流行的影响，因为染病的人的第一个症状就是不起眼的喷嚏。为什么许多文化圈里的墓地都有围墙？据推测，这是从古代流传下来的，当年的人们想把死者的恶灵围起来。为什么在许多文化中，丈夫要抱着新娘迈过他家的门槛呢？我怀疑这是因为古代会有男人抢夺妇女，就像古罗马早期历史上抢夺萨宾妇女的行为一样。芬兰的伟大史诗《卡勒瓦拉》可以追溯到史前时代的口述传统，里面也描述了这种偷妻行为。值得注意的是，在肖维岩洞里，我看到两个类似的奇特记忆。有一幅野牛奔跑的画，表现了旧石器时代的画家想要描绘出的运动动态。这头野牛有八条腿。三万年后，在中世纪的冰岛史诗《埃达》里，我们发现了对众神之首奥丁的马的描述。这匹马的名字叫斯雷普尼尔，是所有马中速度最快的，因为它用八条腿来奔跑。

再往前走，在肖维岩洞的深处，有一块悬空的岩石，形状大致是一个超大的松果。那儿有洞中唯一的人类形象，是被一头野牛用蹄子抱着的裸体女人的下半身。三万年后，毕加索创作了一系列石版画《牛头人与女人》，仿佛他是从肖维岩洞中获得的灵感。我个人对毕加索了解不多，但他在洞穴被发现之前早已去世。我很好奇，是不是每个家族都有一些被埋藏的记忆？或者换句话说：是不是有一些图像就蛰伏在我们体内，只有受到某种启发，才能将它们从昏睡中解放出来？我想是的，而且不知何故，我在自己的所有作品中都在追求这样的图像，无论是我第一部故事片《生命的讯息》的核心画面——克里特岛上的一万个风车，还是《陆上行舟》的核心喻体——那艘被从山上拖过去的轮船。我知道这是一种宏大的隐喻，但隐喻的对象到底是什么，我却说不上来。

12. 万风车之谷

克里特岛上的风车是我偶然发现的。事情发生在我早期的一次冒险中，但时间我已不太记得清楚。在学生时代末期，我曾经和“圣徒俱乐部”的朋友们去过克里特岛，但当时我们更多是在岛的中部和西部，即雷西姆诺、哈尼亚，以及南边的霍拉斯法基翁。高中毕业考试后，我又去了一次，去寻找祖父鲁道夫曾经到过的地方。在慕尼黑的时候，有几个来自克里特岛的希腊朋友，我便开始跟他们学现代希腊语。毕业后的那个夏天，我加入一个车队，由在慕尼黑买的二手货车组成，每辆货车上都有一到两辆轿车。车队的目的是先把车运到雅典，再通过货轮运到克里特岛卖掉。我往里投了一些钱，并且知道在这笔交易里我能赚到足够的钱去非洲。我还记得我开着车离开慕尼黑时，在通往萨尔茨堡的高速公路上，我是车队的最后一辆车。我前面是一名来自克里特岛的老农，他从来没在这么直的路段上开过车。他开车时都像在他老家岛上的狭窄弯道上行驶一样，是蛇形走位。

终于到了克里特岛，老农邀请我和他一起住在阿哈尼斯村。我被安排住在“贵宾室”，这间屋除了像婚礼、葬礼这样的正式场合以外，几乎从来都没人住。我睡在地板上。我注意到，当百叶窗被推开的时候，有什么东西在木地板上蹦来蹦去，像香槟在起泡似的。逆光下，我发现那原来是无数只跳蚤，但我毫无怨言地忍受着，以免让主人尴尬。阿哈尼斯村位于通往岛上最高的波西洛里提斯山的第一个山坡上。波西洛里提斯就是古代的伊达山，是众神之父宙斯的所在地。在山坡上，我和一些年轻人一起去打野山羊和鹌鹑。最近我看到一张我拿着猎枪的老照片。照片中我腰带上系着一只鹧鸪，头上裹着一块防晒用的布。我侧身站着，可能是为了把鹧鸪朝向镜头。那时我已经长成一个健壮的青年，但随后在非洲，我由于生病，变得瘦得吓人。还有一张我在克里特岛的照片，骑着一头我雇了几个星期的驴子。我给它起名叫加斯顿。至于为什么叫这个名字，我费了很大劲儿也想不起来，但我记得当时它对我非常重要。我几乎徒步穿越了整个长长的岛，但不是沿着海岸线走的，而是穿过内陆山区。驴子驮着水和一些吃的，我跟在它后面。我独自一人，自我感觉已经长成一个独立的成年人。加斯顿休息的时候，我也休息；它被赶着要走的时候，我也走。到了岛的东头，我来到一处山脊，山岩突然崩塌了。完全没想到的是，只见不知从哪儿冒出来一个宽阔山谷，里面布满成千上万转动的风车，所有风车都在转动，挂着白色的风帆，就像一大片草地上开满疯狂旋转的花朵，仿佛一片意乱情迷的雏菊田。那儿没有村庄，没有房子，只有风车。我惊呆了，兀自坐了下来。我知道这不可能，这不可能是真的。我心里一惊，觉得自己怕是已经疯了，因为这种图景并没有像海市蜃楼一样消失。我记得当时自己在想，这也太早了。我以为当我像祖父一样老的时候，才可能会发疯。但这来得也太早了。突然间，我听到平原上传来嘎吱嘎吱的轻响，我又回过神来。这真的是现实吗？我的感官还受自己控制吗？最后我走了下来，往近一看，确实是风车，它们都在抽取地下水来灌溉平原。这片平原被我称为“万风车之谷”。就在一年前，附近的拉西希村的村长还曾写信给我，问我是否愿意支持恢复风车原貌的工作。现如今它们都已被拆除，换上了电动抽水机。

仅仅三年后，我写出了《生命的讯息》的剧本。主人公是一名在第二次世界大战期间头部受伤的德国士兵，他和两名战友被派去守卫一个要塞。他们无聊的时候，会在那儿用炮弹的火药粉末制作烟花。在一次进入岛上山区的侦察任务中，巡逻队走到我第一次看到风车的那个地方。那士兵一看到风车就疯了，开始四处射击。他卧倒在堡垒上，用烟花攻击港口和城市，向朋友和敌人们宣战，然后向初升的太阳宣战。最终他的自己人只得把他击倒。这个故事的核心受阿希姆·冯·阿尔尼姆的中篇小说《拉托诺要塞发疯的残疾人》启发，但我的情节走向另一个方向。我记得这部小说的开头是一位失去了一条腿的老少校在炉边讲故事。他说得很带劲，连自己的木腿着火了都没注意到。

我的电影里有许多反复出现的桥段，几乎都基于我的亲身经历。一般来说，电影不适合传达抽象观念。有很多人对我 1970 年的电影《侏儒流氓》（*Auch Zwerge haben klein angefangen*）里那辆无人驾驶却毫无意义地绕着圈子的空汽车感到很疑惑。我的其他电影里也有几个像这样的转圈的桥段，都源自我十七八岁时的经历。我那时候当过夜班电焊工，工资不低，因为夜班有补贴。而我白天还得上学，在学校总是一副累得神情恍惚的状态。除此之外还有危险津贴，因为你总得暴露在飞溅的金属火光面前。上班的时候我系着皮围裙，但到了深夜，我的注意力逐渐减弱，就会有烧红的金属火花从围裙上滚落下来，不乏超过一千度高温的小颗粒落在我鞋的内侧。我疼得跳了起来，每次我把鞋子从脚上扯下来时，都发现自己的脚已经被烧伤。那段时间，我的脚内侧总有被烫伤的水泡。

慕尼黑啤酒节期间，我中断了这份电焊工的工作，去一个停车场当管理员。这样可以赚到非常多的钱。啤酒节的十六天里，场地被几十万游客挤得水泄不通。当时一定是1959年或1960年，啤酒节的草地上有一小部分没有被过山车、旋转木马、射击场和啤酒帐篷填满，仍然作为停车场向公众开放。在停车场工作能挣不少，因为我有几个朋友想出了一个方法，能把停车票卖出去两次。我们要一次结清一百张车票，但有个窍门可以把票重新拼接起来。停车票有一部分被撕下来，放在挡风玻璃雨刷器下面，另一部分则交给车主。我们就糊弄司机，拿回他们自己那部分车票，晚上再把大部分已经皱巴巴的票抹平，然后把它们重新拼成一整张。就这样，我们把停车票又卖了出去，我们称之为“二轮”，有时甚至能卖“三轮”。晚上10点，帐篷停止供应啤酒。到了午夜，这里通常就已经被完全清空。每晚的这两个小时，停车管理员的工作都会非常困难。那时候醉驾仍然是一个轻罪，车上没有安全带，红绿灯也不是很普遍。然而从晚上10点钟开始，我都要专门处理数以百计的醉汉，有时车里挤满了人，每一个都喝得烂醉。这种一起拼车的人几乎都很凶，大吼大叫，还很危险。有时候我会拦住车，试图劝司机们去打出租，那些车就会发动起来，把我撞到一边。这种责任对我这样一个高中生来说，实在是太重了。警察从来没有出现过，他们都在忙着处理打群架和晕倒的醉汉。一些情况下，司机醉得太厉害，每往前开一米都会给自己和其他人带来致命的危险，这时候我会要求他们上交车钥匙，但通常也无济于事。于是，我得以某种借口顺着摇下的车窗把手伸进车里，再迅速拿走钥匙。我弯腰爬进窗户的时候，有些人会要动手打我。有一次，有个人咬了我的胳膊，还有一个拔掉了我的一束头发。我们把这些胆大的司机从车里拽出来，让他们并排躺在草地上。一般情况下，他们很快就会睡着。直到午夜过后很久，警察才按惯例出现，然后我就把车钥匙交给他们。醉汉们之后要被带到醒酒房里。在此之前，我经常在无聊的时候去试开一些车。我应该还没有驾照，只能在游乐场的空地上兜圈子，不敢上路。有一天晚上，我在一辆车上发现一根带钩子的橡胶缆绳。我尽可能地转动方向盘，再用缆绳把方向盘固定住，这样就可以让车绕圈行驶，而我自己不用掌舵。后来我又想到可以用一块石头压住油门，自己再爬出来。从那时起，我经常在晚上让一辆空车在那儿没完没了地兜圈子，有时是两辆。这个画面深深地烙在我的记忆里。

我故事的元素一次又一次地从这些难以解释的深处浮现出来。我母亲曾在一次采访中这样描述："沃纳在学校的时候，从来没学到过什么东西。他从来不读他应该读的书；他从来不学习。似乎他从来不知道他必须知道的东西。但实际上，沃纳总是什么都知道。他的感官非常灵敏。他能听到最不明显的声音，十年后仍可以准确地记得，还能谈起它，并以某种方式加以运用。但他没有能力解释任何事情。他能知道，他能看到，他能理解，但他解释不了任何事情。这不是他的天性。一切都进入了他的体内。当这些东西重新出现的时候，它们会以某种其他的形式呈现出来。"引用自己母亲的话并不容易，而且我也并非在所有事情上都同意她的观点。不过，我也已经相信，现在我可以解释一些事情了。但我打心眼里反感太多的自我反省和自我沉溺。

我宁愿去死，也不愿意去找心理分析师，因为我认为那里有些东西从根本上就是错的。如果你让一盏明亮的灯照亮房子的每个角落，那这间房子就会变得不适合居住。灵魂也是如此，如果照亮了它最黑暗的阴影，就会让人变得"无法居住"。我相信精神分析——还有许多其他可怕的错误——使 20 世纪成为一个可怕的世纪。我认为整个 20 世纪都是一个错误。

13. 刚果

毕业后的这段时光从其他方面来讲也很重要。我从克里特岛乘船来到亚历山大港。我坐在露天甲板上最便宜的位置，这样我的钱就可以带我走得更远。可在亚历山大港进入非洲大陆的时候，我当场就被骗了。一个穿制服的官员向我索要了大约十美元的登陆费，还给我开了一张收据。我付过钱后，才意识到其他人都不用付这笔费用。反正埃及人不需要，还有几个希腊人在嘲笑这种骗术。从那时起，我更加小心了。在我的记忆里，埃及仿佛笼罩着一层面纱。我先去了开罗，然后乘火车沿尼罗河去了卢克索和帝王谷，再经阿斯旺前往苏丹的方向。阿斯旺往南，尼罗河由于有急流而无法通航，我得乘坐一辆暴土扬尘的卡车从谢拉勒和瓦迪哈勒法之间绕路。然后是喀土穆和恩图曼。驱使我继续前进的是对刚果的好奇心。仅仅一年前，即 1960 年，这个国家刚宣布独立，然后就立刻陷入混乱和部落战争。所有机构都瘫痪了，法律体系也已经不复存在。此外，冲伯和蒙博托领导的右翼势力与后来被杀的卢蒙巴[1]等社会主义者之间发生战争。我对刚果的兴趣背后，是我很好奇，德国在第一次世界大战后是如何从一个开化的国家迅速堕落成纳粹盛行的野蛮国家的，虽说德国的问题并不是到哪儿都适用。刚果问题的原因在于其他方面，与殖民主义的劫掠有关，但我想了解的是制度化的秩序具体是如何崩坏的。吃人的行为怎么会重新出现？刚果东部也出现了一些政治人物，他们没有受过西式精英教育，而是代表了非洲本土的传统，比如基赞加、穆莱莱和本耶[2]。毕竟，欧洲的思想精神是被强加给非洲的。

沿着尼罗河再往上走，已经没有合适的陆路连接到南苏丹了，洪水和尼罗河的沼泽地使得这路段几乎无法通行。我坐了一架小型邮政飞机飞往朱巴。那儿离刚果边境不远。我仍然记得那儿到处都是红土，所有房屋都罩着黑黑的芦苇，甚至相当大的房屋也是如此。到了朱巴，我立即就病倒了，得的是一种阿米巴症。我只过了一天就掉头回去了，最后到达埃及的阿斯旺，窝在那儿的一间放园艺工具的棚子里。我没有健康保险，病情发展得非常快。我记得尽管天气很热，我仍穿了一件毛衣，但还是烧得发抖。我几乎没带行李，只有一个装着些轻物的粗呢袋子。我发着烧做了个梦，梦见自己在海里游到了很远的地方，有什么东西咬着我的

1　卢蒙巴是刚果民主共和国独立运动的主要领导人，刚果独立之初，卢蒙巴担任总理，蒙博托任陆军参谋长，但不久后蒙博托在美国支持下发动军事政变，接管卢蒙巴政权，借此崛起执政，担任刚果总统长达三十二年。冲伯原为加丹加省的政治领袖，在刚果独立后宣布矿产资源最为丰富的该省独立，引发刚果危机。

2　三人均为刚果 20 世纪 60 年代政治动荡时期的重要左翼人物，是卢蒙巴政府的重要成员，在卢蒙巴遇害后继承了他的政治遗产。

胳膊肘。是鱼吗？也许是条鲨鱼？我惊醒了，一只老鼠从我的胳膊肘飞奔到脸上。还有别的老鼠。我伸了伸手臂，发现毛衣的肘弯处被咬了一个大洞。我怀疑老鼠是想拿毛线来做窝。我还发现脸颊上有一处小小的咬伤。我的脸颊肿了起来，被咬的地方几周后还在流脓，没有正常愈合。我拉出来的大便中都是血沫，但我还是把用作床单的报纸尽量铺得整齐一点，试着让自己的处境变得有条理些。我在人生中经常陷入低谷，有时甚至陷得很深，但从来没有像这次这么深。我知道，我必须离开这间棚子。

我只记得外面刺眼的阳光，不知什么时候，有几个人出现在我身边。我以为他们只是我发烧产生的幻象，但他们说着德语。他们是西门子的技术人员，当时正在为阿斯旺大坝安装涡轮机。大坝本体是由苏联工程师建造的，但电气设备是由德国人安装的。有一位医生给我开了强效药物，然后我就坐飞机到了开罗。就是从那儿，我踏上了回家的路。然而，我最大的幸运并不是在十八岁的时候克服了疾病，而是从来没有越过边境进入刚果。1992 年，我在维也纳电影节短暂地做过一段时间总监，当时我邀请了波兰作家和哲学家雷沙德·卡普钦斯基来当嘉宾。对我而言，他是对非洲理解得最深刻的人。他年轻的时候，比我早一年到达刚果东部，也是经过朱巴进去的。一年半内，他在那儿被抓了四十次，有四次被判处死刑。我问他有生以来最糟糕的日子是什么时候。他说最糟糕的日子是被判处死刑后躺在地牢里的整整一个星期，喝醉酒的士兵朝他扔毒蛇。卡普钦斯基抓着自己的脑袋说："那个星期里，我的头发都白了。"他的头发可不只是白的，而且是雪白。他命令我道："我要您现在立刻在我面前跪下，感谢上帝您从没去过那儿。"除了他之外，所有记者中只有一个人活着回来了。

其实我想和他一起拍一部科幻片，不过是另一种类型的科幻片。科幻小说常常将技术进步投射到未来的世界，或者外星人降临到地球，用优越的技术和未来武器摧毁我们。但有一个想法很吸引我——也同样吸引他——那就是未来可能是一个丧失了所有科技成就的世界，就像罗马帝国灭亡后，几乎丧失了所有技术、医学、科学、数学、文学的发明创造。后来经过近一千年，古人的知识只有一部分残余被保存下来，藏在修道院或者阿拉伯语的译本中。所有损失中最严重的是亚历山大港图书馆被烧毁，那儿存放着古人关于知识、文学和哲学的全部财富。卡普钦斯基和我能看到一个未来的世界，他已经看到了全貌，而我也看到了其中一部分。在这个世界里，酒店的电梯不再运行，电梯井里满是污水，酒店老板会护送客人上楼，他们会在夹克口袋里装一个灯泡，到房间时把灯泡拧上，当你离开时再拆下来；在这个世界里，交通堵塞可以持续好几天，去机场的唯一办法就是步行，控制航班信息的电脑里长出了柔软的藤蔓，加油站里没有汽油，所有现金都被通货膨胀搞废掉了，你得用一整辆独轮车装满成捆的钞票上才能买一只鸡；在这个世界里，军事政变中的醉酒士兵不能射杀捆在木桩上的政府官员，因为他们总是射不中，就算最后射中了，也只是射中膝盖之类的部位，但一个多小时后，所有官员就都死了；在这个世界里，只要有水突然从管道里流出来，人们就得迅速填满所有的锅、容器甚至浴缸，因为军队切断了供水，再用油罐车把饮用水高价卖给人民。在这个世界上，已没有人愿意阅读，除了最荒谬的阴谋论以外，什么知识都没有人愿意去了解。换句话说，这是一个不需要去构想的世界，是一个已经可以被观察到的、存在已久的世界。卡普钦斯基认为刚果东部可以作为拍摄地点，或者在苏丹与埃塞俄比亚、肯尼亚接壤的地区，或者拉丁美洲的香蕉共和国，但我们都放弃了，因为这些地区，至少在非洲，都饱受内战摧残。就在不久前，卡普钦斯基坐着卡车穿行在高高的芒草丛里，还遭到伏击，有人朝他开枪。此外，无论在哪里拍摄，我们都会被普遍怀疑是想谴责某个国家，或某个群体。这部电影后来一直没有拍出来。

14. 看电影

我在内心深处坚定地相信自己活不到十八岁。后来，当我到了十八岁却仍然活着，又觉得自己不可能活过二十五岁。因此，我开始拍电影，假设自己在拍完之后就不复存在了。为什么不大胆地去寻找一些从来没存在过的形式呢？比如1967年的《最后的话》（*Letzte Worte*），那是一部现代希腊语短片，故事里的人物被迫地重复着没完没了的事情；1969年的《海市蜃楼》（*Fata Morgana*），那是我在撒哈拉沙漠拍摄的蜃景幻象；还有像《侏儒流氓》这种片子，也是1969年拍的，那可能是我最激进的电影，里面所有演员都是小矮人。我也意识到，在对电影几乎完全无知的情况下，我必须以自己的方式创造自己的电影。毕竟连萨赫朗周围山区的世界都有一部分是我们创造出来的。我们想出了自己的游戏，发明了自己的玩具。比如我们发明了一种箭，管它叫“箭柱”。我们从一根大山毛榉木上切下来一块平板，刻成短箭的样子，大约有一只手那么宽。箭的底部是平的，顶部有轻微的起伏，能让它在抛出时有上升力，就像飞机的机翼一样。但我们完全不懂空气动力学。箭的重心处有个钩子，因为箭太短，我们没法用弓来射箭，而是要用鞭子抽它，让它飞出去，我们在鞭绳的末端弄了个小孔，用来插到箭的钩子里。箭柱根本没法用来瞄准，它只是随便乱飞，却可以飞得很久，几乎像飞盘一样。我们的箭柱能比所有从弓上射出的箭都飞得更远。

萨赫朗的教学楼里有电影放映活动，电影被投映在床单上，但前两部片子并没有给我留下什么印象。第一部是关于因纽特人建造冰屋的，但我很快就能看出他们对如何处理冰和硬雪没有什么概念。估计这个片子里的因纽特人是由群众演员扮演的。第二部影片更有意思，展现了喀麦隆的俾格米人用藤蔓在丛林的河流上建造一座吊桥。这座桥的结构非常合理，几乎能算是艺术作品。

后来我开始去慕尼黑的电影院看电影，但我也并不像哥哥、弟弟和朋友们那样爱看那些片了。在我十四岁左右，也就是皈依天主教、开始徒步旅行的时候，我只是意识到我命中注定一定会去拍电影。但过了一段时间，我才真正开始做这件事情，因为我预感到这样的人生会很艰难。我对电影的了解也非常有限。有时我们会去看《佐罗》或《傅满洲博士》那样的电影，其中还有几部续集。也可能是在我十二岁还在海尔布隆的时候，就和我朋友策夫、辛克尔一起去看过西部片。色盲策夫重演了一遍影片结尾的对决，因为我不相信那个只想保护奶牛不被偷的正义牛仔，怎么能对付八个拔枪围住他的坏人。在那种情况下，那群人中的某个肯定能及时扣动扳机，把他干掉。策夫就让我们围着他站成一个圈儿，然后把他水平抛向空中，不给我们拿他当靶子的机会，同时拿着两把想象中的柯尔特左轮手枪，在空中转着圈儿地向我们这些“坏蛋”开火。策夫的场景重现非常具有野性，但这个桥段我仍然觉得不大合理。不过，我们仍然以为在屏幕上看到的就是真的。我们还会对着屏幕说话。在慕尼黑的电影院里，当我们看到羽毛布满山顶，便大喊着警告那些坐在马车上的拓荒者：“阿帕奇人来了！”然而我有一次看《傅满洲博士》的时候，注意到一些其他人没有看到的东西。在一场正派和反派的枪战戏里，傅满洲博士那头的一个特别讨厌的坏蛋被射下悬崖，打着滚掉进深渊。然后在影片进行了大约二十分钟后，一件奇怪的事情发生了：在另一场枪战戏中，我们看到各种各样的人物——包括好人和坏人——都被射下了悬崖。有人拿峡谷里的巨石当掩护躲了起来，但此时我也看到同一个坏人又一次从高处掉落。只是这次下坠的过程缩短了，也许只有两秒钟，但这个人是以完全相同的方式伸出一只脚掉下去的。虽然没有人注意到，但我确信这就是同一个镜头。那个时刻，我意识到原来有镜头和剪辑的存在。从此，我对电影就有了不同的看法。故事是如何被讲述的，紧张感是如何产生的，这一切都是如何建立的？顺带一提，现如今我只能从烂片里学到东西了。至于好的电影，我仍然以很早以前的方式来观看它们。对我来说，真正伟大的电影即使经过反复观看，也仍是一个谜。

母亲对我拍电影持保留意见。在她看来我太内向、太害羞。但我身上有一种在天主教中被称为“信仰的确证”的特质。我在路上的时候，她写信给我，劝我把自己那疯狂的计划立足于一个坚实的基础，要先开始给一个摄影师做学徒，只有这样才能在制片厂找到份工作，在那儿才有机会成为一名助理导演。当时还没有电影学校，否则我估计她也会建议我去那儿上个学。她在盖塞尔加施泰格的巴伐利亚电影制片厂的那段时间，还认识了一位道具师，母亲怂恿他邀请我去制片厂待上一天，了解这个职业的工作情况。我去参观的那天，距离新年还有几个月，厂里正在拍摄一个新年电视节目，有一个穿着白色燕尾服、戴着白色高礼帽的主持人。他是这档节目的主持人，还要在节目里唱歌跳舞。我看着他拍摄最后一幕，身边伴舞的是一群穿着精灵服装的芭蕾舞演员，他们也都穿着白色的衣服，身上撒满闪粉。结尾音乐响起的时候，所有演员都转过身去背对镜头，踮着脚跳向布景深处，新年的数字在那儿开始闪烁。但那主持人在他们继续跳舞的时候还要转过身来朝向观众，向摄像机的方向抛出一个飞吻。在这个过程中，他总是跟不上步子。于是这一幕重复了大约十遍，然后不知为什么又至少多拍了十遍。参与其中的每个人，不论是在镜头前还是镜头后，都浮夸得让人难以忍受。我当时很清楚：这不是我想做的事情。

几年后，我计划拍摄短片的时候出现了一个问题，那就是我是不是应该成立自己的制片公司。情况对我来说很清楚，那就是找不到合适的制片人，至少我这种项目找不到，所以我必须自己干所有事情。这也是为什么我在课余时间还要挣钱。我至今仍然清楚地记得一个时刻：一个电影制片厂对我的大纲给出了积极的回应，但我知道我不能亲自去他们那儿报到。当时我刚过十五岁，但身体上还是个小孩儿，青春期和发育期都来得比较晚。最开始我们是通过信件沟通，后来他们给我打了个电话。那可能是我人生中第一通电话，我不想被他们看到。这在今天是很难想象的。但最终，所有的拖延都是要结束的。我接受了制作公司的邀请，去了他们在慕尼黑的办公室。前厅有一台沉重的仿制 30 年代老式摄像机，放在一个巨大的三脚架上。那儿的女秘书惊讶地看着我。我被请进一间华丽的大会议室，里面放着几把真皮扶手椅，一张厚重宽大的胡桃木办公桌后面坐着两个男人，他们是制片人。两人都伸长脖子，越过我望向前厅，以为是有人带着孩子来找他们，本人还没进屋，但我身后一个人也没有。他们过了几秒钟才意识到是怎么回事。我想做个自我介绍，但还没来得及，其中一个制片人就拍着大腿笑出了声。另一位站起身来，朝我的方向笑了笑："呦，这年头，幼儿园孩子也要拍电影了！"我一声不吭，转身离开了。我没有浪费一秒钟来感受他们对我的伤害。我只是想：这几个白痴什么都不懂。我在内心深处进一步强化自己的决心。回想起来，我深深地感谢命运，让那场面试无疾而终。难以想象我能在那儿得到什么结果，加上那时我的项目完全是半生不熟的。我就像一个走钢丝的人，左右两边都是悬崖，但我一直在往前走，就好像我不是走在一根细细的绳索上，而是走在一条宽阔的大道上。

创办自己的公司对我而言似乎越来越不可避免。母亲却很担忧。最后她建议我去咨询她在阿绍的一个朋友的丈夫，听听他的建议。这个人是西德早期的一位大亨，名叫瓦格纳教授，他曾担任过政府职务，据我所知，当时他是煤钢共同体的主席，这个机构后来演变为了欧盟。他毫无疑问是一个很有权威的人，是经济界的大佬。瓦格纳听了一小会儿我的话，然后用洪亮的声音给我讲起课来，对我说电影行业有多复杂。他说我已经失去理智，应该先学学经济学，如果可能的话再学学法律，然后去一家大公司学学金融世界是如何运作的。我仍然记得他接待室墙上的熊皮，那是他和罗马尼亚总统一起在喀尔巴阡山脉打猎的战利品。我离开的时候，耳朵里还隆隆作响了很久。我后来还是成立了自己的公司。父亲也听说了我的计划。他给我写了一封有理有据的信，信中，他对国际电影的现状提出了自己的看法：他认为这个行业除了垃圾什么都没有，让我想想是不是值得投身进去。他还坦率地告诉我，我肯定不具备这个行业所必需的决断力。

我在当时的一家影视研究所找到了几个志同道合的同龄人。我们决定在各自的项目中相互帮助。这个研究所就是慕尼黑电影学院的前身，配备了摄像机、音响设备和剪辑台，因此很吸引我。你得申请才能免费得到这些设备，但我每次申请都被拒绝了，只能眼睁睁看着那些明显没有才华的人总能拿到摄像机。当时的那几位战友们后来都没能成名，除了乌韦·布兰德纳，他原本是搞音乐的，后来拍了几部电影，最后完全投身于写作。我在一个星期内，从一本关于广播、电视和电影的百科全书的三四十页里学会了关于电影的基础知识。即使在今天，我也不认为你需要比这更多的知识。这就跟学习打字一样，你不能通过学习文学来学习怎样成为一个诗人。我了解到摄像机是如何工作的，胶片条是如何运输的，什么是配乐。我还独立推断出慢动作和快动作是如何拍出来的。但我需要一台摄像机。当年还是胶片和机械相机的时代。我的第一台相机是我偷来的。关于这个故事，已经有许多谈论和猜测，而且流传着相当多的版本。我在这方面并不清白。不过整件事的过程却简单明了。我当时在影视研究所的设备储藏室里，那里一般总有一个人在做维护工作。然而有一天，那儿只有我一个人。起初我并没有注意到，但过了一会儿，我发现四下格外寂静，便到处望了望。除了我，周围一个人都没有。架子上有大约四五台摄像机，我就拿起了一台自己喜欢的。然后又拿起另一台。我透过目镜看了看。那儿仍然没有人，我就拿着摄像机走到外面，对着一些远处的物体调整焦距。待在外面的时候，我突然想到干脆直接走人。那天是星期五。我想在周末拍两天，周一再把摄像机还回来。但周一和周二我还在拍摄，就这样，我把摄像机留了下来。我觉得研究所不会注意到有一台摄像机丢了。在我看来，这与其说是偷窃，不如说是征用，或者换句话说，我觉得把摄像机用于适当的用途是一种自然权利。我用它拍摄了我的第一批短片：《大力神》《沙中游戏》《德意志克罗伊茨要塞前所未有的防御》和《警惕害马人》。这批片子里只有《沙中游戏》是个例外。影片拍的是几个村里的男孩把公鸡装在纸箱子里，系上一根绳子拖着走。我没有能够完全控制这部片子，它也成为我唯一一部从没发行过的电影。我从中学到了很多。这台摄像机我保留了很长时间，但在有一次接受采访的时候，我絮絮叨叨地说我后来也用它拍了很多长片。就这样，这个故事就像在媒体上很常见的那样，有了自己奇特的生命。我自己也为此做了些微小的贡献，或是证实或是否认了一些变得越来越五花八门的故事版本。

弟弟卢基当时完成了他的学业，和我的哥哥一样开始在一家木材公司上班。他在公司里的职位也升得很快，但他后来搬到了埃森，然后又去了德国北部。他比蒂尔小七岁，比我小五岁，所以他从来没跟我们踢过球，只是偶尔跟我们去旅行过几次。他在慕尼黑的时候曾经在一个著名的男童合唱团里唱过歌，还短暂地考虑过要不要去搞音乐。十九岁时，他开始对自己的生活感到不安，因为他可以清晰地看到自己经商生涯的每一个发展阶段，一直到最后退休。于是他决定放弃一切去看看世界。他有一辆大众甲壳虫车，计划开这辆车去土耳其。我建议他把目的地定得更远，把网撒得越广越好，后来他从安纳托利亚开到了阿富汗，越过开伯尔山口到了巴基斯坦和印度，再到尼泊尔，最后到达印度尼西亚，在那里的一所私立学校当上了英语老师。那段时光既独立又充满冒险，让他终生难忘。尽管他在很长一段时间里都和我离得很远，但我在秘鲁筹备《阿基尔，上帝的愤怒》的时候，他还是加入了我。他从印度尼西亚经墨西哥来利马找我。从那时起，他成为我工作和事业上的核心人物，自发承担起组织工作，还主动地和我共同思考、发起项目。没有他的干预，我可能永远不会去导演歌剧；没有他的远见，今天管理着我所有电影和文学作品的公益基金会就不会存在。他和我之间互补得很好。我认为这几十年来，他是我的一个很好的制衡者，在我总是直面冲突的时候，他能够采取战略性的行动。我负责在前线疲于奔命，向堡垒冲锋；他则是个冷静的支柱，头脑清醒地在后方牵线搭桥。对于受挫者、绝望者、陷入困境的人来说，他始终是最后的依靠。

15. 约翰·奥凯洛

我翻阅着卢基的旧信，看到了他在南印度、果阿、加德满都和雅加达逗留期间对当地的精彩描述。在那些信边上，我还偶然发现了几封约翰·奥凯洛元帅的信，就是他影响了我在电影《阿基尔，上帝的愤怒》中的角色阿基尔。奥凯洛来自乌干达北部，童年时成了孤儿。他在赤贫的环境中长大，靠做帮工勉强维持生计，直到很晚才上了几年学。他从乌干达流浪到肯尼亚，跟着一个木匠做学徒。在乌干达，他曾经因为一次原因不明的性犯罪服刑两年，但是他一直否认自己有罪。后来他还当过石匠，四处摆过摊，最后成为一名流浪传教士。他还很年轻的时候到了桑给巴尔岛，开始投身于政治。他在演讲和组织工农方面非常有才华。历史上，桑给巴尔几个世纪以来一直是阿拉伯人经营的东非最大的奴隶贸易转运中心。阿拉伯人在20世纪仍然是那儿的主导力量，尽管他们与其他非洲人口相比只是少数。奥凯洛在没有武器、制服、培训和资金的情况下，组织了一场针对阿拉伯人的起义。

1964年1月12日，奥凯洛带着大约四百名狂热的杂牌军发起冲击。他们需要武器，就从一家警察局的警卫那儿抢来步枪，冲进军械库。这次袭击前的最后一刻，他的士兵们因为害怕失败，几乎全都逃走了。然而仍然有大约三十个人跟着他。年仅二十七岁的奥凯洛自封为元帅，还自发任命了几名将军、准将和上校。短短几个小时内，桑给巴尔的非洲老百姓就加入了他的起义，因为势头倒向了革命的一边。阿拉伯的苏丹坐着游艇逃往大陆，但奥凯洛的军队和人民对阿拉伯人进行了血腥的屠杀。几天后，奥凯洛出名了，至少在西方报纸的第三版或混合新闻中都提到了他。我在慕尼黑注意到他，是因为他在当地一档小电台节目上发表了一场疯狂的演讲。他在广播中招降最高警察局长："否则，我就要自己动手了。要是这样的话，你要付出的代价可不是任何活物所能承受得了的。"我记得有报道说，他乘坐着一架小型飞机在岛上盘旋，打开机载无线电广播发布讲话："谁要是敢偷哪怕一块肥皂，或者吃太多的庄稼，就会被扔进监狱一百五十年！"他向苏丹发出最后通牒："你有二十分钟时间投降，否则我们就别无选择，只能将你从地球上抹去。我给你二十分钟的时间来杀死你自己的孩子和妻子，然后再杀死自己。否则，我会亲自来找你。我会杀了你，杀了你的鸡和羊，再用熊熊烈火焚烧你的尸体。"我电影里阿基尔的台词完全是用的奥凯洛的语气：

阿基尔：

我是最伟大的叛徒，没有人比我更伟大。

若有人胆敢想要逃跑，
就要被剁成一百九十八块，
然后被踩在脚下，
直到能用他的碎片涂抹墙壁。
若有人吃多一粒玉米，喝多一滴水，
就要被囚禁一百五十五年。
如果我，阿基尔，想让鸟儿从树上掉下来摔死……
那么鸟儿就要从树上掉下来摔死。
我是上帝的愤怒。
我所走过的土地见到我，都在颤抖。

在起义发生两天后的一次新闻发布会上，奥凯洛解释说，早在十年前，他作为肯尼亚茅茅独立运动[1]的一名战士，就已经拥有了准将军衔，而且他还是个解梦者。他声称整个独立运动的领导层，包括领导人乔莫·肯雅塔，都会让他来破译、解释他们的梦。我认为这是极不可能的，因为奥凯洛当时充其量才只有十七岁，而且由基库尤族主导的茅茅起义军，应当很难接受一个来自乌干达阿乔利族的外人，况且奥凯洛那时才刚开始学肯尼亚的通用语言斯瓦希里语。桑给巴尔革命胜利后，奥凯洛迎回了流亡大陆的前首相卡鲁姆，给对方恢复了官职，但坦噶尼喀大陆和桑给巴尔已经在计划合并成一个统一的国家，即坦桑尼亚。奥凯洛在大陆

1　英国殖民政府时期，肯尼亚当地的反殖民主义团体茅茅，于 1952 年至 1960 年发起的军事冲突，主要对抗英军和当地亲英武装。

待了几个星期后，被禁止返回桑给巴尔。当地人想把他赶走。从此，他变得行踪不定。很显然，他孤独地回到了乌干达。他四处游走，身无分文，据他自己说有时只能靠乞讨为生。1971年，他最后一次出现在公众面前，是与乌干达的新军事独裁者伊迪·阿明在一起。之后他便消失得无影无踪。

那之前的两年，我在肯尼亚、坦桑尼亚和乌干达为一个医生组织拍摄了一部影片，该组织从某些方面来说算是无国界医生组织的前身，影片名为《东非的飞行医生们》(*Die fliegenden Ärzte von Ostafrika*)。当时的摄影师就是我在科斯岛上拍摄《生命的讯息》时担任摄影师的托马斯·毛赫，我们一起拍过一系列电影，包括《阿基尔》和《陆上行舟》。毛赫是对我影响深远的人，他对一切都有准备，风格上很坚定，具有非凡的审美，同时对一场戏的实质和动态也很有把握。摄影师就像我的眼睛一样。我和最好的摄影师们合作过，比如托马斯·毛赫、约尔根·施密特-莱特维因，后来是彼得·蔡特林格，我最后的二十八部电影都是跟他一起拍的。为电影团队定下基调的总是摄影师。1969年，我们拍完了关于飞行医生的电影后，托马斯·毛赫陪我去了趟乌干达，寻找约翰·奥凯洛。我们开车穿过肯尼亚前往乌干达，因为根据传言，我怀疑奥凯洛在乌干达北部，那是他的老家。我们开到小城利拉。在那儿四处打听，终于找到了几名他的亲戚，但他们似乎什么消息都不敢提供。我们引起了警察的注意，在拍摄《海市蜃楼》这部影片的时候，我也有过类似的糟糕经历，我和我的小摄制组在喀麦隆被逮捕了好几次。那种体验相当不愉快，而我们在中非共和国的经历也没有好到哪儿去，摄影师约尔根·施密特-莱特维因和我同时得了疟疾和血吸虫病。由于被警察盯上，我们在利拉也没待多久。毛赫还记得有一次我们到了某个地方，在车上睡觉，早上醒来的时候看到一群小孩把脸贴在车窗上，静静地望着我们。我给奥凯洛的亲戚留下了我在德国的地址——果然，几个月后，这位“元帅”联系上了我。在好几封信里，他催促我翻译他的书《桑给巴尔革命》，并找家欧洲的出版社出版。这本书是他在肯尼亚服刑的十五个月期间写的，后来肯尼亚把他驱逐回了他的老家乌干达。他还提出要主演一部关于他自己的电影，向我询问了片酬。但这一切都没有实现。他可能已经在1971年被伊迪·阿明暗杀，而我当时本就打算拍一部关于西班牙征服者的电影。但奥凯洛的回声，仿佛一个复仇者，出现在影片里阿基尔疯狂的独白中。在影片中，征服者们带走了一个黑人奴隶。我给他起了个名字，就叫奥凯洛。

16. 秘鲁

我的弟弟卢基到达利马的时候，完全像是个来自另一个世界的人。印度尼西亚有一位高级将领的女儿想要嫁给他，她家里有钱得惊人。但最终他还是从这种命运里挣脱了，并因此感到如释重负。由于当时没有连电话，他到达的时候我们都不知道。没有人去机场接他，也没有人留在我们设立的小办公室。我刚启程前往安第斯山脉之外的丛林。但那儿的雨下得太大，航班被取消了。我在半夜回到市里，见到了和我久未相见的弟弟。直到今天，我仍然能感受到那种喜悦。卢基立即采取了行动，让所有步骤井然有序起来，建立了一个能够正常运行的记账系统。这个活儿可不容易，因为有的协议是和文盲达成的，有些文件还在热带雨里被浸湿了。他试着去掌控项目的资金，但也没什么用，因为压根就没有什么资金。影片的全部预算相当于三十八万美元，这点钱对于一部设定在 16 世纪丛林里的大制作来说就是个笑话，项目里需要服装、武器、美洲驼和竹筏，还有一开始就参与进来的四百多名群众演员，他们都是会讲克丘亚语的高原印第安人。放到今天你再看这部电影的“制作规模”，我想整个电影行业里也没有人敢在五千万美元预算以下接这个项目。这部电影是在亚马孙河的三个很难到达的源头拍摄的，还有克劳斯·金斯基这样一个反复无常、情绪狂躁的主演。我们总是缺钱，从德国来的现金流运转不畅，因为汇款往往要花好几个星期。在最危急的时候，卢基晚上跑到利马的富人区米拉弗洛雷斯挨家挨户地做交易：因为这里的人几乎都在美国有美元账户，以便对秘鲁税务部门隐瞒资金，所以他们很有兴趣能把钱从其他国家直接汇到美国。卢基提出他需要价值五万美元的秘鲁索尔，而且现在就要。作为回报，他会把同样数额的钱从德国电汇到美国，再额外加上百分之十的附加费，作为对对方盲目信任的补偿，四十八小时内到美国的账上。利马的人从报纸里看到过我的项目，但谁又会大晚上在家门口帮你解决这种问题呢？然而，卢基天生有一种能够与人建立无条件信任的能力，而且之后他也从来不会打破这种信任。一位非常年轻的企业家乔·克希林·冯·施泰因接受了卢基的提议。当时他需要美元，因为他正在和摇滚音乐家卡洛斯·桑塔纳筹划举办一场演唱会。两人除了握手以外没有别的保障协议。第二天一早，他就把那笔秘鲁索尔交给了卢基，拯救了整个项目进程。我哥哥蒂尔则立即从他的私人资金中转了五万美元到乔在迈阿密的账户上。蒂尔也拯救了《阿基尔，上帝的愤怒》，尽管他打心眼里确信这笔钱是再也看不到了。但他还是把钱都拿了回来，虽说拿回得很晚。直到今天，我与乔·克希林之间至今仍有着牢不可破的友谊。他在秘鲁的丛林里建造了第一批生态导向的酒店，在全世界还没有人听说过“生态”这个词的时候，他就有了这样的远见。他后来还支持了我拍摄电影《陆上行舟》，也是莱斯·布兰克拍摄的关于这部影片的制作过程的纪录片《电影梦》(*Burden of Dreams*)的制片人之一。就在最近，2018年，我在他马尔多纳多港附近的丛林小屋里与一群年轻电影人举行工作坊的时候，他又成了我的东道主。

《阿基尔，上帝的愤怒》讲述的是一支西班牙征服者的军队进入亚马孙低地寻找传说中的黄金之国“埃尔多拉多”的故事。洛佩·德·阿基尔在一次兵变中夺权成为领袖，他对权力和财富的妄想，使这次远征变成了一场走向幻想破灭和自我割裂的惨败。最终，阿基尔成为最后一位幸存者，乘着他那爬着数百只小猴子的木筏漂流到未知的地方。影片的拍摄过程从头到尾都处于风险和不确定的铁钳之下。我们都在木筏上漂流和生活，包括演员们和只有八个人的小技术团队，我们要拍的那个木筏总漂在我们前面一两道河湾的地方。大多数情况下，我们都不知道下一道河湾背后有什么在等着我们。

拍摄过程中的某天，我们发现所有底片都已经消失得无影无踪。我们和一家利马的航运公司达成协议，要把曝光的底片运到墨西哥城去冲洗，但那些墨西哥人发誓说他们什么都没有收到过。底片就是我们的一切。没有了它，一切就都完了。我们怀疑有两种可能。要么是墨西哥的洗印厂犯了灾难性的错误，用错误的化学剂处理了我们的底片，结果把它给毁了，也因此他们现在要装得好像什么都没有收到过。但卢基表达了反对意见，他认为墨西哥人想从这个活儿里赚到钱，所以很可能说的就是实话。第二种可能就是从利马发货时出了问题，但运输公司说海关盖章的运输文件能证明我们的材料已经离开秘鲁国界。中间飞机也没有停留，所以不可能是在中转的时候丢的。利马的海关仓库不允许卢基进入，结果他翻过三米高的铁丝网，在一个大厅后面的垃圾堆里发现了我们所有的胶片盒。它们被扔掉了，但仍然密封完好。几个星期以来，这些敏感材料一直暴露在炙热的太阳底下。事实证明，是运输公司贿赂了海关，让海关在运输文件上盖章确认，并借此收取了运费。卢基拿着底片胶卷，把它们装进手提行李带到了墨西哥。那段时间在丛林里的拍摄情况对我来说非常糟糕。我知道，我们拍了几个星期的不可重复的东西都丢了。只有一件事能做，那就是继续拍摄，假装一切正常。一旦剧组发现我们费尽千辛万苦拍的东西可能都丢了，所有人都会陷入恐慌和崩溃中。所以尽管我深陷在这荒唐的处境里，也只能继续工作。只有卢基、我和现场制片主任瓦尔特·萨克瑟知道这件事。我们保持着铁一般的沉默。从普通电影制片的角度来看，人们会问：为什么没有上保险？我的回答是：我们的钱太少了，根本买不起保险。有时连饭都吃不上。而且，我们拍摄的东西是独一无二的，根本不可能再重复。

我记得有时候没东西吃，我就和两个信任的人在晚上坐独木舟出去，跑到印第安人的村子里找能吃的东西。有一次，我用自己结实的鞋子换来一盆鱼，另一次则把我的手表拿出来作为报酬。我记得有一天晚上，我们蜂拥而出，在某个河湾处再次相遇。派出去的三艘独木舟什么都没有发现。在黑暗的凌晨4点钟，我们把独木舟绑在一起，顺着河水向下游漂去，哭了起来。

从我的兄弟们身上，特别是从卢基身上，我不仅学会了激发他人的信任，还学会了无条件地给予信任。在这方面有一个例子：我与火山学家克莱夫·奥本海默曾尝试在所有能抵达的大陆上拍摄电影《进入地狱》（*Into the Inferno*），在此期间，我们在2015年也去了朝鲜。经过一年的谈判，克莱夫完成了几乎不可能的任务，获得了拍摄许可。他们让我们拍的内容非常受限，还要受到情报人员的持续监视。但我们被允许在长白山的火山口边缘进行拍摄。由于这座山就在中朝边境上，防范措施特别严格。这里设置了许多路障，我们得接受军事哨所的检查。我注意到，他们的速射步枪都装了刺刀，但不是像你能在美国阿灵顿公墓的仪仗队看到的那种装饰性刺刀，它们的刀片像剃刀那样锋利。这个国家常常被人视作一个主要的军事威胁，它有一百万士兵。要是把这些狂热的战士组成的大军派往边境，广泛分散，纵横交错，几乎无法用空中力量或机枪阻止。步兵是一种似乎没有人注意到的危险，因为许多人觉得他们是过时的。

我们在火山口拍摄。这里被朝鲜人认为是他们神话中的起源地，如果条件允许，所有学生和士兵都要在一生中参观一次。我们和一位科学家一起拍摄的时候，突然听到附近有咯咯的笑声，然后是一名年轻女子克制的尖叫。我立即将镜头移去那个方向，拍摄了一群士兵以火山口湖为背景拍照的情景。与此同时，一名年轻男兵搂着一名漂亮的年轻女兵的腰，在她的腋下挠了一下。

很高兴能看到这群人散发出来的生活情趣，这个场景很不寻常，显示了朝鲜武装部队非常人性化的不同侧面。这时，一名监视我们的岗哨介入了。我们不得不立即关掉摄像机。他教训说我刚刚违反了给我制定的规则。朝鲜士兵要极其坚定地时刻准备着为祖国、敬爱的兄弟和人民的领袖洒下热血，其他事情都是不可想象的。更严重的是我拍摄了穿着全套军装的士兵，这样他们的脸就会被帝国主义敌人识别出来。总之，他命令我立即就地销毁我拍的镜头。可问题是，由于我们用的是数字存储，在技术上我们没法自发地删除素材。即便是使用朝鲜的设备和他们的技术人员，我们也做不到。他告知我，为了销毁这些素材，我们的整个硬盘都要被没收。我争辩说，四天的拍摄内容全都存在这个硬盘里，这对影片来说是个严重的打击。因此我提出要保留录像，并且保证永远不会发布这些士兵的录像。“保证？”他回答我道，“你指的是要签一份五十页的书面协议，等你上了飞机一出朝鲜领空就撕掉？”我回答道，我不会这样干，而会以不同的方式处理。在我的许多主要影片里，比如像《阿基尔》——这名岗哨知道这部作品——通常不会与我的所有主要合作者签订书面合同，只有口头协议，握手为誓。这样的协议从来没有被破坏过。我还说，在现在这种情况下，我可以提供不是一个，而是三个保证。“哪三个？”他问我。我回答道：“我的声誉、我的脸面和我的握手。”意想不到的事情发生了。我留住了整个硬盘。而就我自己而言，我从来没有使用过那段素材，将来也不会使用。

在《阿基尔》的拍摄过程中，除了我弟弟卢基之外，还有一个人也迎来了他的第一个高光时刻，那就是瓦尔特·萨克瑟。早在几年前，我在加那利群岛的兰萨罗特岛上筹备我的电影《侏儒流氓》时，就注意到他。他是一个来自瑞士圣加仑的年轻人，正在出来闯荡世界。他当时在岛上经营着一家小旅馆，还帮我们找到了那辆没完没了地绕着圈开的汽车。拍摄开始后不久，这辆产自 50 年代的破车形象已经在电影画面里建立了起来，但这时它却彻底坏了，我估计是发动机气缸爆裂。一天之内，萨克瑟就在乡间小路上的某个地方发现了一辆类似车型的车。他上去把它拦住，设法劝说车主贡献出发动机。那名车主最后得到了一个替代发动机，而萨克瑟连夜把那台旧发动机安装到我们的车上，甚至给它进行了改装，因为它的尺寸并不完全符合我们的车。我从来没有见过这样的东西。瓦尔特·萨克瑟做事情总是很有魄力，没有什么风险是他不愿意冒的。他鄙视每一个不像他那样努力工作的人，尤其是那些装腔作势的演员，常常是他的眼中钉。拍《阿基尔》的时候，他睡在马丘比丘下面的一户人家的黏土地上，和这户人家的一名驼背的印第安女子及她的孩子们一起，周围还有好几十只豚鼠，它们像鸡一样被当成宠物养着，但也会被烤着吃。后来我也到那儿去过夜。我有一次和他一起游过乌鲁班巴河，去河对岸把被缆绳缠住的滑动平台拉了回来。还记得突然间，一个巨大的漩涡像陀螺一样旋转着，咕嘟咕嘟地朝我们逼近。也正是在整个剧组陷入绝境的时候，他从瓦亚加河峡谷的一处有三道急流的拍摄地点，爬过巨大又湿滑的石头地，整夜步行到查苏塔地区。路上他还带着一个扁平的公文包。我有一次看到他连续工作了六十个小时，后来发现他在一堆石头上睡着了。

金斯基有许多次狂躁症发作都是针对他，但更多是针对我，实际上是针对所有人、所有东西。金斯基提要求说他要亲近自然。但我曾经多次以书面形式告诉他，我们不会像剧本里描述的那样在冰川上拍摄开场戏，而是要拍军队下山到乌鲁班巴山谷。尽管如此，金斯基还是带来了羽绒服、破冰斧、绳索、帐篷和羽绒睡袋，我们甚至不知道该把它们放在哪里。然后根据他的指示，我们得把他的帐篷搭在丛林里的一块空地上，但第一天晚上就下起大雨，水汽直接渗透到帐篷里面。结果这个暴虐狂大肆发疯了几个小时，一直闹到清晨。他想优雅地拥抱大自然，但又不让下雨。后来我们在他的帐篷上搭建了一个用棕榈叶编成的盖子，但即便如此，他身上还是弄湿了，因为他呼吸的空气让帐篷帆布从里面蒙上了一层雾气。他又开始咆哮，语无伦次地叫喊。他的愤怒主要是针对一群高原印第安人，我们在拍摄的这几天把他们临时安置在一个用来晾晒烟叶的大谷仓里。萨克瑟用帆布搭了一个既简单又好用的上下铺。我冷静地走到金斯基面前，让他冲着我发泄了一通怒火。到第三天晚上，我们唯一的办法是把金斯基安排在马丘比丘的印加遗址附近的唯一一家旅馆里。但当时八个客房都住满了。当年从库斯科出发一直到终点站的铁路沿线上，都没有任何住宿的地方，我朋友乔·克希林的豪华酒店也是后来才建成的。怎么办呢？萨克瑟便想办法说服旅馆老板，让他让出自己的房间，搬到一个类似扫帚间的地方。但即使在酒店里，金斯基的狂暴仍然持续了整整一个晚上。他让整个酒店的人都睡不着。这个疯子经常殴打他的越南妻子，当她从他面前逃开的时候，金斯基把她从楼梯上推了下去。

瓦尔特·萨克瑟是我的电影《卡斯帕尔·豪泽尔之谜》、《诺斯费拉图》（*Nosferatu*）、《沃伊采克》（*Woyzeck*）、《眼镜蛇》（*Cobra Verde*）和其他许多影片的制片主任，几乎参与了我当时所做的一切项目。他最大的成就无疑是《陆上行舟》这部电影。筹备工作花了三年半。正是他开始建造两艘同样的船，首先必须要为此搭建基础设施，也就是要在丛林里建起一整座造船厂。他为数百名印第安人群演和技术团队建造营地，负责照顾那群印第安人群演，也成功解决了把船拖过山的技术问题。但有一个问题让他感到很难受，那就是我在采访里说过我把船拖到了山上，而实际上这些工作都是他和他的团队干的。不过我在采访里说的话是一个比喻，我说的是每个成年人都要去追猎一头白鲸，或者去把蒸汽船拖过一座山。让我在这儿把话说明白吧：从技术上讲，是瓦尔特·萨克瑟把船拖过了山。但我还想提一下在拍摄过程中出现过的一次危机。当时我们的巴西技术人员对能不能把船拖上山坡表示过担心，因为埋在地上的支撑柱在他看来不够稳定，这种柱子在西班牙语里被恰当地称为“muerto”[1]。结果那位巴西人放弃并退出了，我想他是对自己的勇气感到害怕。当时我把责任揽在自己身上，做了一个新的“muerto”，把它极其深入和牢固地固定在地上。严格来说，这件事萨克瑟也是执行人。这个新柱子能够承受五艘船的

1　原文为西班牙语，意为“死亡”。

重量。拍电影是个奇怪的工作，很不幸，有时也会导致友谊破裂。我和瓦尔特·萨克瑟之间就是如此。

17.《大特权》和匹兹堡

我二十一岁的时候已经完成了两部短片，正专注于筹备自己的第一部长片。但在当时，很难想象会有人委托我这样一个年轻人拍摄一部大型长片。干这个工作的，没有三十五岁以下的人。那时候同时发生着几件事：我继续为自己的作品挣着钱，还不时去上大学。所谓上大学，有一部分其实是糊弄，不过我能通过奖学金得到些额外的钱，但并没有真正获得多少基本知识。我没有时间去学习。我记得我让一个关系要好的同学帮忙写一篇论文，他毫不费力地写了出来，就像是随便动动手指似的。他开玩笑地问我，他能得到什么好处，我也开玩笑地回答道，作为回报，我将使他的名字永垂青史。他的名字叫豪克·史楚锡。有件事令我非常惊讶，那是在我慕尼黑的时光过去了五十四年后，在 2017 年的一次欧洲电影学会授予我奖项的公共活动上，他的女儿见到我，向我做了自我介绍。豪克·史楚锡现在是北莱茵 - 威斯特法伦州的一所大学的退休教授。我把他的名字“史楚锡”给了我的剧本

《火的迹象》(*Feuerzeichen*) 的主人公，后来又在 1967 年把它拍成了电影《生命的讯息》。我还把我在 1976 年与布鲁诺 · S. 一起拍摄的第二部电影命名为《史楚锡流浪记》。关于布鲁诺 · S. 的故事，我在后文还会有详细讲述。我出名之后，参加过一次巴伐利亚州青年广播电台的作文比赛。我跟人打赌要用五篇不同的短文报名参赛。比赛要求参赛者必须在二十五岁以下，而且文章都必须以一个不完整的句子开头：“一个年轻人站在……的中间。”最好的十篇文章有奖。我以所谓的“年轻诗人群体”的名义提交了五篇不同的文章，其中一篇的作者用的是我起的假名字，就叫温策尔 · 史楚锡。

后来我收到了四封电报向我表示祝贺，电报发到了一个虚构的地址，实际上是我祖母在格罗塞洛的地址。但第五篇作品没有获奖。我赌输了。

然而在我的学习生涯中，也有一些令我着迷、驱使我去追寻的东西。我在上中世纪史课的时候写过一篇关于《大特权》的论文。《大特权》是一份来自 1358 年或 1359 年的完全伪造的文件。事实上，它是由五份相当粗糙的伪造文件所组成，而这些文件互相证实着彼此的真实性，其中一份据说可以追溯到恺撒大帝和尼禄时期。这份所谓的权力公告的内容是关于崛起中的哈布斯堡家族的权力扩张，特别指的是鲁道夫四世，还定义了几乎与今天的奥地利国界相同的领土范围。通过这一系列伪造文件创造出的长期法理依据，最终导致了奥地利国家的建立。意大利文艺复兴时期的诗人彼特拉克已经认识到它是伪造的，但从历史上来看它是成功的。这可以说是早期的“假新闻”[1]，而我在写作中无意识地发展出一种以前从来没有使用过的方法。因为我的电影现如今充满对事实、现实、真实等问题的探讨，也就是我所说的“令人狂喜的真实”，我在此只是简单地稍作解释：我认为，即便是违背逻辑，也要把《大特权》当作真实存在来对待，并在地上打下支撑桩，从各种可能的视角出发，但始终要立足于当时的论述逻辑去审视这些文献：包括权力政治、社会变革、法律观念、军事力量对比等等——最终，当这些支撑桩被拔出时，便形成了一张稳固的论证网络。换句话说，无论是伪造品，还是假新闻，它在结构上都已经重塑了自己，变成真实，因为历史把它自身的变迁锚定在其中，也就形成了一种真实的事物。

有一件在我看来顺理成章的事情，却不知为何引起了注意。由于那时候我知道立刻就拍长片是没有希望的，于是我接受了一个几乎不需要申请就能拿到的美国奖学金。他们很惊讶于我并不是什么历史学家，而只是想去一家有摄像机和摄影棚的大学，以便可以马上进行实操并继续学习。我的头几部短片可以说就是我唯一的电影学院。我原本有机会去一所名校，却选择了匹兹堡，因为在这样一座城市有真正实实在在地干活的工人，而我则不用面对那些虚头巴脑的学者。匹兹堡是钢铁工人的城市，他们对我而言有一种亲切感，因为我曾经在一家钢铁厂打过工。与此同时，二十一岁的我在几周之内写出了《火的迹象》的剧本，报名了卡

1 原文为英语“fake news”。

尔·梅育奖，该奖的名字来自于著名默片《卡尔加里博士的小屋》和《最卑贱的人》的作者。几个月后，刚满二十二岁的我真的赢得了这个奖。它的奖金是五千马克，但由于这个奖前一年没有颁发，所以我在1964年得到了两笔奖金，加在一起有一万马克。有了这些钱，我就能马上再拍一部短片了。当时所有知名电影人和新锐青年导演都用作品报名了这个奖项，我记得沃尔克·施隆多夫和他的《青年特尔勒斯》也参赛了。后来我面对那些要拒绝我转而资助别的项目的电影基金，总是拿这个事迹作为重要论点对付他们。我可以对他们说，我已经写出了打败所有竞争对手的剧本，除此之外，我还已经拍了几部电影，而我的竞争对手们可没有。去匹兹堡是个错误决定，因为首先，当时钢铁工业正在迅速衰败，几乎已经不复存在，钢铁厂都已经关闭，正在生锈；其次，那所拥有摄影棚的杜肯大学的学术质量可以说一无是处。我根本不知道大学的质量会有这么大的差别。但由于某些其他原因，这个城市还是让我倍感亲切。

20世纪60年代初几乎没有什么航班，而我得到了一笔额外的奖学金，可以免费坐船。我登上“不莱梅号”，在我上船的前一年，齐格弗里德和罗伊[1]就是在这里担任乘务员，为乘客表演魔术戏法，后来他们又去了拉斯维加斯。在这艘船上，我遇到了我的第一任妻子马蒂耶。从进入爱尔兰海开始，海上的风暴持续了一个星期，能容纳八百名乘客的食堂在两天内就空了。所有人都在

1 著名魔术师组合。

晕船。那些还能坚持的人离开自己的座位，聚集在一张大圆桌旁。马蒂耶要去威斯康星州学习文学。海浪对她没什么影响。我们对船经过自由女神像并不感兴趣，当时我们正在甲板上沉浸在沙狐球游戏里。后来她在弗赖堡完成了学业，我们结了婚。她是我第一个儿子鲁道夫的母亲。他的名字里包含我生命中三个重要的人：鲁道夫、阿莫斯和艾哈迈德。鲁道夫是我祖父的名字。奇怪的是，我一直以为他名字的结尾是“ph”，但直到我仔细整理笔记的时候，才发现他的名字其实写作“Rudolf”。阿莫斯这个名字来源于美国作家、电影节总监和电影发行商阿莫斯·沃格尔。他和洛特·艾斯纳一样，是我的导师。我记得在我结婚三年后，他有一次把我拉到一边，问我的婚姻是不是有问题。我答道，没有啊，一切都很好。他便直接问我，那为什么你们不生孩子？我想，是啊，为什么不呢？阿莫斯也是这样想的。阿莫斯在最困难的条件下为了躲避纳粹政权从维也纳逃到了美国，他就像是我的一位影子父亲。艾哈迈德得名于祖父手下去世得最晚的一名工人，这名工人从青年时期就受雇于他和爱拉。我十五岁第一次去科斯岛时见到了他，向他介绍我是鲁道夫的孙子。艾哈迈德哭了起来，他打开所有柜子、抽屉、窗户和门，告诉我，现在这些都是你的了。他还有一个十四岁的孙女，提议让我娶她。他很难打消掉这个想法，只是逐渐接受了我谨慎的反对意见——我那时还太年轻，尚不能养家——直到我向他承诺，我会以鲁道夫和他的名字给我的第一个儿子取名。艾哈迈德属于土耳其少数民族。尽管奥斯曼帝国瓦解后，这座岛经过种族“清洗”，已经成了希腊人的天下，他依然留在岛上。艾哈迈德在阿斯克勒庇俄斯神庙的挖掘现场担任守卫，但每天都要在那儿忍受无声的苦难。每当他铺开祈祷毯，孩子们都会朝他扔石头，并喊道："艾哈迈德，艾哈迈德！"但他忍受着一切完成了他的祈祷。他在我的电影《生命的讯息》里出现过一个镜头。他活着的时候，他的妻子、女儿和孙女都去世了。几年后我筹备电影的时候再次拜访了他，只有他的狗邦德丘克还在。但艾哈迈德那天又打开了所有柜子、抽屉和窗户。他没有打招呼，只是用希腊语说着："邦德丘克，邦德丘克死了。"他的狗在前一天死了。我们坐在一起哭了很久，什么也没说。

在匹兹堡待了几天后，我就已经很明显感到不适应，一个星期后我就知道自己不能再待下去了。那儿确实有一个摄影棚，但它被布置得像一个电视新闻节目演播厅，有一张播音员的桌子，周围有三台沉重的电子摄像机。几盏老式聚光灯被固定安装在演播室的天花板上，不能被拆除或移动。然而立即退学也就意味着我要放弃签证，从而不得不离开美国。所以我仍然默默地保留着学籍，但放弃了住宿。大学周围有一小群年轻作家聚在一起办着一本杂志，我就是在那儿发表了自己的第一篇短篇小说。这一切在我记忆里似乎都很模糊，像是几件事重叠在了一起。有时候我会临时睡在图书馆的地板上，但这样太显眼了，因为清洁工阿姨总会在早上6点发现我。我在几个熟人的沙发上和我最初的房东家之间辗转，他是一位已经年过四十的教授，但仍然害怕自己的母亲。他母亲禁止他与女学生交往，甚至可能也禁止他与任何普通女性交往。在他家的窗外，我看到漆黑的树木和几只花栗鼠，算是一种宽慰吧。同样令人宽慰的还有陌生鸟儿的叫声和划过细枝的锐利阳光。我脑子里形成了一些画面。我还目睹了几个怪异的场景。我向我房东的母亲证实，昨晚确实有一位女性拜访了她的儿子，但是那位女性是和她的未婚夫一起，未婚夫是个学生。那个未婚夫是他编的，但我毫不犹豫地证实了确实有这么一位。他母亲把儿子当成小孩一样喂养，或者更准确地说，她老是强迫儿子吃果冻，那是一种带着浅绿色或者橙色人工色素的透明布丁。她也劝我吃果冻，说是果冻对我有好处。我毫无怨言地吃了下去。这个主题几十年后出现在我 2009 年的故事片《儿子，你都干了什么？》（*My Son, My Son, What Have Ye Done*）里，迈克尔 · 珊农扮演的主人公被他的母亲用果冻涂满全身，就像化了战妆一样。他在一部话剧作品里扮演俄瑞斯忒斯，可后来再也无法区分表演和现实，最后用道具剑杀死了自己的亲生母亲。

一次偶然事件让一切有了新的转机。我暂时的栖身之处在匹兹堡城外很远的山上，位于福克斯教堂区。我总是坐二十公里路程的公交车到那儿，在多西维尔的山谷里下车。然后我要沿着一条乡间小路，穿过一片阔叶林，一直走到山上。在走这段路的时候，经常会有一位女士驾驶着汽车超过我。她的车里通常所有座位都坐满年轻人。有一天下起了雨，我没有雨具，兀自走着。这时，那辆汽车停在我身旁。那女人摇下车窗，说她可以让我搭车，这种天气不适合走路。坐车到我下车的地方只要两分钟，一百二十秒。她问我是哪里人。我说我来自德国，是个“德国泡菜”[1]。我用的这个词让车上的人都笑了。他们问我住在哪里。我用几句话解释了自己的情况。“哦。”那女人说，他们认识我借宿的那个人，是个“怪人”。可能更糟，是个“疯子”，“又疯又怪”。她甚至没有犹豫，就说我住在她那儿肯定会更好，她可以把我安顿在她家的阁楼上，那儿还有空地方。她住的地方离我的住处只有三百多米。几分钟内，我就被接纳成这个家庭的一员，就仿佛我本来就是他们中的一分子。这位母亲的名字叫伊芙琳·富兰克林。她有六个孩子，年龄在十七岁到二十七岁之间。她解释说，现在有第七个孩子对这个家有好处，特别是因为她的大女儿已经结婚搬出去住了，这个家并不完整。他们的父亲死于酗酒，伊芙琳一定是长期受这件事的折磨。她只说了几句关于她丈夫的事情，后面提起就叫他“富兰克林先生”。最小的孩子是一对双胞胎女儿，叫简妮和琼妮，然后是哥哥比利，他是一个失败的摇滚乐手。接着是另外两个哥哥，其中一个有些无聊和小资，另一个哥哥二十五岁，性格慢吞吞的，心地却很柔软，人们都说他是“弱智”。他小时候从一辆行驶中的汽车上摔下来过，从那时起，他的智力就略显愚笨。还有一位九十岁的外祖母和一条叫本杰明的可卡犬，人们也管这条狗叫“本杰明·富兰克林”。我被安置在阁楼上，那儿有一张废弃的床，其他就只是杂物。房子的屋顶是尖的，我只有在屋脊中间才能站直。

1　原文为德语“kraut”，意为泡菜，在美国俚语中用这个词来称呼德国人。

我立刻就成了这里疯狂的日常生活的一部分。伊芙琳每天开着车进城，她在一家保险公司当秘书。双胞胎下午从福克斯教堂的高中放学，通常会带一些同学回来。但在那之前很久，外祖母会从早上 8 点开始试图叫醒比利，他通常在酒吧里摇滚到夜里 3 点。每隔半小时，她就会来敲他锁着的门，试图通过引用她摊开的《圣经》来使他从罪恶的生活中改变过来。那条狗与比利有种心灵相通的感觉，它耐心地躺在门口。直到下午，比利才出现，赤身裸体，惬意地伸着懒腰。祖母赶忙逃走，比利拍打着胸脯，用《旧约》的语调大声地哀叹他罪恶的生活。在他的哀鸣声中，本杰明·富兰克林发出嚎叫，仍然躺在那儿，但它知道这个仪式接下来要干什么，已经把后腿抬了起来。比利这会儿换用一种他发明的狗语，拖着本杰明·富兰克林的腿从他身后的楼梯上下来，有点像克里斯托弗·罗宾拖着小熊维尼下楼的样子。每到一个铺着廉价地毯的拐角处，他都要停下来，用狗语进一步感叹自己罪恶的冒险。楼下的客厅里，双胞胎姐妹和她们的朋友们看到这个赤裸的青年，就会尖叫着逃走。比利现在又跑去追赶继续逃跑的外祖母，用《旧约》里先知的口吻混合着可卡犬的语言来宣告他充满悔恨的悲叹。

在这种充满着混乱创造力的气氛下，双胞胎追着我、冲我喷她们从伍尔沃斯百货店买来的廉价古龙水，也就不是什么新鲜事了。她们的花招总是很多。有一天，我发现她们在通往车库的门后伏击我，于是我蹑手蹑脚地溜进楼上的浴室，打算绕过她们，从窗户跳到车库里，突然出现在她们身后。我本来计划用剃须膏攻击她们。外面下着雪，但只积了大约一个手掌深的松散的雪，我判断我跳下去拿这种雪当缓冲足够了。结果我落在蜿蜒的通往车库的水泥楼梯上。我脚踝发出的声音永远铭刻在我的记忆里，就像湿树枝被踩在脚下发出的断裂声。那次骨折的情况非常复杂，我在医院做了手术，石膏一直打到我的髋部。五个星期后，我才戴上一个只打到膝盖的能让我走路的管形石膏。

我很喜欢富兰克林一家。和他们在一起，我了解到扎根于美国灵魂中最好的东西。后来，我邀请他们去慕尼黑，带他们去萨赫朗参加一个民俗节日。我们拥抱、喝啤酒、大喊大叫。我带他们爬上盖格尔施泰因山。但后来的日子里，我们的联系变得更加困难，因为他们一家人，包括比利，都走向了宗教原教旨主义。此外，他们都变胖了，胖到我几乎认不出他们。2014年，我在一部好莱坞动作片里扮演反派——那是导演克里斯托弗·麦奎里和男主演汤姆·克鲁斯迫切要求我出演的电影《侠探杰克》——拍摄地正是匹兹堡。但我没有找到富兰克林一家，似乎他们已经四散而去。我开车去了福克斯教堂区。这个地方几乎所有的东西都变了，到处都是新建筑，非常令人沮丧。然而，我发现橡树泉路的房子几乎没有变化，还是那片草地和古老的阔叶林，只有通往车库的蜿蜒水泥路被一个土堆覆盖着，上面是用来装饰的灌木。那栋房子里没有人，我敲了几家邻居的门，找到一对老年夫妇，他们告诉我这栋房子在此期间已经换了几个主人。我得知伊芙琳·富兰克林已经去世。一年后我又得知比利的死讯，他对我来说就像兄弟一样，此前我对他的存在一无所知。可将他视为兄弟，却只是转瞬之间的事。

当时，双胞胎姐妹和她们的朋友都很兴奋，因为有一支来自英格兰的新乐队要在市政体育馆举办音乐会。这支乐队就是滚石乐队。在那之前，所有乐队和流行文化都与我无缘，只有猫王除外。我在慕尼黑看了他的第一部电影，放映时我身边的男孩们开始悄无声息、有条不紊地拆卸座位。我记得警察来阻止了他们。而在匹兹堡，那对双胞胎参加演唱会时还举着写有她们偶像布莱恩名字的纸牌。他当时是乐队的主唱，但不久后就在自己的游泳池里淹死了。我仍然惊奇地记得那巨大的骚动和女孩们的尖叫声。演唱会结束后，我看到许多塑料座位上蒸腾着尿液。好多女孩都激动得失禁了。我看到这一幕，就知道这个乐队以后肯定会很了不起。很多年后，在拍摄《陆上行舟》的时候，米克·贾格尔来演第二男主角，与杰森·罗巴兹一起搭戏。但由于罗巴兹生病了，影片在拍摄到一半时就不得不停拍。一切都得从头开始拍摄，这次的主演换成了克劳斯·金斯基。米克·贾格尔是如此引人注目，如此独一无二，以至于我不想重新为他的角色选演员。于是我把他从剧本里整个删掉了。反正我只能让他演三个星期，因为他为滚石乐队即将到来的世界巡演所预留的日期是固定的。他在我的电影里扮演了威尔伯，一个出现在亚马孙雨林里的失去理智的英国演员。至少在某种程度上讲，那位来自匹兹堡的总是光着身子的比利·富兰克林就是这个角色的原型。而那条狗本杰明·富兰克林则被一只名叫麦克纳马拉的胆小的猴子所取代。

18. NASA，墨西哥

我在一位匹兹堡 WQED 电视台的制片人那儿找到了工作。他的名字叫马特，全名是马蒂亚斯·冯·布劳希奇，是那位曾任德国陆军元帅及总司令，但从 1941 年起就在希特勒面前失宠的冯·布劳希奇的亲戚。我隐瞒了自己没有工作证的事实。冯·布劳希奇正在制作几部关于未来火箭推进技术的纪录片，这是 NASA 的一项任务。他似乎从一开始就对我的能力深信不疑，并不需要我用任何推荐信或者培训来证明自己。我至今仍然很欣赏美国这种务实的乐观态度。我的影片关注的主要是在俄亥俄州克利夫兰市推进的等离子体火箭的早期基础研究。简单来说，在这个实验里的设想是利用一种超高温的等离子体作为推进力，这种等离子体会瞬间熔化所有固态材料制成的容器，因此实验要使用由极强磁场所构成的非物质容器。当时世界上最强的磁体就在克利夫兰。紧挨着它的是一个试验性核反应堆。我依稀记得有几条走廊，里面的门都是敞开的，门后面是数学家们在工作。有一次，我看到一群年轻人在思考。最后有一个人站了起来，用粉笔在一块深绿色的黑板上画了一个点，还有一个指向它的箭头。然后又是一片寂静。我和研究所的所长交上了朋友，所里有好几百人在工作。他那时候只有二十六岁。我买了一辆生锈的大众汽车，富兰克林家的外祖母管它叫“灌木汽车”。她从来没叫对过我的名字。她叫我的时候常常在“威纳”“厄本”和“奥芬”之间来回切换。那对双胞胎姐妹亲切地叫我“孤儿奥芬”[1]。我开着那辆摇摇欲坠的“灌木汽车”从匹兹堡去了几趟克利夫兰。我至今依然清晰地记着一次离谱的事故：在一个大厅里有一个巨大的、用极其坚固的钢材建造的真空室，大到可以容得下好几个技术人员在里面做实验。真空的力量是如此强大，连人在里面都会被蒸发成蒸汽。这个真空室被封闭起来，巨大的电动钢造门在轨道上缓慢地移向真空室，里面摆放着用于测试的用具。门无声地关上了，难听的警报声响起，测试准备启动了。随后，屋里突然间传来尖叫声，接着是对钢铁墙壁疯狂的敲击声。有一位技术人员被忘在了里面，他没有注意到真空室已经关闭，也不知道外面可以听到他的敲门声。过了几分钟，门才极其缓慢地再次打开。那人吓得满脸惨白，惊魂未定。没有人知道该怎么办。有一位很年轻的男人站出来，他非常高大、强壮、安静，是在场的二十多个研究员里唯一一位黑人。他走上前去，抓住那名获救者的后颈，仅此而已。他抱了他一会儿，然后那个受惊的人笑了，在场所有人也开始笑了。但这次事

1　原文为英语“orphan”，意为孤儿。

件导致了大厅被当场关闭，并开始对此事进行调查，而这又导致了几天后一次更广泛的安全检查。我在这个项目上的工作随之结束，在美国的这段时光也结束了。

我在这个电影项目上的经历后来被传得越来越离谱。最开始传的是我原本可以为NASA拍电影，后来传成我原本可以为NASA担任研究员，再后来又传成我放弃了研究员和潜在的宇航员事业，选择去拍电影。这些杜撰的故事听起来都非常美好，并没有对我造成困扰。我对它们并不介意，因为我知道自己是谁。或者更准确地说，有些记忆中的事物，是记忆自身塑造出来的，它变得独立，自主生成新的形态，像一层柔和的薄纱，覆盖在梦游者的身上。在我2017年拍的关于互联网的电影《你瞧，网络世界的幻想》（*Lo and Behold, Reveries of the Connected World*）里，我向不同的研究人员提出了一个核心问题，我将其称为我的“冯·克劳塞维茨问题”。1804年，战争理论家冯·克劳塞维茨在他的《战争论》一书中提出了一个著名的观点：战争有时会自己做梦。由此，我提出了自己的问题：互联网是不是也会自己做梦？与此同时，一些熟悉克劳塞维茨著作的行家也站了出来，声称他从来没有说过这句话，他的信件里也没有证据证明他说过。现在我很好奇：是我在阅读时误解了什么，还是我在很久之前自己编造了引用的这段话，又一遍一遍地对自己重复，直到我相信它是真的？

真空室事件发生大约十天后，我收到了移民局的传票，让我必须立即带上护照过去报到。我知道这意味着什么。因为我违反了签证规定，将要被驱逐出美国，但不是驱逐出哪处边境，而是直接把我引渡回德国。很快，我在匹兹堡买了一本西班牙语词典，随后就开车走了。与富兰克林一家告别很让人难过，但我们都知道我们有朝一日会再见面。我几乎是马不停蹄地驶进了得克萨斯州，取道拉雷多通过了边境线。在格兰德河大桥上的无人区，我的大众汽车变速箱里发出隆隆的声音，仿佛美国不想让我离开，而墨西哥又尚未准备好接纳我。我把车往南开，到墨西哥去维修。在那里待了两天后我又出发了，准备好去面对即将到来的一切。起初，我在瓜纳华托停了下来，因为我可以在那里参与墨西哥传统马术表演“夏利里亚”的工作，但这个活儿在几个周末之后就结束了，因为发生了一桩意外。这里和美国的牛仔竞技表演不一样。在美国，公牛和骑手是从狭小的围栏里放出来的，而在墨西哥则不同，三个牛仔要拿着套索捉住公牛，把它拽到地上。人们会将一根绳子紧紧缠绕在牛的胸口上，而就在骑手抓牢它的那一刻，公牛就会被放出来。公牛一跃而起，爆发出惊人的动力。在两秒钟内，你会感觉像是在一辆高速翻滚的汽车里，像我这样的骑手就会被甩出去。疼是很疼，但观众们喜欢我这个来自阿勒曼尼亚[1]的傻蛋。我的最后一头牛，或者更准确地说是我的最后一头小牛——毕竟我也只敢骑小牛——也跳了起来，但随后意外发生了：它突然站住，把头转向我。在观众们兴奋的目光中，我蹬了它一脚，喊道：“Atrevete, vaca!”[2]——“大胆点，小牛！”。这头畜生出发了，狡猾地冲向马场的石头围栏，把我甩到上面。撞击中，

1 原文为西班牙语“Alemania”，意为德国。

2 原文为西班牙语。

我的坏腿正好处在公牛和石墙之间。谨慎起见，我用两把学童用的木尺对自己的胫骨和脚踝做了临时夹板固定，但这也宣告了刺激的结束。

我需要找到另一笔收入才能生存。参加夏利里亚马术表演的有一些附近的有钱的大农场主，我要为他们从美国带几台立体声设备和电视机过境，由于关税的原因，这些设备在墨西哥要贵得多。我之所以能够干这个活儿，是因为从雷诺萨到麦卡伦的边境口岸有个漏洞。日间工人早上从那儿通勤到得克萨斯州的麦卡伦市，晚上再返回墨西哥的家里。边境上有三条单独的车道供他们使用，这些车辆的挡风玻璃上有从远处就能被识别出来的贴纸，墨西哥人得通过美国政府官僚主义般的安全检查之后才能得到。而我用别的办法搞到了墨西哥车牌和贴纸。我那辆破烂不堪的车让人觉得我可信。一大早，我就和其他几千辆车一起在特别通道上等着美国边防军挥手让我们通过。这在今天是很难想象的，但在1965年，还几乎没有什么毒品走私，也几乎没有什么帮派战争。想非法移民到美国的人只需要游过格兰德河，作为“mojado”即“湿背人”到达对岸。对我来说，唯一重要的事就是在很短的距离内到达得克萨斯州的边境城镇麦卡伦，还要避免被接连不断的检查人员看到我护照上盖的签证。在回来的路上，墨西哥人不用检查就能挥手让你回到他们的国家。有几次我还把柯尔特手枪带进了墨西哥，那是相当有仪式感的武器，要配上珍珠母制成的精美手柄。那些农场主们都喜欢炫耀这种枪。手枪的枪管也得非常长，一个男子汉可不能在腰上别什么短东西。最近我翻到一封写给弟弟卢基的信，我在信里向他描述了一把手枪，它的枪管很长，我把握柄用力塞到腋下，用胶带把枪管绑在我的胸口上，一直延伸到我的腰带处。胶带绑得很紧，弄得我只能小口喘气。我这么做是因为这样似乎更安全。在车里找到枪很容易，但如果你是外国佬，墨西哥海关的警卫从来不会搜你身，除非他们在你逃跑时抓住了你。但这种生意很快就不能干了。一个农场主想要一把纯银的柯尔特手枪配上银子弹。这种东西是展示品，在麦卡伦买不到，必须要专门订购。除此之外，我还得先自己垫钱。我花光了身上所有的钱，冒险做了这一单生意。后来，因为没有银子弹，那个农场主拒绝买下那把我带给他的银柯尔特枪。枪本身是能用的，但根本没有什么银制子弹，因为它们会在加速过程中在枪管里变形，导致枪管爆裂。又过了三个星期，那个人几乎是出于怜悯，才从我这里买下那把柯尔特枪。从某种程度上讲，我切身感受到了那些雇工和牛仔每天都在经历的事情。

后来我搬到圣米格尔·德阿连德，那是一个美丽的殖民风格小城，如今却已面目全非。那时候，第一批艺术家开始在那儿定居，几十年来又吸引了大批迷茫又富有的美国人，都想去那儿发掘自己的创造力。今天，我发现这座城市变得让人不忍涉足。但我在那儿发现了瓜纳华托的木乃伊，当时这些木乃伊仍然笔直地站成一长排靠在墙上。十二年后，我拍摄了电影《诺斯费拉图》，开场就是这些木乃伊的长镜头，他们的嘴张开着，仿佛要发出恐怖的尖叫。我回到这儿来拍摄的时候，所有木乃伊都已经被放在垂直的玻璃柜里，就像在博物馆里一样。只有在晚上，我们才被允许秘密地从玻璃地牢里取出它们，靠在墙上。令我难忘的是，这些木乃伊轻得就像纸一样，因为它们体内已经没有了液体。对我来说，《诺斯费拉图》的开场镜头和象征主义无关，或者说最多是小有关系。我早已认识这些木乃伊，它们已经扎根在我脑子里。

在这段时间里，我的电影项目《生命的讯息》一直在推进。母亲在慕尼黑不知疲倦地帮我向资助机构提交报名申请，把我第一部电影的拷贝寄给他们看。我知道我很快就又要回家了。后来，我在墨西哥最南部与危地马拉交界的地方病倒了。这回是肝炎，但那时候我还不知道。我没有获得去危地马拉的签证，但我脑子里一直萦绕着一个疯狂的想法，那就是我要帮助那儿的玛雅人在佩滕省建立一个独立的国家。我听说曾经有人朝这个方向努力过。我仍然记得丛林里的那条柏油路，有许多条蛇在那儿被碾过，还有清澈的小溪以及妇女们会在上面洗衣服的大石头。边境是塔利斯曼河。我想至少在危地马拉待上一小段时间。我在边境检查站上游几百米处找到了一个合适的地方。我把找到的一个旧橡胶足球放进一个购物网袋里作为浮漂，然后小心翼翼地把行李放在头上向对岸游去。不知怎的，我感觉有些不对劲。我踩在水里向前走着，这时我注意到，对面远处的岸边，有两个非常年轻的士兵端着步枪站在那儿犹豫不决。他们已经走出丛林，腼腆地咧嘴笑着。我小心地做了个手势表示问候，然后非常缓慢地游了回去。

其实我内心里很庆幸自己没能成功越境。我也很清楚，我的健康出了问题。我感觉很难受，还发了烧。我几乎是一刻也不停地赶回了得克萨斯州，这一次没有用假车牌，挡风玻璃上也没有贴纸。那时候没有电子数据采集，我以为自己可以凭交换学生的身份用签证重新入境。他们问我去墨西哥做什么？我自称是去一次短期学习旅行，还真就被放行了。从那时起，一切就像发烧时做的热梦。我日夜无休地开车，在短暂的休息时把我浸满汗水的头靠在旁边的座位上，睡上几个小时。我记得我到了一个印第安人保留地的村庄，位于北卡罗来纳州的切罗基。我在那儿加满油，吃了一个印第安妇女给我的汉堡包。她穿着一件看起来像是在狂欢节游行里穿的衣服。她问我想不想看看街对面那些跳舞的鸡？一切都在跳舞，我的盘子、我停着的车、我放在柜台上的小费。是的，我想在开着我的"灌木汽车"往北走之前，看看那些鸡。多年以后，我又回来了，我在1976年拍摄的电影《史楚锡流浪记》里出现的跳舞鸡可能是我拍过的银幕作品里最疯狂的东西。现如今，每当我看到这部电影的最后一幕，看到那群鸡，就仿佛是又经历了那趟疯狂之旅里挥之不去的热梦。我最后到达了匹兹堡。富兰克林一家当场把我送到医院。住了两周院后，我康复了，富兰克林一家又把我接回家，只过了一两天，我就飞回了德国。

19. 纯粹的人生

我可以接受自己再也不能用右脚跳跃了。这个伤是我犯傻从窗户跳出去造成的，但在墨西哥的时候，竞技场上的一位套索大师告诉我这就是人生的一部分，这就是“纯粹的人生”[1]。他的名字叫欧几里得。我第一次被从马上甩下来后，在冲击中几乎咬掉了自己的舌头，嘴里流着血，他只是握了握我的手。他的手就像一把铁钳。他话里的意思并不是像早期圣徒那样所谓“纯洁”的人生，而是纯粹的、原始的、躁动的、压倒性的鲜活生命。为了纪念他，我后来在 1987 年的电影《眼镜蛇》里用他的名字给一个十二岁的年轻残疾男孩取了名，他经营着一家旅馆，是唯一不怕克劳斯·金斯基饰演的强盗“绿色眼镜蛇”的人。这个男孩有语言障碍，尽管口吃却仍非常自豪地说出了自己的名字：欧几里得·阿尔维斯·达·席尔瓦·佩南布卡诺·万德利。

1　原文为西班牙语“pura vida”。

由于我的发力腿是左腿，所以在德国我能够继续踢球。哥哥蒂尔把我介绍给慕尼黑黄黑俱乐部，在那儿我要么踢守门员，要么踢前锋。俱乐部会员里包括出租车司机、职业面包师、文员，我都很喜欢他们。黄黑队并没有参加任何官方联赛，但如果是在第五级别的联赛中，我们大概还能勉强应付。哥哥作为门将比我更有天赋。他十四岁的时候引起了慕尼黑1860俱乐部球探的注意，这家俱乐部当时在慕尼黑颇具统治力，比拜仁慕尼黑要强。但母亲劝他不要做职业运动员。黄黑队的创始人是糕点师泽普·莫斯迈尔。我从来没有见过他这么心地善良的人。泽普浑身散发着毫无保留的温暖，他深爱着歌剧，还具有非凡的领导素质。我们都愿意为他赴汤蹈火。但是他整个人心里也有一层阴影。他小时候在南蒂罗尔，和玩伴们爬上了铁路堤坝上的一根电线杆，其中一个小朋友成功地够着了高压线。那个男孩摇摇晃晃了好几分钟，身上开始冒烟。泽普给我们描述了完全烧焦的尸体最后落地的声音，就像一个装满煤球的麻袋砸在铁轨上一样。泽普的妻子，我们叫她“莫斯太太”，在经历了漫长的痛苦之后死于癌症。后来，同样的命运降临在他自己身上。我在他去世前见到了他。他在我心里永远留下一处无法弥补的空缺。

我后来从守门员转成场上球员。大概是在1973年的戛纳电影节上，《阿基尔》在导演双周单元放映的时候——官方主竞赛单元拒绝了这部电影——有一场在体育场里组织的演员与导演之间的足球比赛，我是守门员。大多数导演都不爱运动，有些人很胖，几乎都走不动道，而演员们大多训练有素。我们完全不是对手，但我还是尽力扑出了朝我射过来的球。然后演员队改变了他们的战术。他们任由导演们一路推进到自己的半场，然后突然将球大脚踢向我孤零零把守的球门前方，接着两三个人一起冲上来，他们队里有马克西米连·谢尔，他以前在瑞士业余国家队踢过球。我看到他在一次长传之后，独自冲向我。我先在禁区外够到了球，并在一瞬间把球踢了出去，但谢尔全速撞到了我身上。他本来可以躲开的，但即使在这样的友谊赛上，他也非常好胜。我眼冒金星。我的手肘脱臼了，弯曲的方向不是向后，而是向前。因此我痛苦了整整一年。谢尔和我因为这次冲撞成了朋友。在他获奥斯卡提名的电影《步行者》里，我作为没有台词的群众演员短暂出镜了一下。

从那时起我就开始踢前锋，尽管黄黑队几乎所有运动员都跑得比我快，或者技术比我好。但我对空间里运动的物体把握得更敏捷，而且总是有着强烈的进球欲望。我的进球欲望常常会吸引多名对手后卫，这就为队友创造了空当。我能够读懂比赛局势，这让某种类型的球员总会给我留下很深的印象，比如20世纪80年代的意大利人弗兰科·巴雷西，就是一个能够读懂对方整体进攻意图的后卫，没有人能像他那样深刻地理解比赛。拜仁慕尼黑的攻击手托马斯·穆勒也是这种类型，他就像一个幽灵一样，能够独自出现在对手的球门前，他对空间的识别能力无人能及，没有人知道他是从哪儿冒出来的。我的祖父也是如此，他能读懂地势和环境。泽普·莫斯迈尔踢的是后卫，他一直梦想着有朝一日能进球，但从来没有实现过。在他的告别赛上，我们突然得到一个点球机会。全队都怂恿着他这位不情不愿的球员上去主罚这个球。结果泽普·莫斯迈尔进球了。他哭着被我们带出球场，裁判暂停了比赛好几分钟。

我遭受过几次足球运动的典型伤病，比如韧带撕裂。我还在当守门员的时候参加过一场与巴伐利亚屠夫协会的比赛，那群强壮的屠夫学徒把我们当成小牛犊一样围攻，他们的一名前锋狠狠地撞了一下我的下巴。我拿到了球，但是平躺在了地上。当我再醒来的时候，我不想离开球场，我要让裁判明白，不应该把我罚下。犯规的不是我，而是我的对手。但裁判喊了好几遍，我脑子里却嗡嗡响着，以至于听不到他说话。最后他扯着我的球衣，指着上面的大量血迹，那肯定是我的血，我才明白过来一点。我的下巴缝了十四针，但那时候我没有医疗保险，想降低成本，所以他们就这样直接给我缝上了。同样地，我还拔了一颗牙，也没有像往常一样打麻药。如果把这种经历解释为受虐狂行为，那肯定是一种误解。这些事情都在我对世界和人生的理解框架内。

小时候在维斯滕罗特，我们这些男孩经常用刚破壳的栗子打仗，我爬上草料棚的房顶，好占据一个安全的位置，还能看到谁藏在哪儿。我坐在屋脊上，有个声音叫我的名字。我把头转向声音传来的方向，就在转身的瞬间，一颗弹子直接击中我的眼睛。我感觉一道电光闪过，至今还记得自己是怎么脸朝下从那陡峭的屋顶斜坡上滑下来的。那感觉就像我向下滑行了几个月。我一头撞上了底下的几个农用机械，还能看到下面的钻杆和犁头。在这个过程中，我的前臂断了，尺骨和桡骨这两根骨头也都断得很干脆。维斯滕罗特的医生没把我的骨头接好。一周后，经历了剧烈的疼痛，医院终于为我拆除了石膏，重新对伤处进行了复位处理。

但我最惨的一次经历，还是1979年在勃朗峰附近的阿沃里亚滑雪时摔的那跤。我应邀带着一部电影去那边参加电影节，还带上了借来的滑雪装备。我对一个极其惊险的陡峭斜坡很感兴趣，有几个运动员正在那儿进行愚蠢的尝试，想要打破速度滑雪的世界纪录。当时这个纪录已经超过了每小时二百二十公里。在这样的速度下，选手们要戴上长长的空气动力学头盔，一直延伸到尾椎，小腿上还要安装某种扰流板。我的团队继续前进的时候，我在后面停留了一会儿，研究这个斜坡。最后我滑下了大约三分之二的高度。这种感觉很令人振奋。有个平缓的反坡让我在最后把速度降了下来。晚上，我把这个经历告诉了他们，他们却嘲笑我，因为我认为自己已经达到了每小时一百四十公里的速度。两天后，我们再次来到那个陡坡附近。我对他们说，此时此刻我要证明给大家看。不幸的是，我这只不过是纯粹的夸夸其谈。这次我的起点高了几米。在这样的速度下，哪怕是最微小的地面不平也会像赛车悬挂系统遭受撞击一样产生强烈反应。有时候在距离雪面只有一掌宽的高度上，人会有二三十米的距离完全失去与地面的接触。我就记得两件事：我从弟弟卢基和以色列制片人阿诺恩·米尔坎身边经过的时候，滑雪板在他们眼睛的高度，他俩都是高个子，在那一刻我知道，我滑得太高了。而我落地到陡坡上的时候，看到滑雪板像标枪一样慢动作飞了出去。卢基迄今仍然描述不出来他看到的状况。但很明显，我是一头栽下去的，滑雪靴立即陷进雪里。我肯定是从斜坡向空中被甩出了好几米高，大约一百米后，我才终于停下来。起初最大的危险是我可能会在昏迷中被呕吐物呛到。当我恢复意识时，看到雪地上有血迹和呕吐物，还听到有人轻轻呻吟。随后我意识到，那个呻吟的人就是我。我的两块颈椎都受了伤，锁骨从胸骨上脱落。虽然雪很干净又柔软，但它把我的一部分皮肤从脸上撕了下来，有一只眼睛也在这个过程中受了伤。我讲述这次事故的时候很是羞愧，因为在某种程度上这也是我自己失误和错判的产物。

但我同样也很幸运。许多年后，我在瑞士拍摄乌斯·奥德马特的电影《邮购新娘》，我在里面扮演一个反派，那应该是1987年。在一场戏里，我扮演的那个坏蛋要开着吉普车从一个农户逃到山谷。我要穿过一座非常狭窄的桥，跨过一个有激流的峡谷。我车速很快，但奥德马特导演说，画面上看起来没什么意思，能不能再开快点？但我在拍下一条的时候加速太猛，车在陡峭的林间道路的沙地上打滑。吉普车失控了，冲破了桥上的铁栏杆，但有一根铁条奇迹般地钻进发动机舱，牢牢地卡住了车，只是那辆被刺穿的车向侧面弯了下去，似乎是要把我像一捆垃圾一样扔掉。今天我已经记不清自己是怎么抓紧方向盘的。然而在撞击的时候，我侧身撞上方向盘，那让我感到肾绞痛。负责制片的瓦尔特·萨克瑟吓坏了，开车把我送去了最近的乡村医生那儿。现在我手头有一些事故现场的宝丽来照片，它们看起来很不真实，难以辨认，像是一只奇怪的大昆虫冲破了铁网。在下面更深的地方，有几个被山涧流水打磨得非常光滑的大岩石在闪闪发亮。

筹备《阿基尔》的最后几天，我又幸运地活了下来。我们在巨大的时间压力下将整个制作组搬到了库斯科高原，以便能正好从 1972 年初在那里开始拍摄乌鲁班巴山谷和马丘比丘的戏。就在我们把影片里征服者的服装、头盔和铁甲运到现场的过程中，遇到了很严重的延误和诸多困难。我必须要往返利马和库斯科好几趟，坐的是当地的秘鲁国家航空公司的飞机，因为当时它是最便宜的。在制片资金紧张的情况下，这是很自然的选择。但是秘鲁国航也是出了名地事故多。他们只有四架飞机，其中有一架坠毁了，另一架报废后被拆成了零件。最后只剩下一架。其实倒数第二架飞机在接近库斯科的时候撞上了旁边的山崖，机上人员全部死亡。奇怪的事故原因很快浮出水面：这架飞机的容量是九十六人，包括乘客和机组人员。但在库斯科的事故现场，却发现了一百零六具尸体。航空公司的员工显然偷偷多卖了十张站票。后来他们发现机长没有有效执照，却不知道怎么就让他飞了，又发现地面上负责维修的机械师以前只修过轻型摩托车。因此，最后剩下的那架飞机就负责飞国内航班，先是利马和库斯科的往返，然后是利马、普卡尔帕和伊基托斯的往返，也就是进入丛林的航线。这家航空公司本来被明令吊销了营业执照，但几个月后，它突然奇迹般地恢复了营业——就用它最后的那架飞机。我的妻子马蒂耶在《阿基尔》剧组里到处帮忙，还陪同一些演员从利马到库斯科。她是在圣诞节前两天订的机票，乘坐的是空难前的最后一班航班。要把当时发生的事儿按时间顺序排列并不容易。当时有许多旅客挤在机场，想在假期前赶到家人身边。我自己在 12 月 23 号清晨买到了马蒂耶行程后一天的机票。我开车去了机场，但飞机没有出现在登机口。几个小时后，才宣布飞机仍在维修中，旅客要耐心等待，很快就会准备就绪。这种情况持续了整整一天。与此同时，这家航空公司飞丛林航线的第二班航班的乘客也到了，他们冲向柜台前。临近傍晚，我们收到通知说飞机今天根本起飞不了，我们可以在平安夜那天早上早点再回来。早上 6 点我回来了。乘客的人数再次增加，因为前一天的人都还在，这会儿飞 12 月 24 号航班的人也加入了。但飞机仍在维修中。我想办法在混乱中给柜台后的员工塞了一张二十美元的钞票，好让我和我那一小队人被列入航班名单。但飞机还是没有来。我记得当时我就有一种不祥的预感。后来飞机终于开始滑行，当时已经是傍晚，但令我失望的是，有一个通知说，由于现在天色已晚，他们只能飞最后一班航班，也就是飞丛林的那班。飞库斯科高原的航班不幸被取消了。时至今日，我仍然可以听到那些能够飞往普卡尔帕和伊基托斯的乘客的欢呼声。

三十分钟后，飞机从雷达里消失了。寻找失踪航班的工作进行了好几天。最后，它成为拉丁美洲有史以来最大的搜救行动之一。甚至一名在秘鲁的美国女宇航员也参加了。人们猜测飞机已经坠毁在安第斯山脉以外的一处丛林覆盖的山坡上，但在那儿只能找到云层、风暴和雨。十天后，搜寻工作因无望而被叫停。在飞机失事的第十二天，一个十七岁的女孩突然出现，她是唯一的幸存者，名叫朱莉安·科普克。她和母亲一起到丛林里寻找她的父亲。她的父亲在战后步行越过阿尔卑斯山到达意大利，找到了一艘前往南美的船，想要在那儿建立一个生态考察站，做一名生物学家。当时，生态学的原理还完全不为人所知。他在意大利没有找到船，又步行到西班牙，藏在盐堆里从那里偷渡到了巴西。他又是徒步，又是坐独木舟，穿越了几乎整个大陆，最后真的在秘鲁的丛林里建立起考察站，朱莉安就是在那儿长大的。1971 年圣诞节那天，朱莉安穿着迷你裙和轻便的鞋子，前一晚她在首都庆祝了自己的高中毕业。飞机在五千米的高空上经历了一场剧烈的暴风雨后解体成碎片。她连同那排三人座椅一起从飞机上被甩出，在雷雨中颠簸滑落，飞机的机体已不见踪影。后来她说，不是她离开了飞机，而是飞机离开了她。有几周她轰动了世界，然后就完全从公众视野中消失，因为总是有记者打扮成牧师或者清洁工跑到普卡尔帕的医院里偷看她，她一定感觉很糟糕，因为她才刚刚失去母亲。她那难以置信的幸运和在丛林中艰难跋涉的事迹留存在我内心深处，因为我曾经如此接近她的不幸。直到二十六年后，我才去找她，并在她坠机的地方拍了一部电影，这部 1998 年的片子名叫《希望的翅膀》（*Schwingen der Hoffnung*）。她的故事是一个非凡的见证，证明了一个年轻女孩拥有我此前从未在男人身上见过的内心力量。拍摄《阿基尔》的早期，也就是 1972 年的头几天，我们的拍摄地是在瓦亚加河上一处连续有三个激流的地方。而我们不知道的是，我们离朱莉安半死不活地穿越丛林所走的岔路，也就只隔着几条亚马孙河的平行支流。

坠机地点没有在丛林里留下痕迹。飞机的碎片散落在十五平方公里的范围内。因此，被摧毁的树木和残骸是不可能从空中被找到的。根据三名森林工人救起朱莉安后的叙述，人们能够重现她十一天里走过的路，并找到坠机地点。第一批搜救队发现了摔坏的行李箱，还有挂在树上的圣诞花环和礼物，旁边还有人的内脏，像是超现实的装饰品，让人不寒而栗。

1998年，我向帕奇特阿河周围的丛林派出过两次探险队，但他们都无功而返。后来我找到了曾经救过朱莉安的三个森林工人中的一位。他对这片地区仍然很熟悉，独自出发去寻找坠机地点。沿着谢伯尼亚小河，他在浅水里踩到了一条藏在沙子里的黄貂鱼，鱼的尾巴尖直接刺穿了他脚后跟处用几层橡胶加固过的靴子。这些鱼的毒性很强，比大多数蛇都要危险。他在沙岸上濒死地躺了两天，这时刚好有一艘独木舟经过。但那几个划船的人不愿意带他走，因为他身上没有钱付船费。最后，他把自己的猎枪作为报酬，他们才把他抬进独木舟。就这样，他得救了。我找到了独木舟上的船员，把猎枪从他们手里买了回来。在影片里，朱莉安在多年后再次见到她的救命恩人的时候，把这把枪作为礼物送给了他。就是他领导了最后一次，也就是第四次探险，为影片寻找飞机失事的地方。人们没法运走飞机的残骸，只收集了尸体和身体部位。那次探险我带上了我年幼的儿子西蒙同行，当时他才八岁。有五个砍刀手走在我们前面，帮着在丛林里砍树开路。我们装备得很充分，但当时和我感情很深的儿子病倒了，不过我们还是继续行进了五天。其中有两天是一位砍刀手背着他。是西蒙发现了第一块飞机残骸，那是一块驾驶舱的开关面板，我今天仍然保留着它。

后来，我的助手赫布·戈尔德从直升机上顺着绳索降落到地上，跟他一块儿的还有几个森林工人，他们砍了几棵树，好让直升机能够降落。这个地方成了我们的拍摄营地。我的朋友赫布·戈尔德在好几部电影里都是我的助手。在我的电影《纳粹制造》(*Invincible*)里，他非常有说服力地扮演了一个拉比。我给几十个演员试过戏，但唯一能令人信服地演这场戏的人却是赫布。后来，我们还一起为他调研多年的一个故事写过剧本，即2009年的《儿子，你都干了什么》。赫布平时是波士顿大学的古希腊文和拉丁文教授，除他之外没有谁能和我如此详细地讨论古希腊和古罗马历史。赫布并不是个书呆子。他壮得像个树干，拥有好几种格斗术的黑带。他说话的时候，平时在片场漫不经心地闲逛的群众演员们都会突然集中注意力去听。这部电影是我2008年与迈克尔·珊农一起拍的，他是他那一代人里最有才华的演员。今天他已经是个明星了。但在拍《儿子，你都干了什么》之前，他只演过一些小角色，而我把主角交给了他。大卫·林奇参与了制片，但实际上是他的制片人埃里克·巴塞特在现场。大卫·林奇当时已经对电影几乎不感兴趣了，完全痴迷于他的超验冥想。

20. 绳上之舞

我人生中大部分时间都像在高空中走钢丝，甚至都没注意到自己的左右两边都是深渊。我和菲利普·珀蒂成为朋友可不是什么巧合。1973年，纽约世贸中心双子塔开门前不久，他在两座摩天大楼之间拉了一根绳子，在让人眩晕的高度上跳起了舞，他也因此而出名。1969年，《生命的讯息》在纽约的电影节上放映的时候，他找到了我。当时，他的双子塔计划酝酿已久。我们见面前不久，他在欧洲萨伏依地区最深的峡谷里悄悄完成了一次壮举。有天晚上，他在悬崖上拉了一根绳子，天亮时走上绳索，有个农民在赶着牛群过桥去附近的牧场时偶然看到了他。农民把牛留在原地，跑回村里，叫来了警察。当两人再赶到这件美丽事迹的现场时，那儿已经什么都没有了。菲利普也已经消失。他的助手们迅速拆除了绳子，只有几根深深扎进土里的铁条能提醒人们曾经有绳子固定在那儿。至于纽约的双子塔，他早在几年前就用假证件混进了一伙电焊工的圈子，甚至成立了一家建筑公司作为伪装，搬进了其中一座尚未完工的塔楼的办公室。在那间办公室里，他逐渐为钢缆和其他设备建立起一个仓库。最后，他从一座大楼的屋顶平台上向对面的双子塔射出一支箭，上面拴着一根细细的吊丝。助手接住鱼线，把一根细钢丝拴在上面，又通过来回牵引，把一根细钢索固定上去。最后，他把一根重达数吨的钢缆拉到另一座塔楼上，菲利普已经在那边的一块建筑遮挡板下秘密地焊接了一个沉重的固定钩。早上6点，他踩上了绳子。他没有受到干扰，没有人看到他，直到一个在他下面很远的地方的出租车司机突然注意到了他。一场交通堵塞就此形成，逐渐向北延续了好几个街区。警察们冲向两个屋顶，但没法让菲利普从绳子上下来。他最后平躺在钢索上休息，甚至可以说是在睡觉，因为有一架警用直升机正在制造危险的晃动。后来在巴黎的某个深夜，菲利普为我撬开了一个地沟井盖，向我介绍他在城市地下无尽的隧道和密室里的秘密王国。数以千计的白骨整齐地躺在一个大房间里，另一个房间里有来自遥远的瘟疫时代的头骨。另一个晚上，我们带着一根六十米长的攀岩绳和一个钩子出门，菲利普想和我一起去探索巴黎大堂区的哥特式圣犹士坦堂的屋顶。但我们意外撞见了一个喝醉了酒、正在回家路上的著名歌手兼演员，只能放弃这个计划。1993年，我受邀为维也纳电影节开幕，菲利普应我的邀请，在炮塔和阿波罗电影院的塔楼之间拉了根绳子，并在上面跳舞。

我没有看到自己道路旁边的深渊，但就像是有某种厄运一直跟着我，我经常在自己的电影工作中招致灾祸，尽管那些事跟我都没什么关系。早在我拍摄第一部长片《生命的讯息》的时候，一切都已经筹备就绪，合同都已经签好了，服装也都已经运到现场，希腊却发生了军事政变。铁路交通被切断，空中交通停滞，没有人知道到底发生了什么。我谁都联系不上，所以我几乎马不停蹄地从慕尼黑开车到了雅典。边境仍然是开放的。负责发放拍摄许可证的部门关门了，走廊里睡着一群士兵。我通过我们的希腊制片主任了解到，所有的许可证都取消了。军方很显然对所有东西都感兴趣，除了来自国外的电影。我冒着危险只延迟了几天就开始拍摄。但科斯岛的港口都清场了，他们明令禁止我在路上放烟花。但我还是这么做了。周围到处都是士兵，但我并没有被逮捕。

这只是一系列麻烦的开始。我的主演彼得·布罗格勒在成为演员之前是马戏团的走钢丝演员。他提议在堡垒里走一回钢丝。这场戏虽然剧本里没有，但我觉得这个想法很有意思，因为能够揭示出主角那种岌岌可危的内在平衡。走钢丝的人总是自己固定绳子，但他在绑绳子的时候，一块石头在距地面不到两米的高度上松动了，这让布罗格勒从一处矮墙上掉了下来，摔断了脚跟骨。这是人脚上最脆弱的地方，行走时所有的力量都作用在这儿。在杀青前两个星期，我们不得不停止拍摄。恢复开工前，我的这位演员在医院和康复中心待了六个月。然而即使在那之后，布罗格勒也只能用一个固定在他臀部上的复杂的行走装置来走动。我们只能拍他腰部以上的位置，但克里特岛上的那场风车戏还没完成。托马斯·毛赫想出一个既简单又绝妙的办法：他手持摄像机拍摄了一个群众演员的靴子和腿爬上石阶的过程，而布罗格勒被安排在边上等着走接下来那几步。摄像机向上摇的那一瞬间，群众演员的腿部被留在画面之外，然后摄影机捕捉到主角的上半身和脸，跟着他来到这一地带的边缘，后面等着他的是成千上万的风车。

接下来的几部电影里灾祸接踵而至。就在我们启程前往撒哈拉，甚至还没踏上非洲大陆之前，摄影师约尔根·施密特-莱特维因的一根手指就被卷入汽车引擎盖中，骨头碎成几段，只有用钢丝绑着才能保持原状。后来我们在喀麦隆被关进监狱，至今还不清楚究竟是为什么。最终，我们从那儿出发，穿过非洲内陆，想在刚果和乌干达交界的鲁文佐里山脉继续拍摄，但自打到了中非共和国，我和摄影师就得了重病，没法再继续行进了。我们不得不在班吉暂时停止拍摄，继续为后面两部电影收集素材。拍摄《侏儒流氓》期间，因为幸运女神的垂青，我们一直运气很好。这部电影讲的是一家疗养院里的病人发起了暴动，在一片狂欢中把所有东西都砸成碎片。所有道具对我们来说都是正常大小，但演员个头太小了，摩托车、婚床之类的东西在他们面前看起来就像怪物。影片中，一个侏儒被无人驾驶的汽车碾过，但他马上又站了起来，继续带劲儿地朝汽车扔盘子。在那场戏中，小矮人们搞破坏搞红了眼，在一幕往盆栽上浇汽油把它点燃的戏里，还有一个演员把自己给点着了。我扑在那个着火的人身上，把火焰压了下去，好在他的耳朵只被烧了一小块。这次拍摄中有一个完全无关紧要的细节，很久之后突然被媒体炒得沸沸扬扬，独自流传开来，甚至在对我最简略的生平介绍中，它也总是被反复提及，那就是我曾经跳进一片仙人掌地里。没错。鉴于当时大家对那起着火事件都心有余悸，我向演员们做出承诺："如果你们都能完好无损地完成拍摄，我就跳进仙人掌地里，你们可以用八毫米摄像机或者你们自己的照相机把我拍下来。"这片地就在主楼后面。从斜坡上跳进去比出来要容易，因为仙人掌又高又密，而且长着让人难受的长刺。有几根刺甚至在我的腿筋里过冬。

后来我对朋友埃罗尔·莫里斯做出过类似的承诺：1978年，埃罗尔的第一部电影《天堂之门》上映的时候，我在加州伯克利的一家电影院当着观众的面吃掉了自己的鞋子。当时除了我，没有人真正认真地对待埃罗尔，因为他从来没有完成过什么东西。虽然他很有音乐天赋，但他的大提琴就一直在角落里搁着；他的大学论文差不多写完了，但他从来没有把它交上去；他收集了数千页关于大屠杀的材料，但一直没有写出关于这个主题的书。当他想开始拍自己的第一部电影的时候，向我抱怨说筹集资金有困难。当时我跟他说：这个项目用一卷胶卷就能启动，剩下的都会自然而然地逐渐解决。我鼓励他说，有了这样一个扎实的项目，钱就会像街上夹着尾巴的狗一样跟着他过来。而这一次，他在这个项目启动后，必须坚决地做完。电影上映的那天，我会吃掉我当天穿的那双鞋子。这段轶事也被写进了哪怕是我最简略的生平介绍里，尽管更重要的是这部电影取得了很好的结果。美国影评界的教皇罗杰·伊伯特把它列入他"史上最佳十部电影"的名单，而《阿基尔》也是其中之一。

我和埃罗尔之间的关系也有过很多起伏。他曾经花了几个月的时间在威斯康星州普莱恩菲尔德这么个被上帝遗忘的小地方研究连环杀手。那是美国最臭名昭著的杀人犯艾德·盖恩作案的地方。希区柯克的《惊魂记》就是受他的启发。除了杀人，他还把受害者像畜生一样开膛破肚，剥了皮给自己做灯罩和宝座，甚至晚上偷偷地在墓地里挖出刚埋好的尸体。埃罗尔注意到，这些被打开的坟墓形成一个圆圈，盖恩母亲的坟墓位于中心。艾德·盖恩也曾挖出他母亲的尸体吗？这个问题困扰了我们很久。而答案只能靠埃罗尔偷偷地挖掘出来。如果盖恩母亲的尸体还在，那么他就是没挖；如果尸体不见了，那么他就是挖了。我提出要帮助埃罗尔。几个月后，我本来要从纽约开车去阿拉斯加拍摄，会带上一台摄像机和一个小型摄制组，于是我约定了在中途靠近加拿大边境的某个地方和埃罗尔见面。我到了普莱恩菲尔德，搞来镐头和铲子，但埃罗尔却丧失了勇气。他躲了起来。然而我在普莱恩菲尔德徒劳的等待至少产生了一个对我后来很重要的影响。当时我车子的离合器出了问题，但在普莱恩菲尔德根本没有修车厂。只有几里远的地方有一个报废汽车场，一个机械师在那儿负责拆零件。这个地方和它的主人都让我感到很兴奋。一年之后我回到那儿，说服了那位机械师在我的电影《史楚锡流浪记》里扮演一个主要角色。报废汽车场和它周围的阴暗风景给影片带来了美国梦的荒凉气息。埃罗尔从来没有计划在威斯康星州拍摄什么东西，但他一开始对我很不满，说我偷了他的景，说我是个没有收获到赃物的小偷。不过埃罗尔非常喜欢这部电影，最终也就释然了。我们很少见面，但对彼此都有一种特别的欣赏。

有史以来对我打击最重的是《陆上行舟》。在拍摄难度很大的影片的时候，我总是带着马丁·路德1545年翻译的《圣经》的影印本。我能从《约伯记》和《诗篇》中找到安慰。我还总带着李维的《第二次布匿战争》，这本书记述了从公元前218年到公元前202年间的历史，始于迦太基将领汉尼拔离开北非，用战象穿越阿尔卑斯山的壮举，这是一项前所未有的大胆行动。当时的罗马经历了特拉西梅诺湖和坎尼战役的惨败，正处于悬崖边缘。在几乎无望的情况下，昆图斯·费边·马克西穆斯被派去指挥打仗，拯救了罗马，也最终拯救了我们今天所熟知的西方世界，否则它将成为腓尼基人[1]而非罗马人的天下。但他拯救罗马的方式却是不断地撤退，总在犹豫是否要面对最后的决战，因为那样的战斗将是罗马的末日。费边·马克西穆斯打的是一场安静、无情的消耗战。他因此被给予了“拖延者”或“懦弱的拖延者”的骂名，而历史至今也没有完全承认他。但费边·马克西穆斯很清楚自己在做什么，即使他因此招致了纸上谈兵之人的鄙视。只有他的对手汉尼拔明白，费边会给迦太基带来败亡。当汉尼拔的兄弟哈斯德鲁巴率领的一支载有物资的大军被摧毁的时候，汉尼拔说：“我知道了迦太基的命运。”费边·马克西穆斯在我心中是排在汉斯·西格尔之前的最伟大的英雄，汉斯·西格尔和汉尼拔紧随其后。

《陆上行舟》的筹备工作总共拖了三年之久。最开始，20世纪福克斯公司想制作这部电影。杰克·尼克尔森对我的电影印象很深，想扮演主角，但我很快就发现，他和20世纪福克斯公司是想

1　迦太基原为腓尼基人在北非建立的殖民城市，后发展为独立强国。在古罗马文献中，迦太基也被称为“布匿”。

在圣迭戈的植物园里用塑料做的微型船来拍。20 世纪 80 年代初几乎不存在数字技术。此外，当时尼克尔森只接受那些可以让他亲自到场观看洛杉矶湖人队的篮球比赛的项目。他用他的私人飞机带我去了丹佛看湖人队的比赛，还试图让我接受在圣迭戈拍摄是最简单的方案。现在回想起来，我不知道考虑过多少替代方案，其中一种是让沃伦·奥茨来演。他演主角菲茨卡拉多肯定会很有意思，因为这属于反向选角。他有一张被压榨的“无产阶级”的脸，因为主演了《日落黄沙》和《惊天动地抢人头》而出名。而我们必须要造船，在丛林中搭建大型营地。20世纪福克斯公司在一次所有部门主管和律师都出席的重要会议上对我说话非常热情，直呼我的名字，似乎站在我这边，但他们随后提出建议，说为了安全起见，这部电影应该在一个“好的丛林”里拍摄，也就是说在植物园里。我礼貌地反问什么是“坏的丛林”，从那一刻起，气氛开始变得冷淡。从那以后，他们只称呼我为“赫尔佐格先生”，而我知道，我只能靠自己了。

后来经常有人问我，为什么不直接在秘鲁的丛林城市伊基托斯附近拍这部电影，那片丛林有酒店和航班，更容易到达。但是一方面伊基托斯周围三千公里内的地势都非常平坦，与大西洋只有一百多米的海拔差异。另一方面，我们要找的地方需要有两条平行的亚马孙河支流，支流之间还要有一条狭窄的山脊作为分水岭。但似乎哪儿都没有这样的地方。丛林里的河流都是平行的，但它们之间有二十五公里的距离，而且山势太高。终于，我们在马拉尼翁河和塞内帕河的交汇处找到了塞内帕河的一条环形河道，几乎能连上马拉尼翁河。两条河之间有一片不到一百米高的山丘。我们计划把还没建成的船从塞内帕河拖到马拉尼翁河。再往下游走一点，圣地亚哥河和马拉尼翁河就会汇合。合并后的河流穿过一片山脉。在这个过程中，水道变窄，形成峡谷和臭名昭著的曼塞里切河口的急流，涨水时可能会非常危险。我当时写了一本日记，几十年后我以《征服无用》为题出版了这本书。这里有一段摘录：

萨拉米里萨，1979年7月9日

一只鹦鹉在我脚下，它用一只脚的脚趾抓住一根蜡烛，吃了下去。然后，一只母鸡带着她的小鸡来到小铺，这是一个用木板搭成的棚子，上面盖着波纹铁皮屋顶，我们在这儿做了一些吃的。母鸡袭击了那只几乎赤裸的鹦鹉，扯掉了它屁股上的最后一根羽毛，还在它疼痛的秃屁股上啄了几下。之后，这只鸡在地上把它的嘴擦得干干净净。我们都还沉浸在激流带来的震撼中，彼此之间的行为举止相当机械。在平洛中尉军事哨所，没有一个士兵知道水位有多高，他们知道几天前有一艘载有十一个人的船消失得无影无踪；同时，他们喝了太多甘蔗烧酒，直到夜幕降临时才进入河口。

经过很久的思考，我们认为这个计划一定是可行的，因为马拉尼翁河的水位很低——仅在前一天晚上，水位就下降了两米多，我们的船搁浅在旱地上，几乎没法把它再拖到水里。而圣地亚哥河的情况并不乐观。北部的上游地区一定下了很大的雨，它和马拉尼翁河汇合的地方水位高得吓人。第一道急流像是通往曼塞里切河口的一段孤立的前奏，在这之前，一阵刺骨的寒风从山间狭窄的通道向我们袭来，而从这儿掉头还是可能的。伴随着冷风，从峡谷中传来遥远的隆隆声，没有人知道我们为什么还要继续前进，只是因为我们要前进，所以我们就前进了。突然，一堵汹涌的水墙挡在我们面前，我们像炮弹一样撞向它。我们受到了巨大的冲击，船在空中旋转，螺旋桨在虚空中发出高亢的轰鸣。刹那间，我们撞上了水面，我看到第二道水墙像幽灵一样耸立在我们面前，给了我们更强的冲击，把船再次掀到空中，这次是朝相反的方向。在进入急流之前，我已经把锚链绑好，确保它不会飞出船外缠住螺旋桨，油箱也用铁链固定好，但突然间，一块像是卡车用的巨大电瓶飞向了空中。可以说有那么一瞬间，被缆索绑紧的电瓶在空中盘旋的时候正对着我的脸，而我的头撞上了它。起初，我感觉自己的鼻子根部像是被打断了，嘴里还流着血。我按住电瓶，让它不会完全飞走。有那么一会儿，我们四周和头顶除了波浪什么也没有。但我记得更多的是轰隆声。然后我记得我们穿过急流，向后漂去。在两边陡峭的丛林斜坡上，猴子们发出尖锐的叫声。

在河口下游的博尔哈，人们不愿意相信自己的眼睛，因为还没有人能在超过正常水位十六英尺的河道中活下来，而我们当时的水位有十八英尺高[1]。村里居住在急流附近的河口居民们静静地站在我们周围。有个人看着我肿胀的脸,说了句:“妈的。”[2]然后他给我喝了一口他的甘蔗烧酒。

我们和附近一个叫“瓦瓦伊姆”的村庄签了份合同。但这片地区的两个阿瓜鲁纳-印第安人阵营之间的政治关系非常紧张，其中一伙儿在下游三十公里的地方，还利用我们的存在来提高自己的地位。此外，有一条存在争议的石油管道穿过安第斯山脉通往太平洋，突然间，沿途的军事力量急剧增加。没有人知道这意味着什么，但我们陷入了秘鲁和厄瓜多尔之间的边境战争之中，厄瓜多尔的边境就在我们位于孔多尔山脉的营地以北不远处。在这种情况下，我让整个剧组撤出了营地，只留下医疗站给当地居民使用。阿瓜鲁纳人趁乱占领并放火烧毁了营地。他们还邀请记者去参观。我当时在伊基托斯，接到来自营地的噼里啪啦得听不清楚的无线电信息。我把接下来几个小时的所有通讯都录在磁带上，这样我就可以在闲暇时去听明白到底发生了什么。但我知道，这意味着拍摄要暂时结束了。

除此之外，有秘鲁媒体指责我，很快也有国际媒体指责我，说我在拍摄期间糟蹋了当地人的田地，让一些印第安人被关进监狱，侵犯了人权，还有其他一些胡说八道。在德国甚至有一个针对我的公共法庭，所有这些都给这部电影蒙上一层阴影。沃尔

1 十六英尺约为四点八八米，十八英尺约为五点四九米。

2 原文为西班牙语。

克·施隆多夫是当时唯一站在我这头的人。我记得在汉堡电影节的一次新闻发布会上，我当时正在向狂热的记者们介绍一些能明确证明我立场的文件，这时施隆多夫突然走到台前。他的脸涨得又青又红，我以为他是癫痫发作了。但他冲着记者们大声嚷嚷。我至今都不禁纳闷，这个小个子哪儿来的这么大嗓门。在所有跟我关系不错的新德国电影运动的导演里，他是唯一一个真正跟我有私交的朋友。

国际特赦组织后来证实，在一个叫圣玛丽亚·德涅瓦的丛林小镇里，在我们开拍前很久，确实有四个阿瓜鲁纳人被警察拘留了几天，但他们和我们一点关系都没有，被拘的原因是被当地的酒吧老板和商贩举报欠债不还。但媒体对此只字不提，因为这个故事并不抓人眼球。阿瓜鲁纳人被描写成与大自然和谐相处、与世隔绝的纯朴民族，而事实上他们却戴雷朋牌太阳镜，穿约翰·特拉沃尔塔在电影《周六夜狂热》中的同款T恤衫。他们有快艇，会用收音机，还请了媒体顾问。我必须克服掉这些困难，着手在两千公里外搭建一个新营地。在乌鲁班巴河和卡米塞亚河之间，我找到了另一处合适的山脊，它将两条河流之间隔开不到一公里。

我身上发生了所有人们能想到的灾难，不仅是电影里的灾难，而且是现实中的。我的男主演杰森·罗巴兹在《陆上行舟》拍摄到一半的时候得了重病，我们不得不让他飞回美国，而这只是一场“电影灾难”。他的医生随后拒绝让他返回丛林。我们只能重新拍摄已经拍了的部分，这次是和金斯基合作，而我弟弟卢基则维持着这个快要垮掉的摄制组。他把所有投资人和保险公司召集到慕尼黑，直截了当地跟他们说明了情况，还制订了一个救援计划。是他拯救了这部电影。有人问我还有没有力量再拍一遍这部电影。我说，随着这部电影的结束，我所有的梦想也都结束了，我不想作为一个没有梦想的人活着。

但我们遇到的灾难是非常切实和具体的。有两架飞机坠毁了，都是单引擎的塞斯纳飞机，一架载有物资，一架载着几个印第安群众演员。后一次坠机的原因是飞机起飞时卷起的一根树枝卡在飞机尾部的升降舵，导致飞机几乎翻了一个完整的筋斗。飞机上所有人都受了伤，其中有一位高位截瘫。那件事至今仍让我心里感到很沉重。后来，我们在他的村子里为他开了一家小卖部，让他可以有点收入。有一名森林工人被蛇咬了，那是一条在当地语言中名为“丘丘佩”（Chuchupe）的森林毒蛇，是所有蛇里毒性最强的。他知道自己的心肺会在六十秒内坏死，而我们的医生和血清所在的营地离他还有二十分钟路程，于是他拿起链锯砍断了自己的脚。他活了下来。有三名当地工作人员在去塞内帕河捕鱼的路上，在深夜里遭到了阿马瓦卡-印第安人的袭击。阿马瓦卡人是半游牧民族，居住在上游离这里有十天路程的山区。他们粗暴地拒绝一切与文明的接触，但由于我们正经历着记忆中最干旱的季节，他们沿着干涸的河流往下游走，大概是为了寻找龟蛋。他们用将近两米长的箭射向我们的人，竹制的三十厘米长的锋利箭尖射中其中一个人的脖子。躺在那人身边的年轻妇女被他喘息的声音惊醒，以为丈夫是被美洲豹咬住了喉咙，从火堆里抓起一根还在发烫的树枝。她突然转向炭火的动作暂时救了她一命。她同时被三支箭射中，那些箭瞄准的可能是她的脖子。一支射进她的腹部，在骨盆内侧折断，一支击中她的髋骨边缘，第三支则射在它旁边。第三个被袭击的人有一把猎枪，他朝黑暗中盲目地射击。袭击者逃走了。第二天，那个没有受伤的人将两名重伤的伤员带到我们的营地，我们决定当场为他们做手术，因为如果要再运送到别处，他们就免不了一死。我们的医生和当地训练有素的医疗助理在厨房的桌子上进行了手术，我协助用强光手电筒照着那位妇女打开的腹腔。我的另一只手拿着一罐杀虫剂，用来驱赶被血液吸引来的一大团蚊子。他们俩都活了下来。那个男人到这儿的时候，箭头还插在他的脖子上，刺穿了他另一侧的肩膀。他康复后，也只能小声地说话。莱斯·布兰克拍摄了他手术后的样子。在他的电影《电影梦》中可以短暂地看到那位伤员出现。

仅仅两天后，我们拍摄了这艘船——它其实是原来那艘船的双胞胎——在曼尼克河口的急流里被抛来抛去的画面。在此过程中，船撞到了峡谷两边的岩石，有一次撞击非常猛烈，我看到镜头飞出了相机。我试着拉住摄影师托马斯·毛赫，但在镜头飞出去后，我们也飞了起来，他撞到了甲板上，那台很重的相机还在他手里。巨大的冲力把他手的最后两根手指撞得从中间裂开，一直裂到手腕。我们那位非常能干的印第安医生助手给他缝了伤口。这位医生助手对处理脱臼和缝合伤口非常有天赋，把毛赫的肩膀重新接好，但由于我们在给箭伤伤员进行必要的几个小时的手术时，已经把所有麻药都用完了，便没法及时补充麻药给毛赫，让他遭了大罪。我紧紧抱着他，但却并没有什么用。最后我叫了卡门来帮忙，她是我们的两个女护士之一。她把他的脸按在她的胸部之间，对他好好说了一阵话。她处理得很有爱，很有信心，非常出色。还有件事儿对于电影剧组来说似乎很奇怪，但即使是下游五十公里处的廷皮亚传教所的多明我教会牧师也要求我们带上几个妓女，因为我们有大量男性伐木工和船员，有可能对当地居民进行侵犯。

像这样的事儿没完没了。我们经历了六十五年来最猛烈的雨季，严重影响了工作，尤其是物资供给。瓦尔特·萨克瑟冒着很高的个人风险，用小飞机运送物资，降落在狭小泥泞的跑道上。要知道，我们距离普卡尔帕或伊基托斯市等大一些的地方有好几百公里路程。每根钉子、每块肥皂、每份燃料和几乎所有食物都得从外面运来。河水涨得很高，卷走了灌木和树枝，还有整座长满巨树的岛。摩托艇再也没法在上面航行，水上飞机也没法降落。随后水位急剧下降，我们又没办法把船从高处的山上拖进乌鲁班巴河。那儿的水位平均是八米，但现在突然只剩五十厘米。我们只能六个月后再恢复拍摄。除此之外，我的私人生活也出现混乱，陷入一种深深的孤独感，因为我们几个星期都没法把船往山上挪一厘米，几乎所有参与的人都在内心里放弃了这个项目。孤独从来没有影响过我，但身处一群已经放弃了我，还在怀疑我的理智的人之中，这种处境是很困难的。卢基是极少数没有动摇的人。我日记条目里的笔迹越写越小，几乎变得难以辨认。我当时在丛林里几乎待了整整一年，那是充满磨难的一年。但我总是准备好直面一切，不管工作和生活会给我带来什么。

21. 立石与失踪面积悖论

我的电影《陆上行舟》有两重来源，但有一个曾经参与过搭建我们的丛林营地的人总是胡扯，说那些关于橡胶大亨的细节都是他花了好几个晚上讲给我的。然而，这些细节其实都是我为这部电影编造的。这名工人还声称他隶属于秘鲁的一个解放组织，切·格瓦拉在玻利维亚的时候曾和他们有过联系。一旦你成功了，就会有很多人宣称是他的功劳。而在我的成功案例中，有一次经历非常关键，那便是我在 1974 年，也就是拍摄《陆上行舟》的八年前，拍摄《卡斯帕尔·豪泽尔之谜》的时候，在寻找一处被风吹得乱七八糟的海岸线，作为片中梦境场景的拍摄地点。选项包括罗弗敦群岛和挪威北部的海岸，但都太远了。于是我就沿着布列塔尼的海岸线开车寻找场地。仅仅几天后，有一天晚上，天色已经黑了，我把车停在卡尔纳克的一个停车场里，借着车灯，我看到了前方惊人的景象。成千上万块新石器时代的石头，像是不知道从哪儿冒出来的军队，排成长长的一排，坡上坡下都有。我在黑暗中沿着那些立石摸索了很久，然后在车里睡去。这种惊奇的感觉和我在克里特岛见到风车时的经历类似。清晨，我再次在那一排排巨大的人工雕凿出来的岩石之间行走。卡尔纳克大约有四千块石柱，最重的那块远远超过一百吨。我在售票亭给自己买了本小册子，上面愚蠢地断言人类在几千年前运输这些石柱是不可能的，这只可能是由来自遥远星系的外星人建造的。我被读到的东西激怒了，于是决定：我要像个史前人一样，想办法从远方运来这样一块大石头，并把它竖起来，在此之前我不会离开这里。

就在这天，我想出一个只使用史前技术的办法，要用到铲子、绳索、石斧、用于润滑的动物脂肪、火。为了简单起见，我给自己设定了以下任务：假设我已经有了一块雕凿好的巨石，就放在这条海岸线上众多岩石中的一处，而我需要做的仅仅是把它运到一公里外的平地上，再把它竖起来，当然这同样是为了简单起见。这项工作我可以用一千个纪律严明的工人在一年内完成。主要的工程是建造一条几乎没有倾斜度的一公里长的固定坡道。即便坡度只有百分之零点五，坡道的尽头也会有五米高。我要在尽头堆起一座小山坡，并在上头挖一个向下变窄的坑洞。在运输起点处，我得在巨石底下横着挖出几道壕沟，把几根用火淬硬的圆橡树木桩推到沟里。随后再把泥土完全挖走，石块就能被架到滚柱上，这样一来就能像在轮子上一样很容易地移动它们。最后要让巨石落入人工山坡的坑洞里，就只需要铲去山坡，留下一小块残余，这样石头就能竖立起来。

更困难的是卡尔纳克这样的上坡地形。但即使在这儿，利用固定坡道和坑洞的原理也是有效的，只是你必须要多使点劲把石柱推上去。我为此使用了十字形转轴装置，在一个固定的树干上绑一根绳子，把绳子当作转轴，转动那几米宽的十字结构，把力传导到远处。把好几个这样的十字结构捆在一起，就足以把一个至少有一百吨重的物体推上斜坡。这就是你在《陆上行舟》里实际看到的工作原理。成群结队的马奇根加族人支撑着转轴的宽臂，在底部有一根绳子绑着支撑柱。

许多年后，1999 年我在卡塔尼亚排演歌剧《魔笛》，我让毛里齐奥·巴洛设计了一场布景，要让埃及奴隶在背景里竖起一座方尖碑。巴洛是一位出色的舞美设计师，跟我一起完成了很多作品。《魔笛》的剧本以虚构的埃及法老时代为背景，我想在视觉风格上呈现出来这一特点。我这版演出里的方尖碑就是用滚轮和转轴竖起来的。就在几年前，我偶然看到几幅钢制版画，画的是 1556 年在罗马圣彼得大教堂的前广场竖立方尖碑的场景。我被吓了一跳。画里的人也是用斜坡和很多十字转轴，唯一不同的是他们的转轴是由马匹绕圈转动的，而且他们在绳索上使用了大量滑轮和分流滚轴。我对这一发现非常着迷，后来我终于被允许去梵蒂冈图书馆查阅所有关于当时方尖碑建造的档案。负责图书馆的大主教被我的热情弄得晕头转向。档案里有所用设备的准确目录、马匹和工人的清单、关于事故和疾病的记录，最棒的就是当时技术人员和建筑师提交的关于竖立方尖碑不同方案的建议。得到批准的是使用十字转轴的方案，而那方尖碑至今仍然矗立着。为了让我的听众感到好笑，我有时会声称是他们当年从我这儿偷走了这个想法，就像把时间之箭倒转了过来似的。然而在《陆上行舟》里，大部分的劳力既不是来自当地的印第安人，也不是来自马匹，而是来自我们的履带拖拉机，它在之前已经把坡度从六十度铲平到了四十度。

我猜想在史前时代，人们已经开始使用建造带坑洞的土坡的方法来立石，这个想法似乎被同样位于布列塔尼地区的洛克马里亚凯尔的巨大立石所证实。这块立石是迄今为止同类里最大的。它直立起来肯定有二十多米高，至少有三百三十吨重。它可能是在公元前6世纪或5世纪竖立起来的。现如今它断成四块倒在地上，但我认为它不可能是倒塌到地面时才断裂的，因为最大、最重的那块倒向一个方向，而其他三块都倒向别的方向，离它有一段距离。关于这个现象有很多模糊、互相矛盾的猜测。我猜测那场史前事故是这样发生的：那块石头落入土坡上的坑洞时，上面三分之一的部分由于重量太大而断裂，估计断裂的地方是在坑口，这个位置充当了类似“预定断裂点”[1]的效果。导致断裂的是它的重量，不过也许最初在岩石上也出现了一些裂缝。如果一只小猫从三楼跳下去，它会毫发无伤，但如果是动物园里的大象，你却可以用一米深的混凝土沟来防止它逃跑，因为大象跳下去的话，它自身的巨大重量会让它的腿骨折断。因此，石头顶部可能是在山坡的斜面上便已裂成三块，全都指向一个方向。我推测史前时代的人们把山坡最大的那部分挖走了，因为那块石头即使断裂，仍然比迄今所知的其他所有立石都大得多。所以我们可以猜测，

1　指在工程和制造领域，刻意设计成在受力时优先断裂以保护其他重要结构的部位。

那块巨大立石的下半部分可能已经矗立了好几千年，只是后来由于侵蚀而翻倒，但方向和顶部倒下时不一样。这种说法可以解释地面上各部分倒塌朝向的角度区别以及它们之间的距离。也有人怀疑是地震导致的，但很难想象布列塔尼会有地震，历史上也未曾记载过。1659年的一本航海日志曾记录人们将那块立石作为方位点，因此它巨大的下半部分在那个时候很可能仍然直立着。我一直怀着好奇心关注这方面的研究，随时准备推翻我的假设。

《陆上行舟》的故事是乔·克希林讲给我的。他来慕尼黑看我，劝说我回秘鲁，说是所有人都期待我在《阿基尔》之后再在丛林里拍一部新片。他准备了一个激动人心的故事要讲给我听，主角是橡胶大亨卡洛斯·费尔明·菲茨卡拉多，他在19世纪末成为整个地区最有钱的企业家。菲茨卡拉多雇用了三千多名林业工人，外加一支小型私人军队负责监工。菲茨卡拉多死于一次独木舟事故，当时他还不到三十五岁。我不觉得这是好的电影题材，只不过是一个臭名昭著的剥削者的故事，但乔又和我一起坐了一会儿。当乔要走的时候，他关上身后的门，又把头伸出来，告诉我他忘了说一个细节。这位所谓的菲茨卡拉多曾经把一艘蒸汽船从一条河越过陆地拉到另一条河里。工程师们为此将这艘重约三十吨的船在丛林里拆成几十个部件，把它们运到了平行的河流上，然后再在那儿重新组装起来。我把乔叫了回来。一切都一下子在我脑海中浮现出来：丛林里发烧的热梦，一艘至少三百吨重的蒸汽船翻过一座山，印第安人像石器时代一样把船顶起，卡鲁索的歌声，丛林里的大歌剧院。不久之后，我在伊基托斯闷热的机场走下飞机，看到头顶上有秃鹰在盘旋，猪在着陆跑道旁的泥浆里打着滚——还有一只被飞机碾过的母猪在水泥地上腐烂——我不由自主地退却了。天哪，不要再拍这样的电影了！但这个项目就像其他所有项目一样，激烈地向我扑面而来。我别无选择。我这样说是因为人们常常认为我肯定总处于痴迷状态中。但事实不是这样的。有人说我筹集了足够的资金来启动这部电影，这也不是真的。事实上，我是冒着倾家荡产的风险启动的这个项目。我们开始在丛林里建造营地，建造河上的蒸汽船，但我很快就没钱了，只能住在一个改装的鸡舍里，天花板是纸糊的，只比我的头顶略高一点。晚上，老鼠在我身边窜来窜去。到最后，我已经没有什么东西可吃了。但在丛林里我总是带着特别好的洗发水和最好的肥皂，因为如果你在丛林里的河里洗了澡之后气味很好，会对你的自尊心有很大帮助。我在伊基托斯的印第安人市场上用洗发水和肥皂换了三公斤大米，接下来的三个星期里我一直靠它们过活。我一直都很清楚什么东西是必要的，在此基础上把对远大愿景的追求视为己任。

我总是不相信学校里的教科书。但凡看看物理学史，你就会对人类几千年来对解释宇宙的反复尝试感到头晕目眩。从亚里士多德开始，在两千多年的时间里，人们都可以通过实验证明，空气是没有重量的。亚里士多德曾经给一个空的猪膀胱称重，然后又给它装满空气再称，结果重量是一样的。只有人们将浮力的知识纳入进来，现象才发生变化。对我来说，有很多领域都是这样。人们不断获取新的营养学指导，新的趋势迅速取代旧的。许多关于胆固醇的研究结果无疑是正确的，但不应该对它妖魔化，如果没有胆固醇，我们在几天内就会死亡。在美国，每个塑料瓶的顶部都印着“总脂肪——零”的字样，甚至厨房里的盐也是这样标注的：脂肪值为零，就好像这真的有什么意义似的。1997年，我的电影《重见天日》的主演克里斯蒂安·贝尔为了能可信地扮演逃离越共囚禁后几乎饿死的迪特·登格勒，在医生的监督下，于六个月内系统地减掉了六十五磅[1]的体重。我减掉了贝尔减掉的体重的一半，以示声援。有人一再问我是如何做到的，选择了什么样的饮食。特别是对美国人来说，我的做法很是耸人听闻，似乎是他们以前从没设想过的：我只是每天吃我以往饭量的一半。还有一个对克里斯蒂安·贝尔的特殊要求，就是我们必须从结尾开始按时间顺序倒着拍，因为这样他便能在第一个拍摄日之后吃很多东西，更容易地在五个星期内恢复失去的体重。将影片中不断加重的绝望感倒着演，只有他这种级别的演员才能做到。

我不想把任何事情视为理所当然。正是抱着这种想法，我看到了“失踪面积悖论”。当时我在牙医诊所的等候室里，翻阅着一期《科学美国人》，这是一本很有声望的科学杂志。其中一页上有个图，画的是一个违背所有逻辑和经验的悖论。它是个由十六个独立部分组成的图案，如果你把相同的部分以不同的几何方式重新排列，和之前面积相同的区域中间就会突然多出一块空白。就在这时候，医生叫到了我的名字，于是我把这页从杂志上撕下来。

1 约为五十九斤。

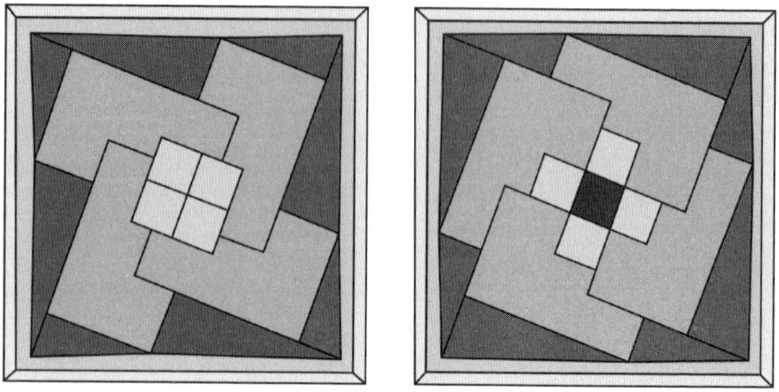

我想不求助别人，自己解决这个悖论。

怎么可能有这么奇特的现象呢？对这种问题我从来没有闭目塞听。比如我怀着浓厚的兴趣关注过，在量子物理学的世界中，一个粒子如果可以选择穿过光栅上的窗口A或窗口B，它在某些情况下竟然会同时穿过这两个窗口。我必须补充一句，我对这个门类的物理学完全不了解。但有几位邀请过我好几次的粒子物理学家是我狂热的影迷，就像滑板运动员、摇滚乐手的那种追随者一样。我曾经和几个数学家聊过，他们对我拍摄的梦幻般的风景很感兴趣，而我反过来也对他们将代数应用于无法想象的空间和平面很感兴趣。在我2018年的电影《火球》(*Fireball*)里，有一个关于准周期性晶体（或者简称为准晶体）的桥段，这些晶体是从一块落在白令海峡附近的西伯利亚的陨石碎片中发现的。两个多世纪以来，人类已经知道晶体是严格遵循对称法则的，其他情况都是无法想象，甚至不可接受的。但在20世纪70年代，英国数学家罗杰·彭罗斯发明了一种几何理论，用它证明了很多不可思议的事情。然而最令人惊讶的是，早在1453年，波斯的工匠就在伊斯法罕的一座神庙外墙上创作了按照准周期排列的瓷砖装饰，而当时人类并不知道这种图案所依据的数学原理。我结识彭罗斯之后，更加尊重那些不可思议的事情。但很吸引我的是《科学美国人》杂志把失踪面积悖论说成是无法解决的难题。毕竟亚里士多德两千年来没有受到过质疑，只因为他是亚里士多德。

我苦思这个难题很久之后，停止了思考几何学问题。我用完全不一样的方式对待这个悖论，因为它与我在现实世界的所有经验都相矛盾。我的方式只不过是质疑它到底是不是个悖论。最后我仔细看了看这两幅图：为什么上面画着两个画框？只画一个不是就够了吗？在阶梯形状的边缘接触到画框的地方，其中一幅插图的内部区域以几乎难以察觉的角度向外凸出，而另一幅则向里凹。这个悖论并不是个悖论——而只是个骗局。这个区域轻微放大和轻微缩小的总和正好是第二张图中多出的空白小矩形的大小。我花了两个月的时间才意识到这个问题。而别人只需要看牙医前消磨时间的几分钟就能搞清楚。

22. 士兵的歌谣

拍摄《陆上行舟》的日子是一段残酷的时光，我在拍摄结束后的很长一段时间，仍在费力处理它的影像、音乐和经历。20世纪80年代初的很长一段时间里，我都在默默地舔舐伤口。那个时候，我认识了登山运动员赖因霍尔德·梅斯纳。我们很快就打算要拍摄一部关于他的电影，他要在一次探险中不仅是攀登，还要“翻越”巴基斯坦喀喇昆仑山脉的两座海拔超过八千米的山峰。通常情况下，面对这样的山峰，人们会顺着一条路线攀登上去，再从原路返回，但梅斯纳在1970年第一次攀登八千米高的南迦帕尔巴特峰时，就已经翻越了它。他的弟弟还在这个过程中丧生。那次翻越是由于山顶上起了风暴，情况困难得让人绝望，上山的路线变得无法原路下行。梅斯纳顶着恶劣的条件顺着山峰另一侧下了山，他的弟弟却被雪崩掩埋。他自己也在严寒中因冻伤失去了几根脚趾，还差点丢了性命。但梅斯纳是一个头脑特别清醒、计划性特别强的人，我很喜欢他这一点。他常常在登顶在望的时候，仍能够冷静地想到最后一段路发生雪崩的风险太大，并因此放弃冒险。他总是只做可行的事情。把船运过山也不是碰运气，而是我意识到这是可行的。在我们的共同计划中，梅斯纳打算与另一位登山运动员汉斯·卡默兰德尔一起挑战喀喇昆仑山脉的两座彼此相邻的八千米山峰，也就是加舒尔布鲁木Ⅰ峰和加舒尔布鲁木Ⅱ峰。1984年，他们俩沿着一条路线登上了加舒尔布鲁木Ⅰ峰，然后顺着另一条路线下山，到达加舒尔布鲁木Ⅱ峰的山脚下。接着他们又翻越了Ⅱ峰，而我们则在大本营等着他们。这次行动是独一无二的，就像梅斯纳做过的所有事情一样具有开创性。毫无疑问，他不仅是那个时代，也是有史以来最重要的登山运动员。一方面是梅斯纳的专业精神，另一方面是卡默兰德尔散发出的人性温情，两者的确可以很好地成为一部电影的人物组合。1985年，《发光的山》（*Gasherbrum, der leuchtende Berg*）拍摄完成。但实际上，我当时的计划是在通往加舒尔布鲁木山峰的K2峰[1]上拍摄一部故事片。最后的八十公里要沿着巴尔托罗冰川的激流，有一条冰川河从K2峰流进冰川里。我梦想着登上K2峰，是因为它是如此美丽又孤立，就像瑞士阿尔卑斯山的马特洪峰那样，只不过这座世界第二高峰是所有山峰里最危险的。在加舒尔布鲁木峰脚下的大本营，我们目睹了一场持续了十四分钟的雪崩。我简直不敢相信这场雪崩就是不会停止，于是看了看手表。最后，大量的雪和冰落了下来，看上去好像形成了一朵蘑菇云，但不是向上，而是水平地向

1　即乔戈里峰，世界第二高山峰，攀登难度极大。

我们飘来。为了安全起见，我们将冰川上的大本营设在离山体两公里远的地方，但几秒钟后，一切就都被粉状雪夷为平地。我们花了好几天时间才把电影器材挖出来修好。顺便说一句，第二天我把一杯茶送到嘴边的时候，我的手表在我面前爆裂了。在这么高的地方，表盘下的气压变得太高了。

两位登山者在黑夜里戴着头灯出发，第二天像两个小点一样逐渐失去踪迹，拍摄也被迫暂停。几天后，在我们旁边扎营的一支西班牙探险队邀请我一起攀登加舒尔布鲁木Ⅰ峰，因为他们此前登顶失败了，想要去拆除他们在高处的营地。他们把我拴在绳索上，一起爬过了壮观的冰川断裂带，这片区域就像巨人抛出的瀑布，是攀登开始后的第一个障碍。像房子一样巨大的冰块不停地移动，西班牙人往混乱的“之”字形冰缝里插上了带旗子的铝杆，以便辨别方向。我们很快就从五千米的高度爬到了六千五百米。我发现我在那儿有了明显的高原反应症状。症状之一是在西班牙人拆除他们的营地的时候，我坐在雪地上，逐渐越来越麻木，最后干脆仰面躺下。那一刻我意识到我得立即下降到一个较低的位置。西班牙人放我走了。但这是绝对不该做的。我一个人走了，视野很好。不过有一条铁的规则，在这样的高度必须至少有一个人和你用绳子拴在一起，以确保安全。我到达冰瀑上方的入口，决定从外面绕过去。那儿的雪并不陡峭，于是我大步向下走去。但我并不知道那儿有条被积雪覆盖着的深达百米的裂缝，即便是专业登山者也看不到。在一望无际的雪地上，它们难以被区分开来。我跑着的时候，突然踩破薄薄的雪层，踏进了空隙，但我的冲力很大，上半身落在另一侧的边缘上，把自己拉了出来。那裂缝大概只有两米宽。卡默兰德尔在他俩任务结束的时候也遇到了类似的情况，但他和梅斯纳之间有一根绳子连着。为了减轻重量，他俩没带普通的登山绳，但梅斯纳在卡默兰德尔掉进深渊的时候用绳索拉住了他。西班牙人后来为他们对我的粗心大意感到很不好意思。他们把从冰瀑收回来的金属杆扔进离大本营不远的冰川裂缝里的时候，我又加入了他们。那捆细细的铝杆一经撞击就散开，发出响亮的金属碰撞声，掉到冰里越深的地方，发出的声音也就越低沉，就像是尖叫声组成的大型合唱团。最后，它们掉到大约一百米深的地方，那声音就像无数管风琴回荡的轰鸣。我已经构思好了一个关于 K2 峰的电影故事，是个发生在一个几乎无法到达的山顶雷达站的科幻片，但出于我在加舒尔布鲁木峰的经历，这个项目被永远地搁置了，因为我心中一直有个声音提醒着我这件事。

大约在同一时间，一个叫丹尼斯·赖希勒的陌生人出现了。他坚信我们以后注定要合作一个项目，而这个项目会自然而然地形成。赖希勒是个来自阿尔萨斯的孤儿，他十四岁时被迫参战，成为人民冲锋队的一名童子兵，参加了柏林保卫战的最后一场战役。他所在的部队中几乎所有男孩都阵亡了，但他活了下来。阿尔萨斯成为法国领土后，他被法国征召入伍，派去参加印度支那战争，当时他刚满十八岁。他在那儿经历了许多年在泥泞丛林中的战争。回到法国后，他作为身经两场战争的老兵，成了一名摄影师，在时尚界工作。他还试过成为自行车运动员。然而空洞的时尚圈让他厌恶，他很快便退出并最终成为一名摄影记者。他几乎在世界各地的每个战区都工作、报道过——总是站在被压迫的少数者一边。阿富汗、安哥拉、黎巴嫩。他在柬埔寨被红色高棉囚禁了五个月。他是唯一报道过血腥的东帝汶解放战争的西方记者。由于那儿没有航班和海路，他就让一艘渔船把他带到离岛很近的地方，直到最后一公里再游泳上岸。我从来没有见过像他那样了解战争的人，也从来没见过有人能如此有条不紊地跟一个又一个指挥官打交道，直到他确认可以把自己托付给一个作战部队，冒险进入战区。《陆上行舟》的拍摄结束后，秘鲁的地下武装组织“光辉道路”在20世纪80年代日益壮大。他们从阿亚库乔高原开始进行恐怖活动，其指挥结构和意识形态在当时还是一个谜，从外部几乎无法渗透。他们对农村人口进行了大屠杀，秘鲁军队也以大屠杀作为回应。丹尼斯与该游击组织进行了初步接触，并在五个月时间里小心翼翼地开展工作。我们曾经考虑过一起拍摄一部关于这个游击组织的电影。后来，我们收到一个参加高层指挥会议的邀请。其他记者也收到了邀请，但丹尼斯打电话给我说，他已经通过所有可能的关系仔细地研究过这件事，觉得太过蹊跷。我问他该怎么办，他回答得很干脆：“我们什么也不做。”这场会议的确召开了，我们没有赴会，其他八名前去报道的记者全部被困。他们无一幸免都被斩首了。

1983年，我在澳大利亚筹备拍摄故事片《绿蚂蚁做梦的地方》（*Wo die grünen Ameisen träumen*）。影片讲述了一群原住民为了保卫他们的圣地，抵抗一家矿业公司的推土机的故事，涉及一种即将消失的语言的最后使用者和复杂的神话传说。我意识到，基于自己的文化背景，我永远无法深入了解这些澳大利亚原住民的思想和他们的梦，因此我干脆杜撰了属于自己的绿蚂蚁的神话，并在影片中讲了出来。我在澳大利亚北部的伊尔卡拉拜访的部落长老也更乐于接受这种做法，而不是让我去挖掘他们的神话。那时候澳大利亚导演菲尔·诺伊斯和保罗·考克斯对我帮助很大，我在此期间还住在保罗·考克斯家里。我在考克斯的电影《花痴》里扮演了一个小角色。纪录片导演兼摄影师迈克尔·埃多尔斯认识许多原住民，他非常热情地帮我联系上了对的人。我在1976年的戛纳电影节上就已经认识了迈克尔，看过他的几部片子，还邀请他在《诺斯费拉图》中客串了一个角色。瓦尔特·萨克瑟、服装设计师吉塞拉·施托希，以及我忠实又聪明的长期助手安雅·施密特-采林格也出演了这一场景，在戏里他们邀请伊莎贝拉·阿佳妮参加一场户外宴会。数以千计的老鼠在他们脚下窜来窜去。

丹尼斯·赖希勒希望我执导一部关于尼加拉瓜童子兵的电影，但我不得不拒绝了他，因为我太专注于自己在澳大利亚内陆的新项目。在那几个月里，我遇到的一个难题是，我想拍摄四十万只蚂蚁在同一时间都停止了奔跑，只是神秘地动着触角。它们得都朝着一个方向，就像强磁场下的金属丝一样。那时候我和几位生物学家一起在冷库里进行了实验，但很快就证明行不通。于是我从剧本里删除了这一幕，只在对白里提到过蚂蚁。不可行的事情，我是不会做的。

我向丹尼斯推荐了迈克尔·埃多尔斯。后来他开始与丹尼斯一起在洪都拉斯的一个军训营进行拍摄，同时担任导演和摄影师。但由于他们两人对这个项目的想法完全不同，很快就分道扬镳了。丹尼斯急切地打电话给我，问我能不能出面拯救这部电影。我想办法来到洪都拉斯，来到游击队的军训营。那儿的大部分士兵都是小孩，都属于米斯基托族。其中最小的只有八岁到十一岁。就在开始拍摄的几个月后，他们中的几乎一半人都死了，因为他们总是被派往前线战斗。他们被认为是最无畏的一群战士。丹尼斯头脑特别清醒。在部队渡过与尼加拉瓜接壤的科科河的时候，我们的营地附近在晚上遭到了迫击炮的袭击。负责指挥的军官想当然地要逃跑，但很显然敌人并没办法得知我们的位置。丹尼斯建议我们留在原地。第二天，我们本来要拍一场专门为拍摄而上演的对桑地诺[1]军营的袭击，但丹尼斯和我都不想让他们仅仅为了拍摄去交战。他冷酷而冷静地拉住了指挥官——一个爱吹牛的傻瓜——问指挥官对敌营里的直升机有多少了解。那指挥官回答道，没有直升机。丹尼斯问他是怎么知道的。事实证明，这只是对方的猜测，是他一厢情愿的想法。一旦发起进攻，危险是显而易见的，因为他们撤退的时候要穿过两公里远的开阔草地，在回到丛林边缘之前没有任何掩护。丹尼斯问，如果有士兵从军营发起进攻，谁能去军营外的那条土路上负责架起机枪打掩护，谁又能在另一个方向同样打掩护，因为敌军的援兵也有可能会从那儿过来。用一挺由两个人操作的机枪就能逼停一辆满载士兵的卡车，

1　指桑地诺民族解放阵线，20 世纪 70 年代尼加拉瓜的左翼反政府武装组织。

为己方部队到达安全地带争取时间。那位指挥官从来没有听说过这种战术。但他很自负：他已经靠近身搏斗亲手杀死过许多敌人，这次他也要这样。他热情地吹嘘着自己的英勇，但同时立即下令撤退。

那些小小年纪的士兵们给我留下了很深的印象。对我来说，这群被迫卷入人类战争的孩子比我一生中遇到的很多人都更有存在感。有时我在想，是不是真的有这样一种恐怖的场景：孩子们才是真正的士兵，而成年人只是在模仿他们。在写这段的时候，我正好在筹备一部关于童子兵的故事片。这也许并不是巧合。这个故事来源于西非的一次超现实的暴力事件，那是一场联合国维和部队与守卫在丛林里一座桥梁检查站的童子兵之间发生的冲突。

我还有一些在洪都拉斯和尼加拉瓜边境地区拍摄电影《士兵的歌谣》(*Ballade vom kleinen Soldaten*)时的笔记。

士兵的歌谣（一）

蜥蜴在烧焦的森林土地上蹿来蹿去。森林大火过去数天后，黏黏的树根深深地扎进泥土里。

小兵们的训练营。最小的只有八岁。其中一个孩子根据指示去侦查一座敌军占领的桥梁，并制作了一个非常精确的模型。随后这座桥遭到攻击，但没有成功。其中两个孩子牺牲了，因为他们总是被派往前线作战，比成年人更不在乎死亡。劳尔断言道，如果有奖章的话，他们两个当之无愧。但即便总部派人来颁奖，他们也不会把奖章给几个小鬼。

这座模型桥甚至呈现了原本桥上的一根损坏的柱子。它被摆放在一张铺满沙子的桌子上，符合桥原先的环境情况。模型上面还覆盖了一层用于保护的塑料薄膜，但由于真菌的侵蚀，那薄膜已经变得模糊不清。我在桥模型周围的沙子里发现了一些小坑洞，起初我以为是那次失败的进攻的炮弹造成的，但后来我发现有的坑洞里还有活物。那是几只小甲虫，正忙着用后腿把沙子从坑洞里扔出来，再挖得更深。

士兵的歌谣（二）

他认为沿着河流一直走到源头是愚蠢的。难道只是出于好奇吗？为什么？做这件事的男孩只有九岁，已经因为擅自脱离部队被送上临时军事法庭。这里的目标是要从一个胜利走向又一个胜利。“猪猡”劳尔在这儿负责训练小兵。他讲话的方式让人觉得他确实相信自己的说法：伏击这种事他是不干的，那是懦夫的行为。那名被他搂着屁股的年轻女子点头表示同意，这让他很受用。

他更喜欢面对面、眼对眼、手对手地与敌人战斗。他说不清自己已经杀了多少人，他早就不数这个数了。那年轻女子贴他贴更紧了。

他锁骨的左右两侧带着两颗手榴弹，随时可以出手，被他称为他额外的蛋蛋。年轻女人装着清纯的样子惊恐地喊着“ay

Diosito”[1]。意思是“啊,神啊”。这儿的男孩都被他变成了有种的男人。他的战袍有一处我从没见过的点睛之笔：在他右肩胛骨的斜背带上有一把战刀，刀柄正好悬在背上。在徒手肉搏的时候，他可以从那个地方用右手以最快速度拔刀。随后，丹尼斯发出一种很特别的轻蔑笑声，短促而刺耳。

小兵们边跑边发出粗壮的叫声。他们模仿着成年男人的声音。是劳尔命令他们这么做的。森林里仍然弥漫着火和树脂的气味。我站在小溪边，赤脚踩在温暖浑浊的溪水里。几条极小的、身披黑黄伪装的鱼凶猛地啃咬着我，专挑我脚趾之间最细微的缝隙下口。当我开始思考该怎么办的时候，那些鱼游走了，转而愤怒地扑向一片漂浮在水中的枯叶。

士兵的歌谣（三）

士兵们低声走过。

一个小个子的士兵经过我身边，他把几个塑料杯顶在头上保持平衡。杯子里装满糕点。

我在河边一棵松树的树皮上发现了一个带线的鱼钩。我用它什么也没钓到。

丹尼斯熟练地踩死了一只巨大的蝎子，它在我的吊床下面过了一夜。我感觉到了它，但以为是从我口袋里滑出来的

1　原文为西班牙语。

打火机。

有人在森林里试用新的电锯。

还有人从早上就开始在找电台。

有人抽烟，有人睡觉，有人在一块平坦的石头上磨他的砍刀。

然后是一阵静止。只有蚂蚁还在行走，不知道它们从哪儿来，更不知道要到哪儿去。

有两棵树之间出于军事目的斜拉着一根绳子，绷得很紧。但那个目的到底是什么，没人知道。

这儿有一只鸟，身体是亮橙色，翅膀是黑色。

还有一只鸟，它的叫声就像对着一口锅在喊。

据他自己统计，他手下的两百士兵杀死了三千个敌人。劳尔说，这就可以称之为胜利。

今天没有人经过我的小屋。可是，虱子也越来越猖獗。

有些事我得重新评估：松树林里夏天的炙热，森林大火后树脂的气味，孩子们参与的圣战。

一个小兵用圆珠笔在手腕上画了一块表。整个过程中，他都在边画边笑。

劳尔神秘兮兮地透露，可以通过外来侵略者的喘息辨认出他们。同样地，你也可以通过咆哮来辨别异端。异端都爱咆哮。

有个小兵名叫富恩特拉比亚，意思是“愤怒之源”，他跟我聊了会儿天。不，那不是他的战名。就是他的本名。他的母亲在他眼前被人用砍刀剁成了碎片。

富恩特拉比亚不知道自己多大，但肯定还不到十岁。他给我看了看他因为长途跋涉而疼痛不堪的脚。他还说起那些“疼痛的鱼”，肚皮朝上漂浮在水面上，也说到那场大火。现在只剩下一片“疼痛的森林”。

就像在马背上受难的基督。

士兵的歌谣（四）

科科河。丛林里的营地离河不远。灌木丛极其茂密。晚上开始下雨。士兵们陷入深深的沉寂。只有一个人用布捂着嘴咳嗽。听上去他好像得了肺结核。离我几个吊床远的一个小兵在睡梦中说着“bueno”[1]。

我的朋友豪尔赫·维尼亚蒂在雨中直接睡在了森林的地上，没有垫子，即使他的裤子已经被水浸湿了也没有醒来。他参与过《陆上行舟》等影片，是所有人中最忠实的一位。分配给我们的部队是突击队的一部分，他们的领导指挥不善，而且爱发牢骚。我们已经到了敌后。几颗手榴弹落在丛林里，距离我们很近，但又足够远，不会造成伤害，藤蔓极大地阻挡了弹片的扩散。有人想跑回河边，但在河边才是真的处于危险中，因为在那里他们会暴露在敌军视线中。而在岸边茂

1 原文为西班牙语，意为“好”。

密的丛林里你却发现不了敌军，因此没法准确还击。

早上我们费了很大的劲儿，花了两个小时却只走了两百米。按照这个速度，我们要走八个星期才能到达目标敌军营地。在错综复杂的茂密丛林里，我只能看见几个人走在我前面，他们在灌木丛中穿行，就像在建造隧道一样。小兵们就在我身后。只有在战斗中他们才会被拉上前线。一只黑色的小马蜂像炮弹一样径直飞到我的眼前，瞄了瞄准，蜇了一下我的下眼皮。从此我的脸完全肿了。

出发不久，我就大汗淋漓，皮带和皮包全都被汗浸湿。我们大部分时间都站着，因为带砍刀的先头部队几乎完全没法向前推进。静静站着的时候，我仔细地辨着那些奇特的花朵，仿佛它们不属于我们的世界。我们听到北方传来流弹声。自打中午开始，从东边很远的地方又传来手榴弹爆炸的声音。我们从肮脏的泥坑里喝了点水，里面放了些消毒药片。水并没有净化，但至少能喝了。

"我们被发现了。"劳尔说。他让小兵们站成队列。然后他让他们在小空地上敬礼。对谁敬礼？为什么要敬礼？随后他下令撤退。很明显，他所说的突袭敌方军营只是在作秀而已。丹尼斯毫不留情地指了出来。我们已经折返之后，劳尔命令小兵们继续立正敬礼。空地上方可以看到有秃鹰飞过，向东而去。它们在空中的盘旋似乎凝固了，就像一片瘟疫和死亡的黑色气息。

我们回到了营地。一场瓢泼暴雨倾盆而下。有几只鸡被人用韧皮绳绑住了腿，被遗忘在了大雨中。它们似乎知道没有人会记得它们。它们的羽毛又重又湿，一动不动地站在阴暗的暴雨里，时不时被闪电照亮，面面相觑地轻轻颤抖。倾盆大雨中的河上漂过几棵灌木丛和整个树干，根部冲着天上。

然后有一座由被连根拔起的树木组成的小岛从我眼前飘过，岛上有一只瘦小的狗，像偷渡客一样弯着腰。我的思绪跟随着它在暴风雨中飘向远方。

士兵的歌谣（五）

他轻轻地、认真地用靴尖来回搓着香烟。只有当香烟恰好卡进一处缝隙时，才会顺着木板之间的裂缝落到酒吧门廊下面的大海里。我注意到那个士兵才刚把它点燃,只吸了两口。接着他小心地把它按在桌子上掐灭了。“跟我说点什么吧。”[1]我对他说。“不说，没什么可说的。”他回答。他把 M16 步枪靠在旁边的桌子上。他的年纪对于士兵来说太小了。他有着典型的印第安人长相。

他说他的名字叫帕拉迪诺·门多萨，即使你死了，你的名字也会永远存在下去。我们的目光沿着一直延伸到海里的码头，向远处的潟湖望去。有一艘渡轮在那儿搁浅了。船的螺旋桨卷起沙子。平整的甲板上唯一可见的货物是一辆汽车，

1 原文为西班牙语。

司机正在交替着猛加速和急刹车。给他回旋的空间不到两米。就这样重复了几次，渡轮稍微摇晃了一下，但还是无奈地卡住了。

那地方的上空盘旋着一圈秃鹫，又黑又瘆人。晚上又有太多的星星。这是一场孩子们的战争。睡意笼罩着一切。脑海中还浮现着“极乐”、“蛋黄”、“一命呜呼”、“九十一”这些词。一声枪响吓了我一跳。士兵帕拉迪诺·门多萨已经走了。我没有注意到他是怎么离开的。

我在码头上才再次见到他，当时又一次响起连续的枪声。我以为是停在码头尽头的驳船被击中了，因为有几个人在四处逃窜，试图寻找掩护。我的目光顺着他们，看到一个男孩迅速推开他的摩托车逃跑了。我认出那是士兵帕拉迪诺，他现在独自一人站在栈桥上，把枪稳定在腰上，正在将弹匣中的子弹打向天空。所有人的目光都转向他。他想要得到所有人的关注。

随后，他冷静地用双手托起步枪，对着自己的嘴开了一枪。由于他把枪管含在了嘴里，所以他的枪发出了我以前从未听过的声响。他身子一沉，同时向后倒去，那样子像是他要坐下。人们向他跑去。另一个小兵在栈桥上跑向我。我从木板上拿起一颗仍然发热的弹壳，心里知道它不会给我什么启发。警察局局长跑过来，拔出手枪挥舞了一会儿。现在他也无助地站在慢慢凝固停滞的血泊中，手插在裤子里，抓着自己的私处。他的门牙镶着银边。

我看到帕拉迪诺·门多萨的一根手指上戴着可乐罐拉环作为戒指。他流出的脑浆发黄，呈泡沫状，带有浅色的血迹。他的手掌还朝上伸着，目光也朝向上方，望向虚空。他静静地躺在那儿，面色凝重，内心的风暴已然平息。天开始下起小雨，雨滴落在他已经失去知觉的手上。

帕拉迪诺脚边有几个破损的粗糙包装纸做的水泥袋。它们之所以被留在那儿，是因为它们吸收了水分，早已硬化成开裂的灰色混凝土块。有一头猪假装闻了闻水泥，眼睛却紧盯着死尸。它试着去舔脑浆，但被人踹到了一边。

23. 查特文的背包

在澳大利亚筹备《绿蚂蚁做梦的地方》期间，我在报纸上读到布鲁斯·查特文在悉尼发布了他的新书《黑山之上》。我知道他那本杰出的书《巴塔哥尼亚高原上》，也读过他的小说《维达的总督》，后者讲述了一个巴西土匪崛起成为那个时代西非最大的奴隶贩子和达荷美总督的故事。我几乎所有电影的故事都是自己原创的，剧本也是自己写的，但我经常会静静地想以他这本小说作为一部故事片的基础。突然间，我想明白了所有事情。我联系了悉尼的出版社。不过查特文正在为一本新书做调研，已经消失在这个国家的内陆地区。我留下自己在墨尔本的电话号码，当时我正在那儿筹备拍摄，请求他们一旦查特文出现在关注范围内，就立即联系我。一周后，我接到一个电话：如果我在六十分钟内拨打阿德莱德机场的某个号码，也许就能联系到他。令我非常惊讶的是，查特文立刻就听出我是谁，他知道我的很多电影。更让我惊讶的是，他的背包里就带着我写的关于长途跋涉徒步去找洛特·艾斯纳的书《冰雪纪行》。他正在返回悉尼的路上，想从那儿返回英国。我问他能不能推迟回程的航班，绕道去一趟墨尔本。他很干脆地答应了。他下午就能到墨尔本。我不知道他长什么样子，怎么才能认出他，他只是说："我是个高个儿，黄头发，看起来像个学生，背着一个皮制背包。"当我和东家保罗·考克斯一起去接他的时候，我在一百米外就从拥挤的人群里认出了他。

他一出机场，就毫无征兆地讲了一个又一个故事。接下来是一次四十八小时的马拉松，我们兴奋地互相讲了一个接一个的故事，但他说话时就像个活瀑布，我几乎没有机会插嘴。但我相信自己在这方面是他唯一的对手，我们互相话赶着话，三分之二的时间都是他在迷醉地讲着，三分之一的时间是我。当然，在这中间我们也会吃饭睡觉。他在保罗·考克斯家睡我的床，我睡沙发。后来我听说，在其他场合，如果有不认识的人让他留宿，他会一下车就开始讲故事，对东家只是点下头致意。他立刻就被现场那些只想听他说话的人围住了。他和我之间的相识让我终生难忘。

由于我正在拍我的新片，我们商定，一旦资金到位，我就会尽早启动拍摄他那个关于奴隶贩子弗朗西斯科·曼努埃尔·达·席尔瓦的故事。作为预防措施，我还跟他说，一旦有其他人想买他这本书的版权，要立刻通知我。我们之所以能够如此直接地和对方打交道，可能是因为我们都有徒步的经历。更准确地说：我们都不是那种带着帐篷、睡袋和炊具上路的"背包客"，我们几乎不带行李就开始长途跋涉。世界对那些徒步上路的人是开放的。布鲁斯深入钻研过游牧文化。他深刻地认识到，人类的所有问题都与放弃游牧生活有关。随着人类开始定居生活，聚居地、城市、单一耕作和科学才得以发展，人口数量可怖地大幅增长——所有这些都不利于人类的生存。显然，我们没法让时间之轮倒转。布鲁斯喜欢我的“十诫”，也就是我列出的现代文明的罪状——其中包括驯养出第一头家养猪。它不能和第一条家养狗相提并论，因为狗可以成为你狩猎时的伙伴。还有第一次为了爬山而爬山，就像彼特拉克[1]那样，他是我们所知道的第一个登山者，我们从他写的关于登山的拉丁文信件里可以感受到，他因做了一件闻所未闻的、几乎是被禁止的事而颤抖。所有山区居民，包括瑞士人、夏尔巴人、巴尔蒂人，都从来没有想过要登山。

我也许是唯一一个能毫无障碍地理解布鲁斯所说的“行走的神圣性”的人。1974年冬天，我从慕尼黑徒步走到了巴黎，去看望病重的洛特·艾斯纳。当然，那场旅途也有某种宗教仪式的意味，是为了不让她因为疾病而受到死亡的威胁。洛特·艾斯纳甚至不知道我为了去看她，在雪地里走了二十一天。当我走到时，她奇迹般地几乎恢复健康并出院了。我的徒步就像一次朝圣之旅，有种魔法显灵的感觉。但八年后，她差不多八十八岁的时候，把我叫到了巴黎。她几乎已经失明，也不能走路。她说：“现在我活够了。”她问我能不能解开“她死不了”的符咒，说这话时带着一丝戏谑，但我感觉那不是在开玩笑。我用轻柔的态度回应她说，符

1 意大利文艺复兴时期诗人，被誉为“人文之父”。1336年，彼特拉克登上旺度山山顶，在当时，不为其他原因的登山是很罕见的，这天被视为登山运动的“诞辰”，他本人也被称作“登山运动之父”。

咒解除了。仅仅过了一个多礼拜，她就去世了。

布鲁斯和我徒步的方式迫使我们要去寻找容身之处，并与外人接触，因为我们没有庇护所，不得不这样做。我不记得我或他曾经被谁拒之门外，因为在我们的文明里原本有一种深深的、近乎神圣的待客之道，只不过它看似被埋没了。但在我的人生中，经常出现没有村庄、没有农场、没有屋顶可以安身的情况。我睡过露天的田野，睡过仓库和桥下，当下雨或天气很冷的时候，周围只有一个空荡荡的狩猎小屋或度假寓所，我从来没有觉得闯进去有什么问题。我经常闯入锁着的房子，但不会造成破坏，因为我总是随身携带两个钢制弹簧作为“手术工具”，用来撬开门锁。我通常会留言表达谢意，或者把厨房桌子上的填字游戏做完。我讨厌全世界的电影学校所做的事情，于是我创办了“流氓电影学校”。这是一所秉持着相反理念的、游击队式学校，我在那儿真正教的只有两件事，伪造文件和撬安全锁。剩下的都是指导如何破坏现有体制，从中学会拍自己的电影。

有一天，我收到布鲁斯的一封信，说大卫·鲍伊想获得他的小说《维达的总督》的版权。鲍伊显然也想演主角。我打电话给布鲁斯说：天呐，鲍伊不合适，他对这个角色来说太雌雄同体了。布鲁斯也有同样的看法。我把所有的钱凑起来，买下了他小说的版权。金斯基要扮演那个土匪。布鲁斯之前也在银幕上看到过金斯基，对他印象很深刻。1987年，我把这部电影命名为《眼镜蛇》。它成为金斯基和我继之前四部电影之后的最后一次合作。那段时间，金斯基就像个精神错乱的恶魔。他心已经飞到另一部他自己的关于帕格尼尼的电影上。当然，他不会简单地管这部电影叫《帕格尼尼》，而是叫《金斯基的帕格尼尼》。多年来，他一直逼迫我执导他的这部电影，但他的剧本长达六百页，用行话来说就是“无可救药”[1] 的。我们在加纳刚刚开始拍摄《眼镜蛇》的时候，他就恐吓我的摄影师，搞得场面让人无法忍受。金斯基下了最后通牒，要求解雇托马斯·毛赫，尽管他从《阿基尔，上帝的愤怒》开始，就知道自己面前的是个世界级的摄影师。我们不可避免地暂停了拍摄，但毛赫意识到我没法支持他，于是退出了这部电影。我有时在内心深处会觉得是自己背叛了他。我真希望当时能够忠诚地站在他那边，但要是这样的话就不会有这部电影了，更重要的是，会对其他同事造成无法弥补的损失。拍电影常常会带来破坏。如果你仔细翻阅电影史，就会发现破坏无处不在。值得庆幸的是，托马斯·毛赫自己处理得很好。他拍了自己的电影，也在其他导演的许多项目中担任摄影师。在那之后，我再也没有和金斯基合作过，但也有其他原因。我在五部影片中让他扮演了截然不同的角色，而如今已经没有什么可挖掘的了。出于对金斯基的保护，我必须得说，他经常非常慷慨，而且乐于助人。我们一起经历了一段有着深厚的同志情谊的时光。我的电影《我的魔鬼》就是证明。他可以在镜头前对搭档充满尊重、和蔼可亲，这一点在他面对克劳迪娅·卡汀娜和埃娃·马特斯时，表现得尤其明显。他只是看出了这两位女演员独特的才华和魅力。但我们的合作常

1　原文为英语“Beyond repair”。

常被推向极端，进入对彼此都构成危险的境地。我们都曾经打算杀死对方，但这种计划更像是种丑陋的姿态，像是场装腔作势。有一天晚上，我爬上陡坡，来到他在旧金山北部红木林里的小屋——正常通往小屋的路在另外一侧——我打算突袭他，但并没什么把握。他的牧羊犬开始向我狂吠，这就给了我一个很好的撤退理由。只有一次我真的威胁过要杀了他。那是在拍摄《阿基尔，上帝的愤怒》期间，金斯基在杀青前两周就收拾好东西并装上船，准备离开拍摄现场，但他这么做是不被允许的，因为我们的工作远比个人要重要得多。我没有武器，两手空空，语气也很克制，但金斯基意识到这次不是普通的威胁。我已经拿走了他的温彻斯特枪，他有时会用它疯狂地乱射。在丛林里这种行为是被允许的，他以为自己在勇敢地抵抗美洲豹和毒蛇的攻击。但是有一天晚上拍摄结束后，三十个群众演员在他们的小屋里打牌，喝着茴香酒。金斯基勃然大怒，因为他们在远处的笑声传到了他在山上与世隔绝的小屋里，打扰了他。他随机冲群众演员的小屋开了三枪。那小屋的墙只是竹子搭的，子弹像穿过纸一样穿墙而过。几个群众演员互相挨着，但纯属巧合的是，他并没有击中他们的身体，只是射中了一个小伙的中指上关节。拍摄《陆上行舟》期间，当金斯基大发雷霆时，那些阿沙宁卡族人显然都很害怕。他们安静地坐在地上围成一圈，互相窃窃私语。他们在社交中从来不大声争辩。后来他们的一位首领告诉我，我可能注意到了他们很害怕，但他们害怕的不是那个尖叫的疯子，而是我，因为我太安静了。他还提出要替我杀了金斯基。我礼貌地拒绝了，但我知道他们会当场采取行动。

我邀请过布鲁斯去加纳拍摄《眼镜蛇》，但他写信告诉我，他病得很重，不能再旅行了。他感染了一种极为罕见的真菌，在他的骨髓里扩散。这种真菌只在一头搁浅在阿拉伯海岸的鲸鱼身上发现过，还在中国南部云南省的一个洞穴里的蝙蝠身上发现过，而他确实去过那儿。但后来发现，真菌感染只是艾滋病的并发症。我一直催促他过来，他的病情突然有所好转，问我他能不能坐着轮椅来找我。我回答他说拍摄地的地面不太适合轮椅。我写信给他："我会给你配一个吊床和六个挑夫，再加上一个人打着大太阳伞，你就像当地的小国王一样，一直有支仪仗队围在身边。"这些条件他无法拒绝。那时他可以自己走路了，哪怕只是走很短的距离。他在他的书《我在这里做什么》里写到了这次经历。他对我们剧组里的国王印象尤为深刻，那人是恩赛因的酋长，阿格耶菲·夸梅二世。他在影片中扮演了一个角色，身着盛装亮相，带着三百五十名随从、鼓手、舞者、妻子和宫廷诗人。在这部电影里，我们还选了八百名年轻女性来扮演亚马孙的军队，由意大利最优秀的特技师乔吉奥·斯蒂凡内利在阿克拉的一个运动场上训练了数周。斯蒂凡内利为意大利式西部片设计过无数场大规模的打斗场面，现在面对的是一群能说会道、自信且难以控制的年轻女性。布鲁斯在我们位于埃尔米纳的拍摄地目睹了她们的一场小规模起义，在书中带着震惊描述了这一场景。除了金斯基以外，我还要和一群优秀且难对付的女战士打交道。当时我们每周都要跟她们用现金结钱。我记得有一次拍摄结束后，这群女人在一座堡垒的院子里换衣服。根据经验，在发钱的时候她们不会排成一队登记领钱。她们会直接冲向堆放着现金的桌子，最后搞得一团乱。这一次，当地的工作人员决定利用堡垒内院和外门之间的隧道式过道作为天然瓶颈，来疏导预计会出现的混乱。但那是个巨大的错误。她们一得知外面已经准备好了工钱，所有人就突然冲向沉重的外门。为了不让太多人同时通过，外门故意只打开了一扇小门。过了一会儿，几个女人的身体已经互相卡在狭窄的小门里，后面挤来的压力越来越大，我看到她们中的一些人还站着就失去了知觉。但她们并没有在拥挤的人群中摔倒，而是在昏厥中直立着。那些在很后面挤着的人，根本不知道前方发生了什么，兀自叫喊着。我徒劳地对拥挤的人群大喊，因为我意识到，八百个人每人身上十公斤的压力，就会造成前面的人要承受八千公斤的压力，这种情况在几秒钟内就会出人命。足球场里可怕的事故就是这样发生的。外面堆满钞票的桌子旁，站着一名士兵在守卫。加纳通货膨胀剧烈，钞票都得堆放在独轮车里。我大声叫他，让他向空中开一枪，但他就像瘫痪了似的。我不得不抓起他的枪，对着天空开了一枪。拥挤的人群吓了一跳，猛地退回地道里，只有四五个昏迷的人倒在地上。

接下来的两年，布鲁斯的病情恶化了，我却不知道他病得有多严重。1987 年，他来到拜罗伊特的瓦格纳音乐节，我在那儿导演歌剧《罗恩格林》。他是和妻子伊丽莎白一起来的，大部分路程都是他开着他的“铁皮鸭”——一辆雪铁龙 2CV。此后，我在南撒哈拉拍了一部关于游牧民族沃达贝部落的纪录片，更确切地说是关于尼日尔某个半沙漠地区一年一度的部落集会，那儿有一个婚姻市场。这儿的男人可能是世界上最美的男人，他们在长达一天的仪式中通过化妆让自己变美，由女人们来挑选最美、最有魅力的男人。她们从一群跳舞的男人中挑选一个来过夜。如果不中意，她们很快会再把他退回去。我跟布鲁斯说了我在剪这部片子，他说他一定要看。后来《太阳牧者》（*Wodaabe, Hirten der Sonne*）完成的时候，我接到伊丽莎白从普罗旺斯的塞扬镇打来的电话，布鲁斯在那儿的一栋老房子里静养。布鲁斯的身体很虚弱，但他还是很想看我的电影。我从慕尼黑开车去看他。我把片子刻在一盘录像带里，随身带着。

我到达时，伊丽莎白在门口拦住我，小声问我是不是真的想进来，布鲁斯已经奄奄一息了。虽然我有片刻时间做心理准备，但接下来还是立刻被深深震惊了。布鲁斯瘦得只剩下一副骨架，头骨上只有一双大眼睛还发着微光。他几乎说不出话来。他要求单独和我待一会儿。他的嘴和喉咙里布满一层薄薄的真菌，一直扩散到他的肺部。他对我说的第一句话是："我要死了。"我说："布鲁斯，我看得出来。"他想让我把他从痛苦中解救出来，问我能不能杀了他。我说："你的意思是让我用棒球棍把你打死，或者用枕头把你闷死？"但他想到了一种速效药。他为什么不和伊丽莎白说呢？不行，她太信奉天主教了，别想了，不能求她。他又放弃了对我的请求。他想看看这部电影。我给他看了前十五分钟。然后他渐渐失去了知觉。他恢复意识后，要求接着看片子。于是他一点一点地看。这是他生前最后看到的画面。他把自己的腿称为他的“小伙子们”，这双腿现如今就像骨头做的纺锤一样。他腿很疼，要我把他的“小伙子们”换个姿势，我照做了。后来，他从半昏迷中醒来，喊道：“我还要再上路，我还要再上路！”[1]我对他说：“是的，布鲁斯，那是你该去的地方。”他看着他的腿，已经什么都不剩了。他没有了身体，只有燃烧着的灵魂。他对我说：“我的背包对我来说太重了。”我回答道：“布鲁斯，我很强壮，我可以帮你背。”他把电影看完了。差不多两天后，他告诉我，他觉得死在我面前很尴尬，我说我能理解，尽管我并不害怕待在他身边。当我最后应他的要求离开时，他在非常清醒的状态下说：“沃纳，我的背包一定要给你，你要替我背着它。”我离开了他，几天后，伊丽莎白把他送到尼斯的一家医院，过了几个小时他就去世了。布鲁斯的背包放在他牛津附近的家里，伊丽莎白把它寄给了我。这个背包不是纪念品，我还在用着。在我拥有的所有东西里，这个由赛伦塞斯特的一个马鞍匠用坚硬的皮革制成的包，对我来说是最珍贵的。

布鲁斯去世后不到两年，他的背包就变得很重要。我开始拍摄故事片《石头的呐喊》，这部电影于1991年上映。故事的想法来自赖因霍尔德·梅斯纳，讲了两名登山者去参加攀岩竞速赛，他们要攀登的是所有山中最难攀登的山峰：位于巴塔哥尼亚的托雷峰。这座山看起来像一根两千米高的花岗岩针，顶部覆盖着蘑菇

1　原文为英语。

形的冰和压实的雪。除了登山者中最杰出的那几个，很少有人攀登过。仅在一个周末内，登顶珠穆朗玛峰的登山者数量就是托雷峰的两倍。除了难以攀登的光滑峭壁外，巴塔哥尼亚南部还有难以想象的风暴在肆虐。瓦尔特·萨克瑟给这部电影做制片，也参与了剧本创作，而这正是这部电影的问题所在。因为在这种情况下，我总是会按自己的想法改编故事，使之符合我看待事物的方式。但我这种做法遇到了很强的阻力，最后他要求我精确地按照制定好的分镜去拍，可是这在暴风雪中的岩壁上是不可能做到的。分镜和剪辑成了这部电影的关键，但我可以接受这一点。几乎所有的电影都是这么制作出来的。我只是希望这部片子要么完全是瓦尔特·萨克瑟的，要么完全是我的，但它最终卡在了中间。

主演维托里奥·梅佐焦尔诺在电影里背着那个皮包，向布鲁斯·查特文致敬。当背包不需要在画面里出现的时候，就轮到我用。有一场戏里，两名比赛的登山者已经可以碰到顶峰悬垂着的冰蘑菇，两人中年龄较小的那位从岩壁坠落，被自己的绳索拖拽而死。这个角色由一位真正的登山运动员斯特凡·格洛沃茨扮演，他赢得过“攀岩大师”比赛，算是个非官方的世界冠军头衔。由于山上有暴风雨，我们转场到山谷里拍摄。有一个多星期，我们既看不见山，也无法靠近它。之后突然就有了喘息的机会。云层消散了，接下来的晚上毫无微风，星光明亮，寂静异常。到了清晨时分，天空湛蓝，出了太阳，一片平静。我们确信现在可以在峰顶附近拍摄困难的场景了，于是在离实际的山峰有一定距离的地方选了一个类似的雪蘑菇山顶，可以通过一个狭窄的雪脊到达那里。要做的就是迅速行动。我们决定让斯特凡·格洛沃茨、一位登山摄影师和我作为先遣队，坐直升机前往山脊，格洛沃茨要在那儿与摄影师和我协商后，开始固定绳索。这样可以给我们节省些时间。二十分钟内就会有一群登山者赶来支援我们。他们可以迅速搭建起一处临时营地，提供帐篷、睡袋、绳索和食物，以确保安全。这样操作违反了铁定的流程，但当天早上，包括一些世界上最顶尖选手在内的登山运动员们进行了一次简短的碰头会，我们都同意在当时的情况下采取不同的行动。

直升机载着我们几个作为先遣队登上山脊，飞行持续了十分钟。放下我们后，直升机立即起飞去接安全队。我们只在山脊上走了几步，就来到了阿根廷一侧的冰川，那是离托雷峰更远的一侧，而智利就在另一侧。两侧是一千多米深的近乎垂直的岩壁。我用余光看到了些奇怪的东西。智利那一侧，有几片厚重的云朵停在我们下方，像棉花球一样，一动不动。视野非常开阔，可以看到大约一百公里外的太平洋海岸线。但就在这时，那群云朵出现了无声的骚乱。棉花球从深处向我们撞击过来，就像是原子弹爆炸时的蘑菇云。我朝格洛沃茨大喊，问他这个现象意味着什么，但他只是惊讶地呆站着。我有一部对讲机，立即用它呼叫了直升机。现在它在空中只是个遥远的小点，但我看到它飞了一个圈，又飞回我们身边。就在它触手可及的时候，第一波风暴袭来，卷走了直升机。

几秒钟内，我们就陷入一片白色，最远只能看到伸出的手。风暴时速能达到大约两百公里，气温零下二十度。我们紧紧地抱在一起，走到一堵坚实的雪墙前，挖了个洞钻进去。我们只有一把冰斧，再加上格洛沃茨拍摄时要用的绳索，但没有帐篷，没有睡袋，没有食物。我口袋里有两根巧克力棒，还有布鲁斯·查特文的空背包。我们想办法造了一个小小的露营洞穴，比酒桶大不了多少。我们并排蹲在里面，这样相对可以确保安全，因为用冰块堵住身后的入口之后，呼吸和体温能让里面的温度保持在零上一两度。我坐在空背包上，避免与冰直接接触而失去过多的热量。后来我听人们说是那个背包救了我的命，但那是胡扯，因为即使没有垫子，他们俩也和我一起活下来了。我每隔两个小时和山谷里的人联系一下，想靠这样节省电量。我把巧克力分给大家。每人都得把自己的一点口粮分出去。我们挤在一起度过了一天一夜，而那位经验丰富且坚韧的登山摄影师很快就感觉到不舒服。我们把他夹在中间，强迫他保持手指和脚趾运动，因为四肢总是最快被冻僵的。然而他体力衰退得很快，到夜晚结束时，他状况就已经很差了。我打开放在我腋下保暖的对讲机的时候，他从我手里一把夺过去，对着无线电说，再来一次这样的夜晚，他就活不过去了。

他的话让山谷里的登山者们有所警觉。他们分成两队，每队四个人，试图通过两条不同的路线找到我们。由于风暴、低能见度和严寒，其中一支队伍很快就放弃了。第二支队伍离我们很近，只有几百米的海拔差，但是他们之中最强壮的一个，也是阿根廷最好的安第斯山登山者脱下了手套。他用牙齿把手套扯下来，扔进风暴中。然后他打了个响指，像是在向服务员付他的卡布奇诺的钱。这时，他的队友们不得不去救他，差点把他带到了下面的冰川上，但随后他们又被一阵小雪崩冲到了更深的地方。他们在那里挖了个露营洞穴，有食物、睡袋和融雪用的炉子，很是安全。在山脊的顶端，我们强迫自己吃雪，保持手脚运动。我们又度过了第二个一天一夜。到第三天，云层突然有了点裂缝，风暴近乎平息。直升机冒险向我们靠近，但不敢直接降落在山脊上。我们把那位生病的人抬上直升机。几秒钟后，格洛沃茨也摇摇晃晃地进了机舱，而我则爬上了金属吊篮。有那么一瞬间，我直起身来，想爬进机舱，但飞行员在慌乱中直接飞走了，我踉踉跄跄地向后退去。我紧紧抓住吊篮上的一根铁的支柱，蹲了下来。下到山谷的那几分钟里，我裸露的手指被紧紧地冻在柱子上，再也无法解开。最后，团队里的一位阿根廷人要求女士们回避一下。他精准地对着我的手指，在上面撒了一泡尿。这根手指头就靠这泡温热的尿液保了下来。我们已经在山脊上待了五十五个小时，而接下来的十一天，天气再次变得非常糟糕。

24. 阿尔山隘

我的电影都是走出来的。这句话不只是个比喻。我和布鲁斯·查特文之间的共同点就是行走，这种行走形成了一种世界观。不管我所着迷的主题有多么不一样，人们总能在我所有的作品里感受到这种世界观。早在他去世之前，1986 年，我就一直背着他的背包，或者更准确地说是他从英国寄给我的仿品，穿越了阿尔卑斯山。我还想补充一句，或许我和其他人一样懒惰，只不过徒步行走这件事对当时的我来说有种存在主义层面的重要性。那时候我记了一本日记，下面是一些摘录：

1986 年 5 月 8 日，星期四

泰根湖——罗塔赫 - 埃根——速腾堡——瓦莱普。沿着罗塔赫，雨，下了一整天。一块圆木一次又一次地被卷进水坝下的漩涡中，被弹出去，然后总是不可避免地再次回到漩涡，沉入全是泡沫的水面下。我看了好久，愈发清晰地回想起童

年的记忆。我在房子后的小溪边，怀着深深的不安注视着一块木头。有根刚刚折断的树枝顺着瀑布被冲下。树枝上没有什么树叶，树皮几乎都在岩石中间被磨掉了。这根树枝陷入了同一个漩涡。但是在循环了很久之后，它把那块木头从可怕的漩涡中推了出去。那树枝留了下来，我一直盯着它看。天已经很黑了，大家开始找我。在大农场干活的雇工伦茨找到了我，向我伸出他坚硬、巨大的手，我便不再感到寒冷。

罗塔赫检查站附近有一个冰球射击俱乐部。他们在柏油路上玩，带着一桶啤酒，说着他们的方言，完全沉浸其中。雨还在下着。春天，树木开花，鸣禽欢唱。再高一点，大约一千米的地方，雪在很轻柔地下着。

瓦莱普的客栈老板给我看了上季度的彩票。每抽出一个号码，他彩票里的数就刚好比中奖号码少一位数。以前这家客栈有只家养鹿，名叫“汉西”。随着年龄的增长，它的脾气变得越来越坏，有时会用犄角攻击客人，最后人们不得不把它击毙了。

在边境之外的高山牧场小屋里，曾经有一只喝杜松子酒、抽雪茄的白山羊。它死后，人们把它的头做成标本，挂在客厅里，还在它的嘴角插了一支烟。我问这只山羊是怎么死的。“肝硬化。”客栈老板回答道,随即给自己倒了一杯龙胆酒。“小心你的肝,认㞞吧。”他打起精神,很快又低下头,把酒给干了。我也点了一杯龙胆酒。“是啊。”客栈老板说，他也听说过瓦莱普的那头鹿。1936年，那时候还是希特勒的时代，它顶穿了一个客人。然后那头鹿就完蛋了。那个年头的人可不会对一头鹿犹豫不决。希特勒他们也一样，从来不会犹豫不决。

5月9日，星期五

晚上，我在高山牧场里挂起了吊床。附近的几幢房子都住着人，我不好意思和人见面，就只能自己藏起来。我打着剧烈的寒战，当我抓住栏杆展开吊床的时候，整个门廊都跟着我摇晃。

……

5月11日，星期日

晚上太冷了，冻得我爬起来在门廊来回走了好几个小时，后来我又睡了一小会儿。今天早上，整个石海就在我面前。我是被鸟叫醒的。这个早晨就像精炼的矿石一样。我穿过陡峭的森林，积雪很深，寂静更深。客栈里的消防员中有一个穿着消防制服的蒙古人。

从米尔巴赫跟着指南针一直向前，就能到圣约翰。森林里的小路非常陡峭，连鹿都上不去。第一次休息的时候，我用一根针把脚上的水泡挑破，让液体流出来。我意识到，我需要越来越大的勇气才能与村庄里的人们打成一片。

关于行走：一次又一次，一次又一次，意义总是从那些最微小、最常被忽略的事物中显现出来。正是这些微不足道的细节，构成了一个全然更新的世界的根基。一天结束时，行走着的人就再也数不清一天的财富了。在行走中，没有所谓的字里行间，一切都发生在最直接、最粗暴的当下：牧场围栏、还不会飞的鸟、新砍伐的木材的气味、野生动物的惊讶。今天是母亲节。

在丁滕镇的上方，我出乎意料地从森林里走了出来，遇到了一位衣冠不整的老人。他身材矮小，弓着背，正用一个半盲的双筒望远镜看着一支送葬队走向教堂。我的出现吓了他一跳，他似乎很羞耻于自己家破碎的窗户和褪色的、部分脱落的屋顶瓦片。他的手和头发看样子很多年没洗过了。在他摇摇欲坠的小房子后面，有人停了一辆大众汽车，发动机、门和轮子都没了。是的，他说，他一个人住在这儿，还问我是不是冒着雪翻山过来的。他不让我再沿着陡峭的山坡往下走，于是我走上了这条蜿蜒曲折的路。

大阿尔-许特施拉格。许特施拉格似乎是最后一个能让我在小商店里找到东西的地方了。我要去一家旅店过夜。陶恩山脉的阿尔卑斯山山脊看起来很高，非常高，覆盖着厚厚的积雪。我要带上一长条面包和一块肥肉。

5月12日，星期一

许特施拉格。早上买完东西后，我给自己砍了一根比我一条胳膊还长的粗木棍，顺着溪流往上走。那景色很快变得更加荒凉而壮观。厚厚的雪，成群的岩羚羊，还有几个瀑布。

有好几次，我都倒在了没过腰的湿雪里。我咒骂着，然后与早期登山者的神和解了。我心想，我的绑腿和手杖的价值没人能够估量。这让我稍感满足，就像一个人在清点他仅有的两件值钱的物件。

我沿着一个大概两周前留下的脚印走着，但它突然消失了。没有人来过这儿。顺着几条异常陡峭的雪沟上坡后，我见到一个狩猎小屋，外面围着一圈警告标志，示意此处是私人财产，有自动射击装置保护。几只雪鸡从我面前掠过。但我几乎没看见它们，因为虽说当时天气不好，天空灰蒙蒙的，但我开始雪盲了。我没戴墨镜，太愚蠢了。我的眼睛发炎了，眼睑肿得很厚，但仍然能认出自己要去的地方。我的目标是山脊上的阿尔山隘。由于积雪，它与我最初想象的不一样，但是我无论如何都不能错过。于是我花了很长时间琢磨指南针和地图。有人告诉我千万不要去那个我最后的目的地。他们警告我说，战争结束的时候，也是五月的某一天，有许多年轻力壮的士兵要回到他们的克恩顿州老家。他们中有好几个人在试图翻越阿尔卑斯山的主山脊的时候，在阿尔山隘遭遇了不幸，有的葬身雪崩，有的永远失踪了。

我又朝着山脊的方向往上爬了很远，走到非常陡峭的地方的时候经常陷进雪里，雪直没到胸口，这段攀登非常艰难。就在阿尔山隘，我借着旁边的岩石，绕过一个又短又陡的雪崩坡。突然间，马尔塔山谷和一座巨大的拦河坝出现在我下方的南面。水库的水面上漂着浮冰。大坝旁边的旅馆还封锁着，但我用发着炎、流着泪的眼睛看到了三个人。我还看到在南边有一个无比陡峭的雪崩坡，没有其他路可以绕过它，因为如果没有冰爪、弹簧钩和绳索这样的装备，根本爬不过上面的岩石。该怎么办？要绕行远超一百公里的路折返回去吗？我花时间想了很久。我走近雪崩坡仔细观察。它看起来很险恶。那斜坡裂开时发出一种奇怪的声音，像蛇的嘶嘶声。仿佛有什么东西想要爆裂，但又忍住了。我没有做出决定，就发现自己已经飞快地跳过了斜坡。我到了中间，听到一声脆响，好像一个缓缓充着气的巨大气球爆裂了。这个爆裂声既有点尖锐又有点低沉。我穿过陡坡，怀着惴惴不安的心情看到，我足迹下面的雪，裂开了一条大约一米宽的深缝，从斜坡的一端延伸到另一端。但雪崩并没有开始。

科隆布莱恩大坝上有个技术团队在值班。他们整个冬天都在这儿，大雪仍然封着山，他们与外界隔绝。只有一架直升机偶尔来投送粮食，除此之外，他们还有一台电话。没人相信我是从阿尔山隘下来的。他们用望远镜在雪地上研究了很久，还悄悄地互相讨论，好像觉得我肯定是个逃犯。他们想知道，我为什么要这么干，为什么要到这儿来。我告诉他们，实际上我有个不想跟世界上任何一个人说的秘密：我其实是为了要向我妻子求婚，所以最好是步行去找她。接着，这些人向我展示了他们在大坝里干的活儿。混凝土墙内的竖井深不见底，他们可以通过悬挂在那儿的摆锤读取墙壁的变形量。还有几个测量站。大坝的内部结构非常复杂。

其中一位工程师打电话给女儿辅导作文，主题是关于五月份大自然里的鲜花盛开，尽管当时他这儿还是冬天。另一位在各种健身设备上练了几个小时，还有一位负责照顾整个旅馆里的水培植物，他把这些植物从大厅一直布置到办公室。我睡在这家空旅馆的五楼。其实我想睡哪层楼都可以。一天结束的时候，我仔细地听着山谷里的声音，因为我好像听到了远处的布谷鸟的叫声。

5月13日，星期二

晴朗、蔚蓝的一天。今天下午晚些时候，技术团队意外地要被替换了，有一架直升机就要到了。他们都在收拾行李。其中一位正在厨房里洗攒了几天的盘子。我帮那个叫吉格勒·诺伯特的人扫地。

他们想给我一个手电，好让我在山谷深处的隧道里用，但我没细想就拒绝了。路上仍然到处都是雪崩和落石造成的碎石。在没有灯光的漆黑隧道里摸索着前行，感觉很诡异。最上方隧道的低处出口几乎完全被雪崩掩埋，大块的湿雪和冰被深深地压进管道。隧道的拱顶有个细长的开口，我可以从那儿挖出去。山谷更远处,我遇到一个正干着活儿的清理队。我爬出隧道后遇到的第一个工作人员正坐在除雪机上吃着面包。我向他打了个招呼。他见到我，一脸困惑地停止了咀嚼。

25. 妻子们和孩子们

我之所以走上这段徒步旅途，是因为想向我的妻子克莉丝汀求婚。我们在 1986 年结了婚，但即便那次徒步行为是如此有说服力，这段婚姻并没有维持下去。谈论妻子并不符合我的严谨原则，但可以说我生命中所有的女人，无一例外都是杰出的人：她们才华横溢、意志坚定、格外聪慧，而且心地善良。克莉丝汀是天赋异禀的音乐家，来自克恩顿州的一个音乐教育世家。年仅十五岁时，她就在布达佩斯以钢琴家的身份参加了伦纳德·伯恩斯坦为青年音乐家举办的演出，但在十八岁时，她由于手腕严重发炎而放弃了钢琴。她的政治立场极左，经常给杂志撰稿。她为西蒙·维森塔尔[1]工作过一段时间，也按照他的名字给我们的儿子取名为西蒙。有件我们一开始不愿去考虑的事情，后来成了我们之间的问题：由于我的缘故，她总是没法完全实现自己的愿望和构

---

1 犹太人大屠杀幸存者，一生致力于追查纳粹党人的下落。

想。她拒绝了作为奥地利广播电台的通讯记者派驻南非的机会，因为我不能也不想和她一起搬过去。她参与了很多我的电影，并且不是作为妻子陪着我，而是真的做了很多实操工作。她为《发光的山》录音，为《太阳牧者》拍剧照，参与了《绿蚂蚁做梦的地方》和《眼镜蛇》的制片，我在拜罗伊特导演《罗恩格林》的时候她给我当助理，因为我是一个至今都不识谱的歌剧导演。作为母亲的她就像一头母狮子一样。西蒙在读法国高中的时候有一次被同学欺负了。他向母亲倾诉了自己那些可怕经历，于是她在事先没有给他注册新学校的情况下，立即从这所学校带走了他。这种行为是违法的，但她态度很坚决。西蒙私下学了几个星期英语，他想去维也纳读国际学校。他学得非常快，于是被学校录取了，然后他花了半年时间就跳过了所有级别，升入了"母语级班"。事实上，我的孩子们都那么出色，并不能归功于我，而要感谢他们的妈妈们。

我在去美国的船上认识了第一任妻子马蒂耶。她也很有音乐天赋，会演奏羽管键琴，至今仍在各种合唱团里唱歌，尤其是巴赫的宗教合唱作品，但她真正的天赋在于文学。她来自一个教师家庭，在德国最北部的迪特马申与四个姐妹一起长大，她们家只有女孩。她在弗赖堡完成学业后，我们就结婚了。她参与了几乎所有我早期的电影，包括《生命的讯息》《侏儒流氓》《阿基尔，上帝的愤怒》，承担了最吃力不讨好的任务——在丛林里拍摄的时候，她在现场管理着那点少得几乎等于没有的钱。我甚至从来没有听她抱怨过。她一直都比我更像是对方的保护者，更符合当时对模范男人的要求。她在《诺斯费拉图》里演了个配角，扮演由布鲁诺·冈茨饰演的乔纳森·哈克的妹妹。我给我们的儿子起了个名字：鲁道夫·阿莫斯·艾哈迈德。我在前文中解释过这个名字的由来。鲁道夫是我祖父的名字，阿莫斯来自阿莫斯·沃格尔，艾哈迈德是当初在科斯岛参加发掘工作的最后一位幸存者。我们的儿子自己也拍电影，拍过纪录片，最近还拍了一部故事片，在写作方面也很成功。他的女儿亚历桑德拉是我迄今为止唯一一个孙辈。马蒂耶和洛特·艾斯纳成了朋友，我和洛特说话时总是语气很正式。但她们之间总是亲切地用“你”来互相称呼。洛特的回忆录《我曾经有一个美丽的祖国》的内容基于她的录音，而执笔人则是马蒂耶。但马蒂耶从不想在封面上提及自己的名字，只是在书的内部标明了作者是她。马蒂耶对他人有深切的同情心，总能被卓越的事情所打动。我们一起去看卓别林的电影《淘金记》，当看到木屋开始在斜坡上滑动，挂在悬崖上摇摇欲坠的场景的时候，她笑得弯下了腰。那家电影院的座位很旧，靠背是木头做的。她的脸撞到了前座靠背，磕掉了两颗上门牙。我犯过很多错误。1977年，我临时决定飞往加勒比海拍摄《苏弗雷火山》，一部关于即将爆发的火山的影片。我只在家待了几分钟，就为了取我的护照。当时我们刚出生的孩子还在家。谁都不知道我能不能活着从这次拍摄中回来。之所以提到这件事，是因为这种做法是很不利于婚姻的。总之，我们在不知不觉中渐行渐远了。

我和埃娃·马特斯有一个女儿，名叫汉娜-玛丽。埃娃给女儿起名叫玛丽，是为了纪念她在我的电影《沃伊采克》里演的同名角色，她凭借这个角色在1979年的戛纳电影节上获得了最佳女演员奖。克劳斯·金斯基没有获得同等地位的最佳男演员奖，这是很不公正的。埃娃当时对他很亲切，而他对待她也一样。其实我从来都不想和我的女演员有亲密关系，但当我们1975年一起拍摄《史楚锡流浪记》的时候，我就为她神魂颠倒。有些事情是不言而喻的，但一旦说出来，就更加清晰了。埃娃无疑是她那一代德国电影界和戏剧界中非常杰出的女演员。别的演员里也有好的和非常好的，但没有一个是像她这样如此令人无法抗拒的存在。回想起来，其他演员都属于自己的时代潮流。而埃娃·马特斯则是超越时代的。她忙于她的工作，而我也忙于我的工作，很显然我们不会、也不可能一起生活。我们的女儿汉娜是个视觉艺术家，她在作品里搭建想象中的场景，把自己置身其中。最终的呈现通常是一张照片，但我不会把她描述成一个摄影师。最近她把注意力转移到了文字上。我非常好奇她接下来会做什么。她有着埃娃的热情，而且她的声音和笑声和她母亲惊人地相似，导致我偶尔会在电话里把她叫成埃娃。

我和现任妻子莲娜在一起已经超过二十五年。我们是通过汤姆·拉迪在湾区的一家叫"潘尼斯之家"的餐厅认识的。我非常感谢汤姆·拉迪。实际上他应该被列入美国国家文化遗产名录。他在伯克利上学的时候是著名物理学家爱德华·泰勒的学生，有着可能成为理论物理学家的远大前途，还是伯克利学生言论自由运动的领导者之一。同时他还是高尔夫青少年业余组比赛的冠军，原本有可能成为出色的高尔夫球员。然而，他在伯克利有革命思想倾向的战友们攻击他，说高尔夫是一项资产阶级运动，于是汤姆就放弃了。他管理着伯克利的太平洋电影资料馆，把它建成了当时西海岸电影文化最重要的据点。埃罗尔·莫里斯导演经常到那儿去，莱斯·布兰克导演也是。巴西导演格劳贝尔·罗恰在汤姆家住了很长时间。我还跟汤姆和格劳贝尔一起住过几个礼拜。那是一段电影、思想和新的友谊高度浓缩的时代。我记得格劳贝尔有一次突然要回一趟巴西，快要赶不上航班了，便匆忙地把自己的东西塞进几个行李箱。他把所有笔记和文件都堆成一堆，夹在腋下，在我前面匆匆走过候机大厅，纸在他周围一张一张地飞舞，穿过他两腿中间，为跟在后面的我开辟了一个纸飞成的路径。格劳贝尔·罗恰后来英年早逝，巴西所有的桑巴舞学校都为此静默了一整天。20 世纪 60 年代末，汤姆·拉迪就已经邀请我带着我的第一部故事片《生命的讯息》去过他的太平洋电影资料馆。他后来在科罗拉多州负责组织著名的特柳赖德电影节。接下来的多年里，我在那儿举行了大约三十次新片的全球首映。

“潘尼斯之家”餐厅有一段有趣的发家史。汤姆那时候和爱丽丝·沃特斯住在一起，她对伯克利的“革命者们”抱有怀疑态度。她认为所谓迫在眉睫的世界革命只是理论家和学者的畸形产物，最终都会像沙子一样散去。更重要的和更合适的东西，必须始终符合工人阶级的利益。例如，人们当时吃的东西主要是快餐，应该发起一场运动，创造一种新的、健康的、负担得起的饮食文化。她 1971 年创办了“潘尼斯之家”，这家餐厅几十年来成了美国营养界最具影响力的地方。每当我出现在旧金山或伯克利，汤姆都会邀请我在那儿吃顿晚饭。他本来只想带一两个朋友，但这桌最后总能聚起至少十二个人。

有一次就在这家餐厅，我沿着楼梯上了楼。桌子还没收拾好，吧台上坐着两个年轻女子。其中一个女子转向了我，那就是莲娜。我已经不太记得当时的情景，据说我停了下来，好像扎根在楼梯的最后一级台阶上，但一定有个像闪电一样的东西穿过我的身体。我一生中从来没有见过如此美丽和智慧的眼睛。那天晚上，我找了一把空椅子，挤在她和她的邻座中间。她和我聊了一整顿饭，就好像没有其他人在场一样。我了解到，她在西伯利亚上学的时候，就偷偷地手抄苏联的禁书，在朋友之间秘密传阅。当时她只有十五岁。她誊抄了整部布尔加科夫的小说《大师与玛格丽特》，还有索尔仁尼琴的第一本书《伊凡·杰尼索维奇的一天》。这是个无与伦比的夜晚。我立刻就知道：她就是我想要一起生活的女人。

但这次我想把每件事都办好。我回到了维也纳，在那里，我名义上依然还是已婚状态，但实际上已经和妻子分开了。我把房子收拾得井井有条，放弃了自己所有的财产。回到美国的时候，我没有带行李，什么都没带。我想要重新开始。当时我已经过了护照和海关检查，突然一名官员叫住我，问我的行李在哪儿，是不是落在了传送带上。他们怀疑我带了炸弹，故意把它留在传送带上一直转。我说，我完全没有行李。这名官员回应道，他工作了二十二年，从来没见过哪个从另一个大洲来的旅客完全不带行李。他最多只见过有人到的时候只带了个手提包或者公文箱。可能是为了冲他炫耀，我愚蠢地把手伸进上衣口袋，拿出我的牙刷给他看。在接下来的六个半小时里，我接受了审讯，被当作潜在犯罪分子进行背景调查。我试着解释，我在这儿找到了我的妻子。我只想做我自己，不要地位，不要财产，什么都不要，甚至不确定我会不会被她接受。他们这才放我入境。

一开始，我们只有两个盘子、两套餐具和两个玻璃杯，但我们邀请了朋友们，让他们每人都带上一个盘子、一套餐具和一个酒杯过来。莲娜从来没有看过我的电影，我也不想一开始就跟她吹嘘我的作品。第一次见面时，我告诉她我是从事电影相关工作的，以前是个特技演员，现在转做特技协调了。我还在这行里干过其他各种工作。很长一段时间以来，即便我跟她讲了更多我工作上的事情，她还是担心我到底有没有拍过一部好电影，因为她在美国看过的几乎所有电影都很差，而且相当尴尬。会不会我也只拍过类似的尴尬影片呢？犹豫了一年后，她悄悄地去看了在影院公映的《阿基尔，上帝的愤怒》。她直接坐在出口处那排椅子的最边上，以便必要时不引人注意地逃跑。

我很幸运地找到了与我世界观相同的灵魂伴侣。汤姆·拉迪并没有偷偷计划撮合我们。从概率的角度来看，我们的相遇完全是反常的。莲娜那天只是来吃个晚饭，当时她饿了，但大学宿舍里只剩一罐金枪鱼。她去美国也完全是一系列巧合的结果。她在西伯利亚西部的城市叶卡捷琳堡的一个科学家家庭长大，祖辈为躲避斯大林的镇压跑到了东部。她父亲是一位杰出的俄罗斯地球物理学家。在她成长的过程中，家里总有几个饥肠辘辘的学生围在桌边讨论，空气中充满各种各样的思想、对文学的兴趣和对伟大作家的神往。莲娜从小也是一名体操运动员，但她每天必须经历数小时的折磨，导致她故意不想在比赛中展示自己的技术，因为有可能会被选进奥运代表队。她总是成绩优异，十六岁的时候被列宁格勒大学（也就是现在的圣彼得堡国立大学）录取。但由于她来自知识分子家庭，所以必须做一年实操型工作才能被算作无产阶级。后来她主修了语言学和哲学。经历了许多次机缘巧合之后，她应一个美国家庭的邀请去了旧金山，却突然发现自己被国内的大学开除了，因为她没有按规定办理短期出境的报备手续。之后她被斯坦福大学录取，但斯坦福大学不能给她奖学金，于是给她提供了参与一个关于世界末日思想史的研究项目的机会，这个项目会按时薪给她费用。她往返于斯坦福、伯克利和湾区的米尔斯学院之间。她完成哲学专业的学业的时候，她父亲把自己的相机送给了她，那是一台俄罗斯仿制的徕卡相机。我当时正在塞维利亚歌剧院导演《唐豪瑟》，而莲娜在隔两条街的斗牛场里拍下了她的第一批照片。回到旧金山后，当她正在租来的摄影棚里冲洗她拍摄的头两卷胶卷时，一位画廊老板发现了这些照片。这便有了她的第一次展览，后来还出版成了摄影集《斗牛》。莲娜至今已经出版了六本摄影作品集，还转做了一些别的项目，例如《最后的絮语》。这是一部由已经灭绝的语言和高度濒危的语言组成的清唱剧，前者至今只存在于磁带中，而后者现在只剩下两三位还活着的人会讲了。莲娜的这部声音作品中还有视觉部分，是一段冥想视频。这部清唱剧的首演在大英博物馆，随后也在其他许多重要场馆演出过，比如史密森尼博物馆的肯尼迪中心，以及巴黎的沙特莱剧院。我们有时开玩笑说，她是自谢尔盖·佳吉列夫领导的俄罗斯芭蕾舞团之后，百年来第一个用自己的作品填满这座剧院的俄罗斯人。但她其实是美国公民。她当时带着有效的苏联护照来到美国，但这个国家突然解体，不复存在了。因此她算是半无国籍状态。如果我们立即结婚，她就会成为德国人，但她不想这样，我也不想。在她成为美国公民四十八小时后，我们结婚了。

我们一起经历了所有事情，尽量不分开超过两周。只有一次，我要去南极拍摄，才独自去了六个星期。事实证明，我们最好不要为同一个项目工作，只有在特殊情况下，莲娜才会给我的电影拍剧照，比如《坏中尉》，或是在圭亚那丛林里拍摄的《白钻石》（*The White Diamond*）。我们一起去了偏远的新帕卡阿斯河，那条河位于巴西和玻利维亚接壤的地方。自20世纪80年代中期以来，那里有最大的一群从未与外界接触过的丛林印第安人（约有六百五十人），他们受到来自不断前进的淘金者和伐木工人的越来越大的挤压。那群印第安人拒绝与现代文明的一切接触，还袭击来定居的人，用箭射杀他们。巴西国家印第安人事务基金会（FUNAI）决定尝试与当地的游牧原住民会面，因为如果对抗不可避免的话，最好不要把这个机会留给强盗。他们精心准备了第一次与乌鲁伊乌瓦瓦族人的会面，并用十六毫米胶片进行了拍摄。2000年，我受邀参加了一个与其他国际导演一起合作的项目，其中包括维姆·文德斯。每个人都要拍一部关于时间的十分钟短片。这个项目叫《十分钟年华老去》，但我想拍一部名为《一万年年华老去》

的片子，讲述一群与世隔绝的人在和外界接触几分钟后，发现自己从石器时代一下子被推到一万年后的当下。这些接触还引发了一场悲剧——从第一次接触外人后的一年内，百分之七十五的部落成员死于水痘和流感，因为他们对这些疾病没有免疫力。

沿着新帕卡阿斯河往上游走很困难，因为有太多倒下的巨树挡住去路，即使是小船也很难通过。经过长时间的准备，我们在保留区外见到了两位从第一次接触中活下来的战争首领，名叫塔里和瓦波。他们使用的弓箭有两米长，就和拍摄《陆上行舟》时的那群阿马瓦卡族人用的一样。除此之外，他们现在还用猎枪，甚至要求我们带一支猎枪和一些铅弹给他们。我们照做了，或者更准确地说，是我们请求了他们用几支箭作为交换。塔里和瓦波跺着脚向我们展示他们怎么从屋顶上射杀一个巴西定居者，他们还用自创的葡萄牙语有仪式感地哼唱着，模仿那个死者的儿子是如何呼救的。拍摄结束之后，他们在离开前翻了翻我们的东西，想要一些额外的礼物。这没问题，只是当他们想要我们的吊床的时候，我必须得拒绝，因为地上有大群的迁徙蚂蚁，而且这些印第安人自己也能做出极好的吊床。当时的气氛有片刻很紧张。夜幕降临时，莲娜担心我们可能会在黑暗中被袭击，但他们为什么要这么做呢？我们会面的时候，他们手里就有弓箭和猎枪。这种猜测肯定不合逻辑。半夜里，莲娜在我旁边的吊床上把我叫醒。她惊恐地坐了起来，只说了一句：“他们来了。”其实丛林里确实能听到树枝断裂之类的动静，但那一定是只貘或者其他什么大型动物。“如果真是他们”，我说，“我们是听不到动静的。”然后我直接睡着了。在我的电影里，曾经出现过一些罕见的时刻，事后说不清是怎么发生的。这些时刻犹如上帝的恩赐，将一些非凡之物降临到我身上，从我的内心点亮了一种神秘的、深不可测的美和真理。其中包括1972年的片子《沉默与黑暗的世界》（*Land des Schweigens und der Dunkelheit*）的结尾，那肯定是我最深刻的一部电影。在这部影片中，有一位失明、聋哑的农民。他的家人不理他，多年来他为了能挨着动物沾点儿体温，一直和奶牛一起住在牛棚里。有一天，他突然从公园的长凳上站起身，跑向一棵秋天的苹果树的树枝。这位聋哑盲人摸索树枝、感受树干的样子，是个很难描述的时刻。在《一万年年华老去》中，当塔里仔细地研究着我们带来的一个很大的、滴答作响的厨房计时钟的时候，也是如此。如果我这辈子只拍下了他那一刻的表情和那个钟，也算是值了。

最理想的状态是我在拍一部电影，莲娜同时开展着她的摄影项目。2003年，我在拍摄电影时，她在我身边进行着一个名叫《朝圣者》的图书项目。我经常像骡子一样背着她很沉的相机，有些是用于大幅胶片拍摄的。我们和大约十万名朝圣者一起，在西藏神圣的冈仁波齐徒步。那个地方的海拔将近五千米，她高原反应很严重。我们有一头牦牛，是被两名向导带去驮行李的。它突然甩掉包袱，放肆地向自由奔去。于是我们的登山向导一直自己背着食物和帐篷，重量已经到达他可承受的极限。莲娜走在我前面，当她再也协调不好脚步的时候，我就接过她的包，和我的包一起背着。我们在委内瑞拉和巴西边境的特普伊平顶山上各自有单独的工作，在墨西哥时也一样。我们去了日本做歌剧《忠臣藏》，莲娜和我在那儿见到了小野田宽郎，也就是那个在二战结束二十九年后才投降的日本士兵。那时他从许多条单独的线索中得出结论，认为战争仍在继续。事后他才得知，那已经是美军在朝鲜、越南进行的下一场战争了。我刚写了一本关于他的书，叫《世界的黄昏》（*Das Dämmern der Welt*）。2010 年，莲娜和我一起去了法国阿尔代什地区的肖维岩洞拍摄了《忘梦洞》；拍摄故事片《纳粹制造》时我们也在一起；拍摄《沙漠女王》和《盐与火》的时候，我们去了波罗的海三国、摩洛哥和玻利维亚的乌尤尼盐沼。我在日本拍摄我的最新一部故事片《家庭罗曼史有限公司》（*Family Romance*）的时候，莲娜又为这部作品拍了剧照。拍摄《会见戈尔巴乔夫》（*Gorbatschow, eine Begegnung*）是一次特殊的经历，因为我们一起去了俄罗斯。我们彼此之间既不说德语，也不说俄语，因为事实证明，在一个既不完全属于她，也不完全属于我的层面上交流是件好事。因此，我们对自己的语言都很谨慎，互相使用的是对我们两个来说都不是母语的语言。

26. 等待野蛮人

我们为了一个改编自 J. M. 库切的小说《等待野蛮人》的故事片项目，一起前往中亚勘景，首先去了中国新疆维吾尔自治区的喀什，又从那儿进入山区，再到巴基斯坦、阿富汗、吉尔吉斯斯坦和乌兹别克斯坦等国的边境地区。我还想去一趟兴都库什山脉和帕米尔高原北部找景。在塔吉克斯坦，我已经在彼得·弗莱施曼 1990 年的科幻电影《上帝难为》中扮演过一个狂热的先知，但这个角色在影片开场二十分钟后就被人用长矛杀死。我很快就能很好地理解库切的作品，但这部电影的融资一直不顺利。当时有个每周一次的巴扎，来自该地区附近的二十万维吾尔人都会来赶集。这儿就像一千年前的丝绸之路，男人们留着胡子，说着一种和土耳其语有亲缘关系的语言，穆斯林们穿着长袍，戴着皮帽。我记得这个拥挤的地方有一片区域，里面有大约三千个只卖公鸡的人，他们每个人腋下都夹着一只公鸡。我记得有八百辆驴车纠缠在一起，互相卡住，驴子们都在大叫。我记得那群人仿佛听到了一句无声的命令，纷纷四散开来，留出一条长长的狭窄通道，有个六岁的孩子光着脚骑着一匹没带鞍具的骏马，向我飞驰而来。那匹马在我面前用后腿站起，仿佛神话中的幽灵一样，在空中蹬出它的前腿，接着后腿一转，飞奔而去。通道再次关闭，就像一片分开的大海又自己合拢。这匹马立刻找到了买家。后来我和莲娜，还有男主演迈克尔·珊农一起回到喀什，给我的电影《儿子，你都干了什么？》拍摄一段梦境。在这段梦中，迈克尔扮演的角色困惑地置身于一个神秘而陌生的过去。他穿过牲畜集市里的人群，人们全都转向他，就好像他是来自神话国度的幽灵。我们为了这段戏在迈克尔的上半身绑了一个很大的木制胸板，上面固定着一臂长的三脚架腿，从他身上突出来。三脚架上面装了一台摄像机，用来拍他的脸。我知道他穿过人群的时候，他经过的每一个人都会朝他转身看他。迈克尔同意在这个充满异域感的场景里即兴表演，前提是我要一直和他在一起。我们既没有工作许可证，也没有拍摄许可证。迈克尔说他不想单独被抓起来，想拉上我一起垫背。这个愿望倒是很合理。

那片广阔的集市区前有一扇宽阔的大门，站着许多警察。我们决定就这样让迈克尔胸口绑着古怪的支架走上前去，穿过警察队伍。这招我是从菲利普·珀蒂那儿学到的，他曾在纽约街头以表演走钢丝、演杂要和变魔术为生。世界贸易中心差不多要完工的时候，他把用来拉紧钢绳的装备放在屋顶平台的一块防水布下面，然后和一个同伙顺着楼梯间返回，当时还没有电梯。凌晨3点，他突然听到有一群保安从楼下向他走来。他不能跑回屋顶，那样的话免不了会被发现，而且也没法解释自己为什么会在那儿。他迅速地做出了正确的决定。菲利普加快步伐，开始对他的同伙大喊大叫，骂他交付的是什么烂活儿，不负责任，不符合标准，要让他吃官司，要求他赔偿损失。那四个保安紧贴着楼梯间的墙壁，让那位怒吼着的人过去了。在喀什，我并没有对迈克尔大喊大叫，但我们朝警察站得最密集的地方走了过去。我起劲儿地说着巴伐利亚语，眼睛盯着我想象出来的站在警戒线另一边的人，因为你绝对不能和警察进行目光接触。我朝着想象中的远处问有没有人见过我的朋友哈蒂。这里的警官们也靠边让了一步，然后我们就可以开始工作了。要是试图绕过他们，肯定会引起怀疑。但是走在中间的话，就会像一个群体行为定律一样，每个人总是认为如果有什么不对劲，别人会去干预，于是就没有人干预。

多亏了莲娜，我才敢于触碰那些在创作《陆上行舟》时写过的日记。有几个笔记本上我的字迹原本是正常大小的，后来变得越来越小，最后几乎要用显微镜看了，要破译它们得用珠宝商使用的放大镜才行。此外，我本想与这段人生中非常艰难的时光保持距离。1979 年到 1981 年间的事情过去四五年后，我有一次打开笔记本，抄写校正了大约三十页，但再次面对这一切真是很可怕，我确信再也不会碰它了。但二十多年后，莲娜劝我最好再整理一下这些现成的笔记，否则有朝一日我不在了，就会有白痴去对它们动手动脚。经过一番犹豫，我决定再试着去面对自己当时写的东西，突然间就感觉轻松了。所有的压抑和负担都烟消云散。我的那本书《征服无用》就是这么来的。同样地，许多年后，在莲娜的坚持下，我又一次整理了与小野田宽郎见面时的笔记。《世界的黄昏》就这样诞生了，还有我现在正在写的东西，也是出于莲娜的鼓励。

《灵魂的传言》是我在2014年为纽约惠特尼博物馆创作的一件不寻常的作品。它是一个空间装置，有赫拉克勒斯·塞格斯的几幅版画的投影，再加上我在近些年许多部电影里都合作过的恩斯特·赖斯格的音乐。博物馆的一位策展人给我打来电话，想说服我为接下来的一届双年展提交一件作品，但我立即拒绝了，因为对当代艺术有些抵触。"为什么？"她问。我很简短地提到了艺术市场和其中的操纵手段，还有一点就是它几乎完全注重观念，而不是有形的展品。但那位策展人并没有如此轻易地放弃。她问我作为一名艺术家会不会感兴趣？我说，我并不觉得自己是个艺术家，这个词今天更适用于流行歌手或者马戏团演员。如果我不是艺术家，那我又是什么？我说，我是一个战士，然后挂断了电话。莲娜当时也在房间里，她好奇发生了什么，又提到我确实有一些既不是电影也不是文学的项目，属于展现其他想法的中间地带。她说得对，于是一天之后，我又给惠特尼博物馆回了电话。

27. 未完成的项目

那片中间地带保留了下来。1976年，我拍了一部关于牲畜拍卖世锦赛的电影，叫《一只土拨鼠能啃掉多少木头》（*How Much Wood would a Woodchuck Chuck*），做这部影片是由于我觉得语言的终极边界非常有魅力。正因如此，荷尔德林以及巴洛克时期的词作者奎林·库尔曼对我如此重要，因为他们以不同的方式靠近了我的语言——德语——的终极边界。在《史楚锡流浪记》里，史梦锡的美国梦破灭的时候，他的房车要被拍卖。这场戏里的演员是一位前牲畜拍卖世界冠军，我在怀俄明州发现了他，并让他出演了这部片子。他进行拍卖的时候，语言极致地浓缩成一连串的贯口、一首吟唱，只要看过这部电影的人都不会忘记这一幕。我始终怀疑，这种贯口可能是最后的诗歌形式，或者说至少是资本主义最后的语言。我一直想把《哈姆雷特》搬上舞台，但所有角色都要让前牲畜拍卖世界冠军来扮演，我想在十四分钟内就能把《哈姆雷特》演下来。莎士比亚的文字大家都很熟悉，观众只需要为了观看演出而提前重新熟悉一下这部剧。

大概是在 1992 年，我住在维也纳的时候，维也纳国家歌剧院问我愿不愿意在他们剧院排演一出歌剧。我回答道，实际上我更愿意自己写一部歌剧，大部分的音乐我都已经有了，唱本由我自己来写。这个想法引起了很多人的兴趣。我和国家歌剧院的戏剧构作聊了很久，在此姑且称他为 B 先生。我想写一部关于杰苏阿尔多的歌剧，把他的第六卷《牧歌》作为主要音乐。卡洛·杰苏阿尔多（1566—1613）是韦诺萨的亲王，他非常富有，可以不依赖教堂或赞助人创作音乐。他大部分的音乐都符合他所处的文艺复兴后期的音乐环境，但在第六卷《牧歌》里，他所创作的音乐就犹如烧断了所有的保险丝一样疯狂。这样的音调在四百年后的 19 世纪末才再次被听到，而绝非巧合的是，伊戈尔·斯特拉文斯基在他的强烈影响下，曾两次前往那不勒斯附近的杰苏阿尔多城堡朝圣。斯特拉文斯基创作了一首《纪念杰苏阿尔多》，作为给他树立的音乐纪念碑，于 1960 年首演。

杰苏阿尔多的一生极具戏剧性。他本质上就是个黑暗王子。他娶了年纪轻轻就已守寡两次的玛丽亚·达瓦洛斯。根据当时的资料推测，是她无节制的床上需求，导致前两任丈夫精疲力尽而死去。玛丽亚嫁给杰苏阿尔多后，很快又有了个情人，那人是那不勒斯贵族、安德里亚公爵法布里齐奥·卡拉法。杰苏阿尔多发现了他们的奸情，谎称要去狩猎旅行，结果把两人捉奸在床。他的随从把两人杀死后，杰苏阿尔多又回到卧室，确认他们都已经死了。随后他从那不勒斯逃到自己的城堡里。他担心自己会受到攻击，亲手砍掉城堡周围的森林。直到今天，他那座被诅咒的城堡周围依然寸草不生。他在宗教妄想中充满忏悔地度过了生命的最后几年，身边都是年轻人，他们每天晚上都要用荆条抽打他。他很可能死于背部鞭痕引起的炎症。但还有一些完全是我自己编的，没有告诉戏剧构作的东西。在我的构思中，杰苏阿尔多杀死了他两岁半的儿子，他不确定那孩子是他自己的，还是玛丽亚的情人的。他让孩子坐在秋千上，命令仆人去推着秋千荡他。孩子很是兴奋，但仆人把他越荡越高，直到两天两夜后，把孩子荡死了。合唱团排布在杰苏阿尔多左右两侧，唱着他歌颂死亡之美的牧歌。我计划在舞台上方用很长的绳子绑上秋千，让它可以摆向观众席，越过观众头顶。

后来，我再没有从维也纳国家歌剧院听到更多消息。但半年后我突然得知，国家歌剧院宣布排演一部新作品，名叫《杰苏阿尔多》，由 B 先生作词，德俄作曲家阿尔弗雷德·施尼特凯作曲。这部歌剧在 1995 年进行了全球首演。我没有去，但听说观众对结尾杰苏阿尔多把孩子荡过观众头顶，直至孩子被荡死的那场戏印象很深。我一直觉得，被人从我这里把这个想法剽窃走，比没有剽窃但无人记得要好。

我还计划排演瓦格纳的《诸神的黄昏》，但地点很特殊，在西西里岛南岸的夏卡。没有人知道这个地方，也没有人会谈论它。夏卡最初是迦太基人的定居点，也有可能是希腊人的，这个拥有四万居民的小镇看起来没有什么特色。可是那儿竟有一家歌剧院。我没有证据，但觉得这座建筑只不过是黑手党为了洗钱而建造的，因为歌剧院从来没有开过门，没有总监、没有管理、没有演出规划、没有舞台工人和电工等工作人员、没有合唱团、没有管弦乐队、没有歌唱家，什么都没有。我想让这个歌剧院发挥一次作用。我得自己组织管弦乐队、合唱团、歌唱家、灯光、舞美等等一切必要的配置。第三幕之前，要让建筑彻底清场，把观众和音乐家们带到保持安全距离的地方，然后把建筑炸毁。整个剧会在冒烟的瓦砾上演到最后。市议会并不反对我的想法，因为歌剧院在他们眼里本就是个混凝土做的污点。我已经联系了总部位于新泽西州的美国最好的爆破团队。之前我只见过建筑的照片和平面图，但当到夏卡当地准备开工的时候，才发现这个项目明显是不可行的。这座现代主义建筑的混凝土格外坚硬，需要大量的炸药，而在歌剧院附近有一座大医院，上面长着灌木，一旦爆破，医院就会一起被炸毁，或者至少会严重受损。

近些年有一些过度政治正确的人疯狂地攻击我，说我为什么要排演瓦格纳的作品。对此我有个早已准备好的回应。针对他们问题的第一部分：为什么丹尼尔·巴伦博伊姆[1]要指挥瓦格纳的作品，甚至要把它们带到以色列呢？毫无疑问，瓦格纳在人品方面可以称得上是个臭鼬，更严重的是，他还是个反犹主义者。但希特勒和犹太大屠杀的出现不能怪他。瓦格纳创作的音乐是如此伟大，我们不应该回避。类似的关于个人罪行和谴责的问题也出现

1　著名犹太裔钢琴家、指挥家。巴伦博伊姆曾在长期禁演瓦格纳作品的以色列指挥瓦格纳的作品，意在强调艺术应超越政治与历史的阴影，聚焦音乐本身的艺术价值，此举当时在以色列及国际社会引发了激烈的争议。

在金斯基身上。他的女儿宝拉在一本书里写了她父亲对她持续的乱伦行为。就像近些年的很多女性一样，宝拉在出版她的书之前曾经向我寻求过建议和支持。我毫不怀疑她描述的事情。但我应不应该因此重新考虑我对金斯基的美学立场，并彻底封存跟他一起拍的电影？我提出了两个反问作为回应，这些问题的数量可以任意扩充：我们应不应该因为卡拉瓦乔是凶手，就把他的画作从教堂和博物馆里移除？还有，我们是不是要封杀《旧约》，或者至少封杀摩西的书，就因为摩西年轻的时候杀过人？人们听到我的反问时，常常困惑地盯着我，因为大家都在讨论《圣经》，但几乎没有人真的读过。

我想在阿拉斯加州的北极城为精灵们写一部清唱剧和舞剧，并在那儿演出。北极城是圣诞老人和他的驯鹿们的所在地。每年都有数十万封来自美国和世界各地的写给圣诞老人的信寄到那儿。大多数信里写的都是孩子们普通的愿望，但时不时会有令人震惊的愿望寄来。我就读过很多。有一个女孩许愿想让爸爸不再打妈妈，这样妈妈就可以尽快从轮椅上站起来。一般情况下，有一支精灵小分队会以圣诞老人的原型“圣·尼古拉”的名义回复这些信件。扮演精灵执行任务的都是当地中学最优秀的学生，但令人匪夷所思的是，这群精灵曾经策划过一场学校大屠杀。当时至少有六名学生，年龄都不超过十四岁，已经从他们父亲的武器库里给自己装备了步枪和手枪，确定了日期，派发好他们准备谋杀的老师和同学的名单。他们计划在行动完成后，用树枝堵住穿过北极城的铁轨，然后跳上开往附近费尔班克斯市大型转运站的货车。

但他们谁也没有注意到，那铁轨已经停用了一年。他们想要进入到自由、广阔的世界，当然得用新的名字，比如卢克·天行者和达斯·维达之类的。就在这场针对“圣·尼古拉”以及与之相关的各种感伤情绪发起的“伟大解放行动”前夕，有一位母亲在她儿子的电脑上发现了详细的计划，事情就此败露。所有相关人员都被学校开除了，但没有产生法律后果。我踏进北极城后，碰上了一堵由沉默和抗拒所形成的高墙。那场阴谋的相关各方都拒绝了我的接触，威胁要用法律手段对付我，警察开始盘问我的居留证，那所中学也公开威胁我。我不得不承认，在这儿什么也做不了。

带我走上了这条路的是埃里克·内尔森。他是我在2005年拍摄《灰熊人》(*Grizzly Man*)时的制片人，然后我们又一起去了南极洲和肖维岩洞拍片子。也正是他敦促我立即开始拍摄《凝视深渊》(*Into the Abyss*)，尽管当时既没有关于这个项目的提案，也没有资金，但杀人犯迈克尔·佩里的行刑日期马上就要到了，容不得有拖延。通过这部电影和另外八部关于死囚的电影，我确实看到了深渊。

我是在怀俄明州的一个关于自然电影的小型电影节上偶然认识埃里克的。他跟我聊了聊，立刻就着手帮我去找资金，还给我引见了当时也在现场的一位日本NHK电视台的编辑。那时我正在筹备《白钻石》，是一部关于一艘在圭亚那丛林里的飞艇的电影。回到洛杉矶后，我拜访了埃里克在伯班克的制片公司，感谢他无私的帮助。我站起身时，发现车钥匙掉了，在找车钥匙的时候，我的目光掠过面前那张低矮的玻璃桌子，桌上杂乱地堆着文件，

DVD，还有一盒吃了一半、已经蔫了的塑料盒装沙拉。埃里克以为是其中一张纸吸引了我的注意力，于是递给我一篇文章。“读读这个吧。我们正在阿拉斯加州筹备一个有意思的项目。”我回到家，读到一篇最早的关于蒂莫西·崔德威尔的文章。他在阿拉斯加州的野生灰熊群里生活了很多年，坚信自己必须要保护它们免受偷猎者的伤害。但他把大自然当成了迪士尼，于是越界了：他走到离熊只有一臂远的地方，抚摸它们的脸，对它们说他有多爱它们，还给它们唱歌。他拍摄了质量和美感都无与伦比的素材，但在那儿待了十一年后，他和他的女朋友在一个夏天被一头灰熊撕碎吃掉了。我不知道从哪里冒出了必须要拍这部电影的想法。我感觉到内心的渴望驱使着我回去找埃里克·内尔森。我问了问他这个项目的进展情况，他告诉我最晚十天后就必须开始拍摄，因为在阿拉斯加的夏末，鲑鱼已经开始迁徙，在此期间会有一大群灰熊沿着河流去抓鱼。我试探地问出了那个决定性的问题：导演是谁？埃里克看着我，很不明显地迟疑了一小下，说道：“我就算是这个片子的导演。”[1] 我听到了“算是”，那意思就是说，“嗯，我可能是要拍这个片子吧。”我感觉到他自己也不是很确定。我看着他，带着我很久以前信教时的那种笃定和信念，对他说：“不。我要拍这部电影。”我把手伸向他，而他出于吃惊，或许也是出于解脱，握住了我的手。几天后，我已经到了阿拉斯加州。

埃里克·内尔森是个既聪明又复杂的人，除了《灰熊人》以

1　原文为英语。

外，我们还合作过我前面提到过的其他几部电影。在得克萨斯州和佛罗里达州拍了九部关于死囚的片子之后，我们本应该再拍四部，但我最后拍的那部所带来的恐惧一直在我心中挥之不去。片子讲的是一个年轻人在一次药物驱魔过程中出了差错，用让人无法形容的可怕方式谋杀了一个刚刚开始走路和说话的小女孩。我请求凶杀案侦破组只给我看犯罪现场的照片，不要让我看受害者的照片，但他们搞错了，突然把一张小女孩的尸体照片投影到屏幕上。我以前见过不少难以描述的可怕场面。我从来不害怕望向深渊，但我甚至都不想让我最坏的死敌看到我所看到的画面。后来，我内心原本仍准备要拍更多关于死囚的影片，但有一天半夜，我被一声尖叫惊醒。莲娜在我身边也完全醒了过来，她也听到了那声尖叫。那尖叫声是我发出来的。那一刻我意识到，我必须立即停止创作这个系列的电影。人的情感也有一种属于它自己的秩序。

我还有其他几个和埃里克合作电影的想法，但它们全都被尘封了起来。当我前一部片子还没做完的时候，总是没法足够快地跟上所有接踵而来的影片计划。这就好比我想追上湍急的河流，但怎么也追不上，即便现在工作得比以前更快。影片融资变得更加困难，因为观众数量在变化。那些为我的电影做发行的公司都已消失，而那些我一直抱有怀疑态度的艺术影院，大多也都不复存在了。但我的作品越来越多地出现在互联网上。我一直认为自己拍的是主流电影，只是在某种程度上，我才是那个潜在的主流。但这也可能是我用于自我鼓励的说辞。有了数字摄影机和数字剪辑，我的工作速度也比以前快得多。夸张点说，我几乎能以我思考的速度剪辑出一部影片。随着我做的片子越来越多，我在流程上也越来越顺畅，就像一个人可以把外语说得越来越流利一样。

虽然工作经常像复仇女神一样在我身后追赶着我，但有时它们也会从我眼前溜走。我想拍一部关于小野田在卢邦岛的故事片，然后拍一部关于非洲童子兵的故事片，里面有几个九岁的士兵洗劫了一家婚纱店。新郎光着脚，穿着破运动裤，光着的上身穿着一件燕尾服，后摆一直拖到脚后跟。新娘也是个男孩，穿着一件尺寸过大的婚纱，拖在他身后被雨水浸湿的街道上，脚上穿着双过大的白色高跟鞋。他们二人用卡拉什尼科夫冲锋枪向所有能动的东西开枪，狗、车、人、猪。有个人死在了街上，没有人把他移走。他的尸体先是被苍蝇爬满而变黑，然后飞来了秃鹫，再后来有几条狗来啃他的骨头。两周后，那个被枪杀的人躺着的地方就只剩下了一个黑点。这个场景是英国驻非洲记者迈克尔·戈德史密斯给我描述的。他曾经差点被让-贝德尔·博卡萨用他的金色权杖打死。博卡萨此前不久刚刚加冕为中非共和国的皇帝。戈德史密斯在最臭名昭著的地牢恩加拉巴监狱待过几个月。但那是在我们 1990 年拍摄关于博卡萨的电影《来自昏暗国度的回声》（*Echos aus einem düsteren Reich*）之前很久的事。我们拍摄结束后，戈德史密斯在塞拉利昂内战期间四处奔走，然后被一个造反组织在路上抓走了，他透过面前的铁窗，目睹了一个被枪杀的人如何在两周内在街上消失，变成一个丑陋的斑点。获释后，他去威尼斯观看了我的电影《石头的呐喊》的首映，仅仅三周后他就死了。他只通过录像观看过我们那部关于博卡萨的电影。拍摄《来自昏暗国度的回声》的时候，我去了一个法国空降部队驱逐博卡萨时发现的冷藏室，里面存着一个被冻住的内政部长的半边尸体，那尸体也有可能是另一位高级官员的。他就像挂着后蹄的半头猪一样依然在那儿吊着。博卡萨以叛国罪枪决了他，并在后来举行宴会的时候用这个内政部长的肉招待客人。但因为客人只有十几位，厨师只把部长尸体的一半做成了菜，另一半则冷冻保存。博卡萨在复审中再次被判处死刑，这场庭审的录像总共超过三百个小时。厨师在证人席上提供了确切的细节，但为博卡萨辩护的法国明星律师讥讽他是骗子，因为他声称内政部长的手被切掉以后还有反应。那位律师装腔作势地鼓动着现场的人们，他喊道，那只手一定是掉在地上像蜘蛛一样逃跑了。这是他编的。人们可以看到博卡萨听到这些的时候充满兴奋。1977年，博卡萨发动军事政变的十一年后，挥霍了三分之一的国家预算，为自己举办了一场声势浩大的加冕典礼。仪式上用的服装和镶金马车都模仿了拿破仑的加冕礼。有一支朝鲜陆军管弦乐队在一个仿造凡尔赛宫而建的体育场里演奏维也纳圆舞曲。博卡萨有十七个老婆和五十四个公开承认的孩子。他把他最喜爱的四岁儿子任命为陆军元帅，那个小男孩穿着华丽的制服在王位旁边的天鹅绒基座上睡着了。博卡萨后来宣布自己为基督的第十三个使徒，但没有得到梵蒂冈的承认。我在中非共和国首都班吉的时候，去了那个举办加冕典礼的体育场，准备拍摄他宝座上剩余的钢骨架，结果民兵闯了进来，把我们抓走了。不久之后，又发生了同样的事情，我们被第二次带到现任内政部长面前。所有的状况看起来都不太妙，于是我决定尽快结束拍摄。

我想为意大利北部的那场海啸写一首安魂曲。这是我们所知道的最可怕的海啸，它沿着二百五十米高的峡谷奔流而下。多年来，瓦伊昂大坝一直很吸引我。1965 年 10 月 9 日，一场灾难夺去了大约两千四百人的生命。这座大坝是世界上最高的大坝之一，高度刚好超过二百六十米，封住了一个狭窄的峡谷。20 世纪 50 年代，意大利北部弥漫着工业化的乐观精神。在这种气氛下，大坝建成的时候，人们并不想知道从一开始就显而易见的危险。托克山在水库南侧，山上的斜坡极其陡峭且不稳定。有一位地质学家发出过警告，但他被带走了，还有几位持批评态度的记者甚至因为“破坏社会秩序”而被意大利政府带上法庭。1963 年 10 月 8 日，膨胀的水库发生了落石和山体滑坡，陡坡上的树摇摇欲坠，向水平方向倾斜。有一组工程师被派去检查。他们消失了，人们再也没能找到他们的踪迹。晚上 10 点 39 分，整个阿尔卑斯山发生了自新石器时代以来最大的山体滑坡。整个托克山侧面宽达两公里、约两点六亿立方米的山体，以每小时一百一十公里的速度冲入水库，当时水库的水位几乎已经达到了可承受的上限。海啸摧毁了对面斜坡上的村庄，这个村庄位于水库水位以上两百五十米处。五千万立方米的水越过抵抗山体滑坡的坝墙，形成难以想象的巨浪，从峡谷中喷涌而下。海啸越过几公里外的皮亚韦河谷，冲上对岸，摧毁了建在山上的隆加罗内镇。隆加罗内整个镇子几乎被完全抹去。有大约两千人死在这儿。冲过来的海水冰冷刺骨，许多遇难者都是死于心脏衰竭。有份意大利的天主教报纸写道，这是上帝之爱对我们降下的一次考验。

我想拍一部关于诗人奎林·库尔曼的故事片。我在前面提到过他。他是个诗人和宗教狂热分子。17世纪后半叶，他徒步穿越欧洲传教，和其他神秘主义者进行斗争。他来自西里西亚，立志建立一个新的精神王国，一个耶稣的王国。他名叫库尔曼，便为此写出了所谓的《库尔曼圣咏经》。他致力于炼丹术，把所有事情都按字面意义去理解，所以他带上把铁锹就去寻找智慧之石。他肩负着神圣的使命，与两位女性一起（一位母亲和她未成年的女儿），进行了我们所知道的最后一次十字军东征。他启程去往君士坦丁堡，想要让苏丹皈依，但到了热那亚，那两个女人就都已经受够了他，跟着几个水手逃跑了。库尔曼在追着船游泳的时候差点淹死。到达君士坦丁堡后，在他试着去找苏丹穆罕默德四世传教的时候被逮捕，被人扔进监狱。他想用下面这句话来面见苏丹："自取灭亡吧，你这个怪物，你要被上帝的智慧所蒙蔽，而不是盾牌或刀剑：奉万权之主的名义，跳吧，如你所愿；追随你的怒火吧；你的灭亡即将来临，你的大限将至。"他是如何幸存，以及如何脱身的，都没有记录在案。但人们在监狱里找到了他的第十四篇《库尔曼圣咏经》，开篇如下：

三位一体的上帝，
我在深深的恐惧中半死不活，
在内心烦恼的包围中向你呼喊！
耶和华，为了耶稣，聆听吧！

在灵魂和身体分崩之前，

证明你的怜悯和宽恕。

他最终徒步走到了莫斯科，于1689年死在了那儿。他发起了一场宗教暴动，可能被人误解为是政治活动。库尔曼死于火刑；他的著作也一起被烧毁了。

我想和迈克·泰森一起拍一部关于早期法国国王的电影。我和他认识是因为有一位好莱坞制片人想拍一部关于他的纪录片。当时制片方的工作人员和五名律师都在场。泰森感到很不自在，我便请他去了露台。我们想面对面进行单独交谈，然后立即就找到了彼此的相通之处。我们没有聊他的片子，而是聊了聊他的童年。他整个童年时期都和母亲住在一个房间里。如果有男性光顾，他也经常会在场，并从他们脱下放在一边的裤子里偷钱。他在十二岁之前，已经被逮捕了四十来次。长到判刑年龄之后，他在少管所学了拳击，成为有史以来最年轻的重量级世界拳王。后来他因强奸罪入狱三年，但极力否认有过强奸行为。在求知欲的驱使下，他在监狱里开始阅读。他熟悉罗马共和国和法兰克王国早期的墨洛温王朝的历史，熟悉克洛维一世、希尔德里克一世、希尔德贝特、芙蕾德贡德王后，还有加洛林王朝的矮子丕平。泰森在拳击生涯结束后很快就花光了三亿美元，背上了堆积如山的债务。我想正因为这个原因，他向制作公司报的价非常高昂，导致这部影片一开始根本启动不了。他是一个可怕的拳击手，在拳击台上为了争夺冠军，咬掉了对手伊万德·霍利菲尔德的耳朵，被人称为

“世上第一恶人”。而迈克·泰森私下的举止看起来更像是一个害羞的男孩。他说话轻声细语，有点大舌头。我建议保罗·霍尔登格雷伯邀请泰森来参加一次他在纽约公共图书馆的对谈活动。那是一个难忘的夜晚，有六百五十名知识分子、学者、作家和哲学家参加。我让保罗首先问观众有没有人听说过矮子丕平。但没有人知道这个名字从何而来。丕平是加洛林王朝的第一位国王，查理·马特的儿子，查理曼大帝的父亲。迈克·泰森随后谈了谈丕平的历史，以及现代欧洲的开端。

我想拍一部关于弗丽达·查普林和格丽塔·查普林这对双胞胎姐妹的故事片。1981年，英国的小报上出现过一小段关于她们的报道，几周内她们就声名鹊起，被称作“疯爱双胞胎”。她们俩疯狂地爱上了自己的邻居，一个卡车司机，导致那个司机神经衰弱，把她们告上法院，并要求对她们下达限制令。她们的故事是独一无二的。她们是已知的唯一一对总像在异口同声地说话的同卵双胞胎。大家都知道，有的双胞胎在彼此相处的时候会发展出自己的秘密语言，可以通过这种语言不让外人听懂他们在说什么，但弗丽达和格丽塔却是同时说着同样的话，异口同声，犹如合唱。我亲眼看到过她们用完全同步的语言和手势打开门，和我打招呼，邀请我进去。我原本以为这种对话是可以程式化地排练出来的。但后来她们回答了几个无法预见的问题，却同样异口同声。有时她们分开说同一句话，也就是说弗丽达说前半句，妹妹格丽塔会和弗丽达同时按照同样的声调说同一个关键词，然后把句子接过来说完后半句，反之亦然。她们穿着完全一样的衣服和鞋子，留着完全一样的发型，手提包和雨伞也完全一样，就像墨迹实验那样协调一致。她们走路的时候，同步的方式不像士兵那样左右交替着走，而是先同时用内侧脚走路，然后再迈外侧脚。她们拿手提包的方式也是如此，不是用左手拿，而是用外侧手拿，雨伞则都用内侧手拿。要是把她们的合影沿中间对折，两人可以完全重合。她们的动作完全同步，彼此之间的身体关联坚不可摧。我们初次见面的时候，我分辨谁是格丽塔、谁是弗丽达的唯一方法就是看她们谁坐或走在左边，谁又在右边。

她们需要社区工作者的帮助才能完成日常家务。例如，她们没法打开沙丁鱼罐头，因为用四只手打不开。这个时候她们就会开始尖叫。用吸尘器打扫房间也是个问题。她们总是并排移动，四只手紧握着把手和吸尘管穿过房间，但要是有两把破旧的软垫椅子靠得太近，导致两个人无法同时穿过缝隙，她们就会被卡住，直到精神崩溃。但其他事情，比如给客人沏茶、倒茶，对她们来说就很容易按照固定、明确的步骤完成。

她们在约克郡长大。按她们的说法，专横的父亲很可能与她们有乱伦关系。这可能就是两人与世隔绝，并且和那个卡车司机邻居发生关系的原因。她们经常和他在两家交界处的花园房子里相会。根据双胞胎的陈述，这段关系持续了几年，直到有一天，那个男人跟她们解释说，他要结婚了，从现在起必须结束他们之间的关系。这对双胞胎受不了了。她们伏击了她们的前情人，向他——同步地——喷出淫秽的话。她们用身体拦住他的卡车。她们还把他拖出驾驶舱，用手提包——同步地——对他进行殴打。

在法庭上，主审法官允许两人异口同声地用同一个嗓音发言。一旦试图把她俩分开传唤出庭，就会让她们非常崩溃。她们齐声说话，同步做手势，兴奋地大喊大叫，同时在空中挥舞食指，仿佛要把原告刺穿："他在撒谎，你没听出来他在撒谎吗，这个 bucking fastard 在撒谎！"她们同时犯着同样的口误，说的是"bucking fastard"，而不是"fucking bastard"[1]。这句话没法直译，但人们可以这样理解：她们说的是"他混的妈蛋"，而不是"他妈的混蛋"。《他混的妈蛋》或者《Bucking Fastard》[2]将会是这部电影的标题。原告胜诉了。这对双胞胎被判处一个月的缓刑，条件是要远离那名卡车司机。她们无助地被英国小报围猎，后来一名退休的纺织工人在自家的阁楼上收留了她们。但她们的悲剧还没有结束。楼下有一家小店铺的老板突然开始跟踪她们。一天夜里，他爬到公寓旁边的屋顶上看她们脱衣服。他从那儿摔了下来，当我第一次见到这对双胞胎的时候，他的两条腿还打着石膏。这家店铺还有一个学徒，是个朋克青年，他在通往院子的通道上把弗丽达绊倒，剪掉她的辫子，可能是为了让她俩能被分辨出来。格丽塔随后也剪掉了头发。

由于这对双胞胎退出了公众视野，我只能通过新闻照片里的房子找到她们。照片背景里有一块能看清的街牌，房子处于两条街道之间的岔路口，还有一个店名很大众的店铺的招牌，伦敦电话簿上就有两页同样的名字，但结合街名，我找到了地址。那个

1 原文为英语脏话，意为"他妈的混蛋"。

2 本片已于 2025 年拍摄完成。

年代并没有什么互联网。这对双胞胎给我回了一封信，从那一刻起我们就建立了很深入的联系。她们几乎从来不出门，所以我特意邀请她们去餐馆吃饭，但她们感觉很不舒服。我说，要不来点炸鱼薯条吧，我发现了一个摊位，就在拐角。这对她们来说似乎是可以接受的，但两人还是异口同声地窃窃私语了一会儿。“好吧，我们可以出去。”格丽塔对我说。她就像是二人中的外交部长，而弗丽达则是内政部长。两人写信的时候，通常是格丽塔写开头。我有几封她们的信，格丽塔写了前两行，但紧接着弗丽达就在后面又写了一遍同样的文字。再往后，字与字之间的空当就变得很大。格丽塔用右手从页面的左边写字，弗丽达则同时用左手从右边写字，她们写的时候不是倒着写，而是逐字逐句地向页面内侧写。同一行的两部分在中间相遇，形成一个连贯的句子。临出门的时候，她们让我等一分钟，要在浴室里快速准备一下。但她们并没有再出来。二十分钟后也没出现。又过了半个小时，我进去看了看。浴室的门是开着的，她们就在里头。我必须要描述一下我看到了什么场景。格丽塔在镜子前绑着头巾，大约过了十分钟，她的镜像意外地做了一个不同步的动作：一只手从镜子里伸了出来，把一缕发辫放在那块头巾下。其实那儿根本没有镜子，是这对双胞胎面对面地站着，做着同样的动作，把彼此当成了镜像。然而在与两人进行了一系列会面后，我不得不和她们断了联系，因为有明确的信号表明，她们突然把我纳入了情感雷达。她们逼迫我一起过夜，还打算和我一起做些什么“诱人的”事情。此后两人都去世了。弗丽达死于癌症，格丽塔又活了十四年，没有一天不去给她的姐姐扫墓。

我总是来不及实现那些想法。有一部还没有拍出来的电影，讲的是一个人让自己隐形的故事。我与凯文·米特尼克就这件事聊了很久，他可能是已知范围内最著名的黑客，很长一段时间里都能成功逃脱联邦调查局的追捕，但最终还是在联邦监狱里度过了五年。还有一部关于早期的爱尔兰国王斯威尼的电影，他在一场大战役中变得越来越轻，直到他飞走，落脚在一棵树上。他加入了鸟鸣的行列。再也没有人能引诱他下来，直到他帮地上的一位圣僧从地里拔出一个大萝卜，才力竭而死。这部电影的片名会是《夜莺下的斯威尼》(*Sweeney nach Nachtigallen*)。这应该是一部为儿童观众拍的片子。不过赶不及做那些没做的事情并不会让我喘不过气，我只是接受了这个现实。

28. 海洋的真实

在记忆的迷宫里，我经常好奇记忆在多大程度上是流动的，哪部分记忆在什么时候是重要的，有多少记忆蒸发了，或是染上了别的底色。我们的记忆到底有多真实？在我所有的电影里，我都在探索关于真实的问题。现如今这个问题对所有人来说都更为紧迫，因为我们在互联网上留下的痕迹仿佛拥有了自己的生命，开始独立存在。假新闻的问题之所以突出，正是因为它对政治生活产生了如此大的影响。但自从人类有了记载以来，赝品就一直存在。有一座浮雕上刻画着一位埃及法老对赫梯人的伟大胜利，但另有一份他和敌军签订的和平条约，表明这场战斗其实是场平局。还有假尼禄，他在那位罗马皇帝去世后，突然带着大批随从攻进希腊北部和小亚细亚。还有波将金村庄[1]外墙，那是在沙皇叶

---

1 1787 年，叶卡捷琳娜二世出巡途中，格里戈里·波将金在第聂伯河两岸布置了可移动的村庄来欺骗女皇及随行大使。后“波将金村庄”也被用来指代给人虚假印象的建设和举措。

卡捷琳娜大帝出巡途中专用来讨好她的。这个清单可以无穷无尽地列下去。

从很早开始，我就要在工作中面对事实。你必须认真对待事实，因为它们都很有参考价值，但我从来没兴趣拍纯粹以事实为导向的电影。真实不一定与事实相符。否则，曼哈顿的电话簿就是书中之书了。四百万条条目，全部事实正确，全部可以验证。但它并不能给我们讲述几十位詹姆斯·米勒中任何一位的故事。他的电话号码和地址都是正确的。但为什么他每天晚上都会把脸埋在枕头里哭泣？只有诗歌，只有诗人的创造，才能使人看到更深的一层，看到一种真实。我提出了“令人狂喜的真实”这个词。解释这一概念需要写一整本书，所以我在此只给出一点粗略的说明。然而在这个问题上，我至今都在与所谓“真实电影”[1]的拥护者进行公开对抗，他们号称整个纪录片类型都是真实的。电影的作者必须完全消失，要像墙上的苍蝇一样。如果秉持这种理念，那么银行的摄像头就成了终极的电影形式。我不要成为一只苍蝇，要成为一只蜇人的黄蜂。“真实电影”是20世纪60年代的一种思潮，我把它现在的拥护者描述为“真实的会计”。因此我遭到了激烈的攻击。而我对那些喷子的回应是：新年快乐，废物们。

法国作家安德烈·纪德曾写道：“我改变事实，是为了让它们更接近真实，而不是接近现实。”莎士比亚也说过类似的话，“The most truthful poetry is the most feigning”，意思是“最真实的诗就是

1 Cinéma Vérité，起源于20世纪60年代法国的纪录片流派。

最虚伪的诗”。我已经致力于这个问题很长时间了。最简单的例子是罗马圣彼得教堂的米开朗琪罗的“圣殇”雕像。从十字架上取下的耶稣长着一张三十三岁男人的脸，但他母亲却是十七岁少女的脸。是米开朗琪罗对我们撒谎了吗？他有什么欺骗的意图吗？他是想传播假新闻吗？作为一名艺术家，他的表达是不言而喻的，其目的是向我们展示两个人物更深层次的真实。我们原本就不知道什么是真实，甚至连哲学家、罗马教皇、数学家，都不知道。我从不把真实视为遥远地平线上的一颗恒星，而是视为一种活动、一种探索、一种接近的尝试。

我的电影《黑暗之课》（*Lektionen in Finsternis*）讲述的是第一次海湾战争结束时科威特油井燃烧的故事，影片开头引用了布莱斯·帕斯卡的一段话：“群星世界的崩塌将如同创世一般，在壮丽无比的绝美中上演。”但这不是一部关于萨达姆·侯赛因的伊拉克军队撤离时所犯下的罪行的政治电影，这类内容在过去一整年里，每天晚上都能在电视上看到。我看到的是另一种事物。到达科威特后，我感到能看到的远比想象的更多：那是一个宇宙维度的事件，一种对神创万物的犯罪。在这一整部看起来像安魂曲的电影里，没有任何一个场景能让我们认出这就是我们的星球。这部电影呈现出一种黑暗科幻片的气质。因此在第一个画面出现之前，我想从一开始就把观众提升到一个很高的层次，一直维持到结尾。但这句引言并不是来自法国哲学家帕斯卡，虽说我们已经从他那儿得到了许多关于宇宙的精彩格言，而是来自我自己。我认为布莱斯·帕斯卡也没法说得更漂亮了。还要再提一句：在这种情况下，我总是会留下一些迹象，暗示我杜撰了一些东西。

我总是着迷于别人如何“感知”真实。拍摄《陆上行舟》期间，有几个来自当地丛林深处的马奇根加族人参与了拍摄，他们除了要求我们付钱以外，还要求考虑提供给他们其他形式的报酬，例如建一个永久的医疗站、送一艘运输船，以及支持他们争取获得领地的土地登记，也就是拿到土地所有权。我们先是聘请了一位测量员，绘制了一张带有边界线的地图，然后和希万科雷尼村委员会的两名民选代表一起去见了秘鲁总统，这些行动终于使得他们的土地权利在几年后得到承认。在利马的时候，有一个瞬间让我意识到“海洋的真实”。在马奇根加族人的村子里，关于海洋是不是真实存在，以及如果存在的话整个海洋里是不是含有盐水，一直存在争议。当时我们和两位马奇根加族代表走在路上，他们穿着衣服，涉水走进海里，离海滩越来越远，直到水没过腋下，他们又尝了尝四周的海水。然后他们装满一瓶海水，小心地塞好瓶塞，把它带回丛林。他们的证据是：如果海里的某个地方有盐，那么大海就会像个大锅一样，所有的水都同样会是咸的。

最近还有一个案例让我产生了思考。在日本拍完《家庭罗曼史有限公司》之后，有个日本的电视台也对影片里表现的现象很感兴趣。片子里的这家公司代理着两千多名演员，顾客可以从公司租一位演员扮演失踪的家庭成员或者朋友，一起度过一个下午。公司的创始人石井裕一在我的电影里扮演了主角。在影片中，他受雇于一个十一岁女孩的母亲，要让他扮演女孩已经离婚的父亲，因为那女孩很渴望与父亲取得联系。由于她两岁时父母就离异了，她并不知道父亲长什么样子。顺便提一句，我电影里的女孩并不是真正的女儿，而是受过良好训练的女演员。石井裕一接受了日本 NHK 电视台关于他公司的采访，又被要求介绍一位已经使用过该公司服务的客户。NHK 电视台随后采访了一位上了年纪的男人，他曾经在一段孤独的日子里雇了一位“朋友”。然而节目播出后不久，网上立即出现无数报道称，这个“客户”根本就不是客户，而是石井给电视台安排的一个骗子，是他自己公司的演员，假装成一个孤独的人。电视台为他们没有做足够的调查，公开向观众道了歉。在日本，丢脸成这样是非常尴尬的事。到目前为止，一切都还好。但接下来才真正变得有意思。下面的事情我只是听说的。石井裕一为自己辩解说，他是故意从公司派一名演员来的，因为真正的客户，真正孤独的老人，顶多只能说出一半的实话。真正的客户可能会为了保全自己的面子而粉饰一切，至少会部分撒谎，而不会让人深入了解自己的内心。但是，石井裕一介绍来的这个“骗子”，这个“诈骗犯”，已经扮演过数百次孤独者的“朋友”，他非常清楚自己在说什么，清楚孤独者们身上发生了什么。真正真实的事情只有从骗子那里才能了解。它原本并不存在，这就是我所说的令人狂喜的真实。

29. 催眠

在我那部关于跳台滑雪运动员斯泰纳的电影里，有人要求我亲自朗读旁白，并且以事件记录者的身份出镜。起初我对这一任务颇为抵触，但后来我认识到它也有积极意义。亲自朗读自己的文本有一种每个观众都能立即识别出来的真实感，这是训练有素的演员和专业演讲者都无法传达的。我发现自己虽然没有经过太多深思熟虑就进入了这个岗位，但也不想做得像业余爱好者一样，而是努力追求准确和穿透力。除此之外，在我的故事片《玻璃精灵》里，我不确定该怎么展示整个村庄的人像梦游者一样走向一场预料之中的不幸。这部影片的主人公是一个 18 世纪末的真实人物，他是巴伐利亚森林里的一个牧牛人，拥有预言的天赋，像预言家诺查丹玛斯一样预言了世界大火和人类灭亡。这个村庄靠生产玻璃为生，但吹玻璃的人丢掉了制造红宝石玻璃的秘方。他们寻找着秘方，直到变得疯狂。在集体狂热中，他们杀害了一个少女，还炮制了一起纵火事件。玻璃厂被烧毁了。我该用什么样的风格来表现这些事件，让所有演员都呈现恍恍惚惚的状态？梦游者们是怎么行动，怎么说话的？我曾经想过把他们全都催眠，但首先得弄清楚被催眠的人是不是能在不醒来的情况下睁开眼睛。还有，两个或是更多的人被催眠之后，还能不能相互交谈？我聘请了一位专业催眠师进行测试，最开始的结果让我很受鼓舞。是的，深度催眠中的人确实可以睁开眼睛而不醒来，他们也可以相互交流。但是这位催眠师很快就让我非常恼火。他吹牛说自己有特异功能，可以吸引来宇宙光环，再转移到他人身上。催眠状态是他通过集中自己的体内振动而产生的。从技术上讲，他工作完成得不错，但一旦他提这种新纪元运动之类的胡说八道，我就没有耐心了。我自己接过了催眠师的活儿。我已经学了足够的知识，熟悉了相关文献。那位新纪元运动的鼓吹者后来开办了一家研究所，专门对年轻女性进行催眠，把她们变成古埃及神庙的舞女。据说她们被催眠时说的是法老的语言，但有几位埃及史学家听了她们的胡言乱语后，证实她们发出的只是毫无意义的声音，与任何已知的语言都毫无关系。其实任何人都可以催眠。但它的神秘感在于，对于这种通过催眠和睡眠实现大脑关闭的过程，科学上的解释仍然太少。人们其实只知道实施它的方法，其中包括一些简单的技巧，比如举起铅笔，用笔尖固定被催眠者的眼神。另外，还有一种特定的、有穿透力的说话方式，也能起到催眠的效果。这种说话方式后来在我的电影旁白里变得很重要。

但催眠要有一些基本的先决条件。被催眠的人必须同意这个过程，而且愿意遵循指示。如果一个人的想象力不强，头脑也不够灵活，无法跟上场景，那么催眠就会非常困难，甚至不可能。思维固执的老年人很难被催眠。四岁的孩子活泼好动，注意力持续时间很短，也没法被催眠，而且人们也不应该去催眠小孩。催眠者并没有能力操控被催眠的人。在催眠状态下杀人的情节只会发生在烂片和烂小说里，因为即使在这种状态下，我们的本性也无法改变。如果你给一个处于被催眠状态中的人一把刀，命令他去杀死自己的母亲，他一定会拒绝。被催眠的人也能撒谎。因此，被催眠状态下的陈述不允许作为法庭证据。同样重要的是，让受试者恢复正常意识的过程必须缓慢，这样他们才能摆脱恐惧，满怀希望地重新进入这个世界。但我也遇到了一些意外。有一位音乐家看见报纸上的广告后前来参加测试。当时他有些缺乏安全感。所有应征的人都知道这是一个用来选角的实验，于是那个年轻人要求带上他的女朋友。我把她安排在房间后面观察，嘱咐她不要跟着我的声音指示。但仅仅几分钟后，她就第一个陷入了被催眠状态。在拍摄过程中也发生过一件事：其中一位演员在被催眠状态下感到非常舒服，固执地拒绝听从我的提示一步步醒来。我花了很长时间才把他叫醒。几十年后，在我的故事片《纳粹制造》里，钢琴家安娜·古拉里饰演女主角，和她搭戏的是世界上最强壮的男人。她怀疑自己能不能在镜头前被催眠。我们邀请了一小群客人作为见证，结果在这么短的时间里，她就变得恍惚。这使我花了很长时间才把她叫醒。

我总是可以很容易地从一张基本的图片中判断出某人是否具有催眠“天赋”。就像有些天赋异禀的人能很快地学会骑自行车一样，催眠也要有一定的基本天赋。

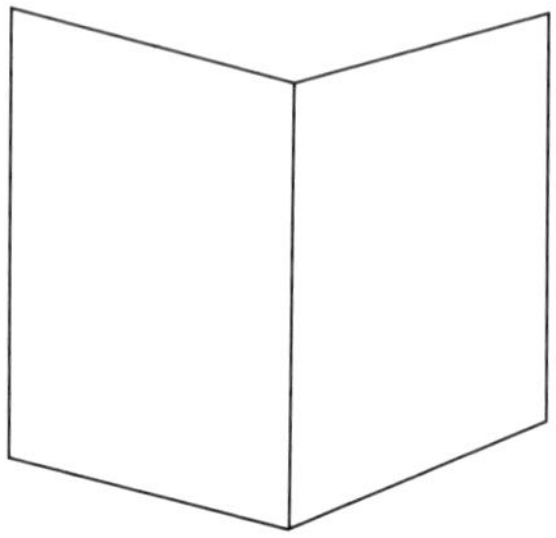

您面前有一本打开的书。问题是：这本书是面向您打开的，还是背对您打开的？如果您看到这本书是面向您打开的，我会把图移走一会儿，再重新拿给您看一遍，建议您这次重新想象这本书是背对您打开的。如果这种重新思考和以不同的方式看待问题的方法对您来说很容易，那么您就是适合被催眠的优质人选。当然，这个方法同样适用于看到的是书背对您打开的情况。您能够反过来看到它面向您打开吗？

后来，我还尝试过给被我催眠的观众放电影。有一位观众觉得自己像直升机一样环绕着《阿基尔》的主角转，而周围的风景则变成了纯粹想象出来的场景。我很感兴趣这种幻觉是如何产生的，因为我对梦和幻觉的过程知之甚少。但是与更多被催眠的人一起工作的风险太高，责任也太大，因为他们在少数情况下也可能出现精神错乱式反应。

但在我的纪录片里，我的嗓音多少带有一些我作为催眠者角色的余音。重要的不仅仅是声音，而是声音要表达什么。是内容让观众保持听觉的敏锐。我所写的和所说的，永远不可能出现在《国家地理》的影片里。在我关于火山的电影《进入地狱》的结尾，你可以看到熔岩从地球内部喷涌而出，我的声音提醒着人们，无论你在世界上哪个角落，脚下的深处都有沸腾的炙热岩浆想要升腾、喷发，毫不偏袒地摧毁我们星球上的一切生命，“对乱窜的蟑螂、愚钝的鳄鱼、无知的人类的命运毫不关心”。像这样的句子需要与之相应的语调。我承认我的德语声音带有我的母语——巴伐利亚语的南德口音。我也承认我的英语有很重的口音，虽然没有亨利·基辛格[1]那么糟糕，但毕竟在互联网上有很多语言模仿者用我的嗓音读童话或者提供人生建议。我有数十个分身，但到目前为止，还没有一个真正抓住我语调的精髓。我的嗓音吸引了一大批忠实粉丝，连同我的世界观，引来众多模仿者。我作为这种讽刺行为的受害者，对他们表示感谢。

1 美国著名政治家，出生在德国的犹太人，十五岁时为逃离纳粹迫害随父母移民美国，他的英语中一直有浓重的德国口音，这也成为他的身份标志之一。

30. 反派角色

很久之前，早在我刚拍完头几部电影之后，就有人邀请我在镜头前演戏。第一个邀请来自爱德嘉·莱兹[1]导演，他是新德国电影运动的奠基人之一，以前也为我提供过同志般的支持。很早的时候，他和亚历山大·克鲁格在乌尔姆管理一所电影学校，那个时候他们就邀请过我，因为他们两人相信我骨子里有某种天赋。但我拒绝了。我一直是彻彻底底自学成才的，从来不相信学校。尽管如此，这两位导演都为我自己的作品提供了宝贵的建议，而真正重要的是从他们那儿找来的合作者。我因此结识了贝阿特·美因卡-耶灵豪斯，她为我做了很长时间的剪辑师。贝阿特对拍摄素材有着非凡的感觉，总是立刻就能知道该选择哪一条剪进去。她对我很残忍，近乎无情。在剪我的第一部故事片《生命的讯息》的时候，我们想看一卷三百米长的素材，结果发现胶片粘

1 又译爱德加·赖茨。

反了。但她仍然把胶片夹在剪辑台的齿轮里，以五倍的速度反向播放。胶卷全播完后，她把整整十二分钟的胶片从设备上取下来，扔到垃圾桶里。“都很烂。”她简洁地说。我坚持要求她把素材按正确的时间顺序重新再看一遍，剪出一个小片段，她才照做。她说，这些素材最终还是会被扔进垃圾桶。三周后，我又继续剪了几段，这时才意识到她是绝对正确的。这一次扔掉胶片的是我自己。贝阿特认为我所有电影都很糟糕，所以她拒绝出席任何首映式。她对我所有的电影都持否定态度，包括《阿基尔，上帝的愤怒》，只有一个例外，那就是《侏儒流氓》。她很喜欢这部电影，我在首映式上把她介绍给了观众。后来，哈莫尼·科林和大卫·林奇也把这部电影列进了他们最喜欢电影的榜单。

那个年代只有胶片。模拟声音要录制到宽大、笨重的磁带上，这种磁带与胶片一样，边缘有穿孔，通过穿孔可以使声音和图像同步。爱德嘉·莱兹有一台这样的录音机，大约有健身房的储物柜大小，我可以在他的制片公司里免费使用这台设备。20世纪60年代末，他拍了一系列短片叫《垃圾桶小孩的故事》，让我在里面扮演一个杀人狂。我演得很可信。从那以后，就有了为我量身定做的疯子或反派的角色。但也有例外。爱德嘉·莱兹用几部长篇连续剧《故乡》书写了德国的电视史，讲述他自己的家乡，莱茵兰-普法尔茨州的洪斯吕克山脉跨越整个世纪的乡村生活。最后他拍了一部电影，叫《另一个故乡》，讲述19世纪由于贫困从村子里走出的移民的故事。他邀请我扮演探险家亚历山大·冯·洪堡，我接受了这个角色，条件是他本人得和我一起出现在一场戏里。

莱兹答应了，扮演了一个在田边拿着镰刀的农民，洪堡在这场戏里要向他问路。莱兹说的是洪斯吕克方言，我听不大懂。但我想要拍这场戏，因为它对我们来说象征着一个历时四十多年的轮回终于画上了句号。

1988年，我与彼得·弗莱施曼合作拍摄了一部根据斯特鲁伽茨基兄弟的著名小说改编的科幻电影《上帝难为》。我扮演一个有预言能力的狂热传教士，但很快他就会被崛起中的掌权者们铲除出局。最后我被人从背后用长矛刺死。一个特技演员要把长矛插进藏在我背上的木板里，但他很胆怯。弗莱施曼和我都觉得这样太软了，要求那位凶手插得更狠一些。但我不知道的是，他以前是苏联中量级拳击冠军。这次他捅得太猛，捅掉了我两颗后槽牙的齿冠。这部电影在乌克兰基辅的一个建于苏联电影辉煌时期的巨大摄影棚里拍摄，然后转场到塔吉克斯坦的帕米尔山麓。这部作品是我为数不多的对新德国电影运动的直接贡献。我感觉自己并不属于这一群体。我的电影总是很另类。

纯从技术上来讲，我在自己的第一部故事片《生命的讯息》里就出过镜。影片一开始，受伤的主角史楚锡被从一辆军用卡车上抬下来，送到一个村子里接受治疗。我找的群众演员没有出现在拍摄现场。紧急情况下，我穿上了制服，因为其他人穿都不合身。今天我惊讶地发现，自己那时候好年轻，看起来居然像一个高中生。多年后，我在塞克·潘2004年拍的电影《尼斯湖事件》里扮演了沃纳·赫尔佐格。我在片中本色出演，饰演一个导演，被塞克·潘饰演的无良制片人逼迫妥协，甚至被拿枪指着。那把手枪只是发令枪，根本威胁不了人。但整场戏看起来都很真实，大部分观众都以为是真的，站在了我这头，尽管从头几分钟就能看出是假的，或者更准确地说：假里透着假。我在这部电影中所做的，纯粹是自我讽刺。这样的时刻我一直很受用。但是由于片子里没有交代哪些是讽刺、哪些是杜撰，有相当一部分观众并没有意识到一切都是剧本里编排好的。这部影片像一个先知般的预兆，揭示了当今假新闻如何主导着部分媒体。

2007年，我再次出演了一部由塞克·潘自编自导的电影，名叫《大赌局》。故事发生在拉斯维加斯的一个赌场，我扮演一个在扑克比赛中作弊的“德国人”，最终被逐出了比赛。这个“德国人”是个悲哀的人物，总是带着他心爱的宠物兔子，但也总是想勒死几只笼子里的小动物，以提醒自己还活着。我得明确声明，我身上没有什么特质能给编剧提供灵感去写这样一个人物。这纯粹是塞克杜撰的，而对于我也只不过是一场表演。

塞克·潘对我很感兴趣，因为我的电影给他留下了深刻的印象，但早在我与他合作前，哈莫尼·科林就已经来找过我了。我们在特柳赖德电影节上见过面，他在那儿放映了他的电影《奇异小子》。这部影片很触动我，因为我在其中听到了一种美国电影全新的声音，而他也被我的电影所震撼，尤其是那部关于侏儒的电影。他的父亲就是一个电影人，在他十几岁的时候就常带他去电影院，而哈莫尼对我的电影印象尤为深刻。他后来在一次采访中描述道：“我突然意识到，诗歌艺术也存在于电影中，它如此有力量，我以前从来没见过。”对于哈莫尼·科林来说，我算是他个人电影创作上的精神引路人。我答应了要出演他 1999 年的电影《驴孩朱利安》，主要是因为他自己要扮演我精神错乱的儿子，而我要演他的父亲，一个混乱家庭的震中。哈莫尼扮演的大儿子把科洛·塞维尼扮演的妹妹搞怀孕了，之后他在精神错乱中杀了人。小儿子是个失败者，和他们住在一起的奶奶则完全疯了。我到了皇后区的拍摄现场，才意识到哈莫尼把自己的角色交给了另一个演员，而他自己只当导演。可能他一直都是这么计划的，也可能是他不敢演了。他的剧本没有写好的台词，只有非常粗略的情境描述。自打拍摄的第一天我就明白了，我得现编对白。在餐桌上，我的大儿子给我朗诵了一首他自己写的诗，而我要在他的兄弟姐妹面前以最狠毒的方式羞辱他。这场戏用多台摄像机同时拍摄。当我已经笔直地坐在桌子边的时候，注意到摄像机上显示“拍摄中”的灯在闪烁，于是转向消失在背景中的哈莫尼问：“我该说什么，我的台词是什么？”但哈莫尼只回答道：“说吧！”我别无选择，只能开始。拍摄过程中，我演得越来越坏，逼得哈莫尼从他躲藏的地方跑了出来。他站在一台摄像机后面，几乎就在我的视线范围内，我多少能感受到他的狂热。我心想，我要再过火一些，于是顺着自己的灵感，叱责同桌的儿子说，真正的诗歌可不像他刚刚念给我听的那样愚蠢而“文艺范儿”，而是要像《肮脏的哈里》中的克林特·伊斯特伍德那样宏大。在那部影片结尾的决战中，哈里与最坏的一个反派发生了交火。那个坏人跌跌撞撞地倒在地上，但他的枪直接对准了站在他上方的哈里。他所有的子弹全都射光了，还是还剩一颗？哈里对他说了一句绝妙的话：“现在你必须问自己一个问题，你还能感到快乐吗？”那坏人扣动扳机，但枪膛发出“咔嗒”一声，意味着弹尽。哈里当场开枪打死了他。哈莫尼大概是被我的狂热打动，他激动得叫了出来，但那时录音就被破坏了，这场戏也就此结束。但在我无法忍受的电影理论家研讨会上，这个桥段被分析得很彻底，仿佛我和哈莫尼都想通过这段话对电影史做出什么深刻的反思。但其实这场戏事先并没有经过什么思考，而是即兴诞生的。

我原以为哈莫尼·科林的剧组都是纯粹的游击风格，但参与过之后，我也看到了电影行业给人如此严重的束缚。他的剧组都是有热情的年轻人，想做点新东西。但有一次当他们从墙上摘下一幅画的时候，画后面爬出几十只蟑螂，把他们吓得四散而逃。直到制片给每个人都发了类似于清理放射性物质时穿的那种塑料防护服，他们才准备好回到工作岗位上。哈莫尼和他的摄影师却不加解释地脱掉了几乎所有衣服，只穿着紧身内裤继续工作。我还注意到另一件事：在狭窄的房子里，有无数手机和对讲机，剧组人员们几乎都要挨着站，通过这些设备互相交谈。有一次我离开了现场两分钟，从一楼的冰箱处回到客厅，所有人都能看到我在楼梯上。这时，我听到所有设备都有回音，他们就像在报广播似的播报我的行踪，说我上楼梯了，再有三步就回到拍摄现场了。现如今，在好莱坞大片里拍摄吻戏时，现场必须配备一名“亲密关系顾问”，而片场到处站着七十多人，通过对讲机交谈。

2007年，我与哈莫尼·科林在巴拿马东海岸的一个热带岛屿上拍摄了《孤独先生》。我饰演一个狂热的传教士，也是一名飞行员，在天主教修女的帮助下向偏远地区的贫困印第安人投放援助包裹。其中一个修女不小心从飞机上掉落，但她毫不费力地活了下来，因为她在信仰的支撑下轻轻地飘到了地面上。其他修女也有样学样，做出类似的举动来考验自己的信仰，其中一个修女甚至骑着自行车离开飞机舱门，轻松降落到地面后继续蹬车。有一天晚上，剧组在机场拍摄最后一场戏，我没有戏份，但仍然穿着戏服，这时我注意到一个男人。在临时搭建的机场小楼高高的铁丝网后面，有几个等待着当地航班抵达的人。在他们中间，站着一个相对年轻的男子，几个小时前我就在那儿见过他。他是个黑人，手里紧紧攥着一束小小的、已经凋谢的小花。他看起来很伤心。我试着和他说话，他问我能不能在没有被授任神职的情况下接受他的忏悔，因为我穿着一身牧师的长袍。我反问他愿不愿意在我们的镜头前忏悔，这对我来说更有意义。他喜欢这个主意。我叫了哈莫尼和摄制组过来。我只是对哈莫尼问道："你准备好了吗？"他不知道到底会发生什么，我也不知道。摄像机打开了。我接受了那个男人的忏悔。他坦白道，他的妻子和三个年幼的孩子离开了他。两年来他每天都在机场，希望他们能坐下一班飞机回来。他避重就轻地不说妻子离开他的原因，而我告诉他，此时此刻是一个在全世界面前减轻他的良心受到的谴责的机会。但他还是不想说得太直白。"你和另一个女人行了淫乱之事？"我直言不讳地问道，但他否认了。我试着去理解他的意思，最后我想到了一个主意："我的孩子，你至少和五个别的女人行了淫乱之事。"突然，他完全松了一口气，承认道："是的，就是这样。"我宽恕了他，给他祝福。拍摄结束后，他跟我说，虽然这只是一部电影，但比在忏悔室里当着一个真正的牧师的面忏悔感觉还要好得多。

我的贡献有时也很微小。早在与塞克·潘和哈莫尼·科林合作电影之前，我就客串过角色，例如20世纪80年代中期保罗·考克斯在澳大利亚拍的两部电影，其中一部是《花痴》，我在里面扮演的又是一位不招人待见的父亲。1996年，我在奥地利导演彼得·帕扎克的一部叫作《燃烧的心》的电影中扮演了一个小角色。我已经不大记得这部电影本身，因为我从来没有看过。我还经常被问到维姆·文德斯的两部纪录片，《666号房间》和《寻找小津》，但我至今也没看过这两部电影。我对《燃烧的心》只有一段清晰的记忆。那场戏发生在第二次世界大战末期：我和一位将军待在地下室。拍摄我们对话的时候，附近会落下一枚炸弹，整个屋子都在震动。将军旁边的墙上挂着一面大镜子，爆炸时会出现一条裂缝。特效人员在镜子后面放了一个小型炸药包，我很好奇对面的人说话说到一半的时候，镜子碎裂的样子是怎样的。因此我主动提出要坐在摄像机旁边，以便与他有眼神交流。画面里看不到我，但我离他只有一张桌子的距离，离镜子还要再远一米。但我内心有某种感觉，让我把脸转过去。只听“砰”的一声巨响，一百多块细如米粒的玻璃碎片击中了我的头部。爆炸的威力实在太大了。我花了一个多小时才用镊子把碎片从皮肤里取出来。正因为我把头转了过去，才没伤到眼睛。

我的幽默感相当黑色，这种特质在美国比在其他地方更快地受到认可。因此，在2002年，《辛普森一家》的制作人马特·格罗宁问我能不能在他的系列剧里客串，我一点也不觉得意外。起初我并不确定。我以为《辛普森一家》是登在报纸上的连环画，可其实它们从来没有出过印刷品。但我也从来没在电视上看过他们的“卡通”。马特·格罗宁大笑着告诉我，《辛普森一家》已经火了二十多年了。我让他给我寄一两张最新几集的 DVD，好让我看着并练习一下怎么像“卡通人物”一样说话，他以为我在开玩笑。但他只想要我按自己的方式、不加任何调整地说英语，光是这样就足够搞笑了。他没有直说，但我明白他的意思。

那个时候，我总是问自己一个基本的问题，我要在流行文化里寻找些什么。但与此同时，我又觉得自己无论如何都是主流的。我从来分不清两者的区别。总有摇滚乐手来找我，滑板运动员、足球运动员也是一样。起初我还纳闷，为什么像斯蒂芬·霍金这样瘫痪在轮椅上的宇宙科学家会去参演一集《辛普森一家》。但看了一眼之后，我发现《辛普森一家》如此狂野、如此混乱，让我产生了某种亲切感。有人猜我是为了钱去参演的，但《辛普森一家》给的费用并不多，片酬属于演员工会的最低标准，相当于一部普通电视电影中小演员的日薪。最后，《辛普森一家》的整个团队都对我的电影表达了极大的热情，于是我同意了。我在《蝎子的故事》那集里客串配音了瓦尔特·霍滕霍费尔这个角色，后来又配了疯子伦德博士，最近又配了另一个角色。这种系列剧的筹备工作也让我很感兴趣。编剧团队邀请我参加过他们的一次会议，他们在会上互相扔球，混乱、疯狂，且富有创意。我以前从来没有见过这样的工作方法。剧本的测试过程也让我印象深刻。所有演员都要来进行所谓的“桌上围读”，测试故事和包袱的效果。配音演员坐在一间大屋子中间，周围坐了将近一百个精心挑选的测试观众。他们代表了不同的年龄组、性别、社会地位、教育水平、种族——所有人群都考虑到了。但对我来说，还有一件事儿让我颇为震撼。在我们这些配音演员朗读剧本里的台词之前，有一位专业喜剧演员上场，讲了整整一个小时的笑话。场子真正热起来之后，围读才开始，其间笑声的开始、笑声的力度、笑声的持续时间以及下一句对白的接续速度都会被精确地测定到十分之几秒。我问为什么要请那位喜剧演员过来。他们说这是因为观众在家看电视的时候，心里已经做好开怀大笑的准备，但在陌生的环境中，周围又都是陌生人，试听的观众难免过于拘谨，很难笑出来。

当我意识到自己演得真的很好的时候，心里只有喜悦。《辛普森一家》录音棚里的一切工作都是技术性的，只有在给台词配完音之后，人物的动作和嘴唇动态才会被画出来的。但在这个过程中，他们也会做一些调整。在重新配音时，他们会循环播放片段，让配音演员看着自己的人物，再进行声画同步。通常情况下，音效师和导演会坐在后面分隔开的控制室里，但在我录音的时候，导演一定要在我身边。甚至我的台词还没说完，他就在录制中途笑出了声。我因此得再录一遍，不过感到很受鼓舞，录下一条的时候又换了个更疯狂的念法——虽然导演被要求保持安静，但这次他笑得更厉害了。他被轰到控制室，但我知道自己干得不错。

我从来没有主动申请过去演哪个角色。我也从来没有报名参加过选角试镜。当导演克里斯托弗·麦奎里和他片子里的明星汤姆·克鲁斯来找我的时候，也是这样的情况。他们想让我在第一部《侠探杰克》里演反派。那是2011年，电影在2012年首映。同意之前，我仔细看了看剧本，发现它比其他许多动作片写得都要聪明。在影片里饰演泽克这个人物也是个挑战。很多电影里的恶人都挥着拳头、大喊大叫，用令人难受的大型冲锋枪胡乱朝对方开火。但我在电影里不带任何武器。我的角色在俄罗斯的古拉格集中营里几乎失去了所有手指，还有一只眼睛失明。我只能用低声来激起别人的恐惧。在一场戏中，我和善地要求一个手下当场吃掉自己的手指，以弥补他犯下的危险错误，就像我从西伯利亚的一个极端艰苦的铅矿逃跑时那样。当然，他做不到，于是被毫不留情地射杀了。在拍摄时，我注意到有剧组工作人员害怕地蜷缩着，后来在剪辑的时候，这场戏被删减了两次，因为不适合给年轻观众看。当影片内容涉及公开暴力、裸体性爱或诅咒时，电影业通常会这样处理。最后的成片没有这些元素，但我在这场戏里还是很吓人，以至于电影首映后，我妻子接到一个朋友从巴黎打来的电话："莲娜，你真的嫁给了这个男人吗？你飞一趟就能到我这儿，你知道的。我家有一间客房，你在这儿很安全。"

汤姆·克鲁斯对我格外尊重。对我而言，他无条件的专业精神给我留下了很深的印象。他总是准备充分，身体练得非常健美，而且精神抖擞。他庞大的助理团队中有一位营养专家，每两小时就会给他一些营养价值精确搭配的小点心。我跟他开玩笑地问道，他是不是还给狗配了个心理医生。没有人敢问他这样的问题，但他似乎很开心在片场有个并不总是对他保持敬畏姿态的人。几年前，当杰克·尼克尔森对《陆上行舟》感兴趣的时候，我和他也有过类似的轻松关系。有时他会邀请我去他位于穆赫兰道的家，一起看湖人队客场比赛的转播。有一次他和当时的妻子、女演员安杰丽卡·休斯顿躺在床上看比赛。我因长途飞行过于疲惫，在床脚睡着了。他最后不得不轻轻地推了推我，提醒我篮球比赛早就结束了。现在他需要用床干点别的。我躺在他的脚上，他咧开嘴，露出标志性的笑容。马龙·白兰度当时在隔壁有一处庄园，他想认识我。高高的铁栅栏静静地打开，但里面到处都是警示牌，提醒我们要关上车窗，在有人把狗牵走之前不要打开车门。我看到四条凶猛的德国牧羊犬，看起来随时准备攻击。一旦有哪位客人不小心，它们就会立即扑上去。白兰度以为我会找他聊些电影项目，但我只是和他聊了聊文学和他的南海小岛。临走时，他感谢了我，因为我是为数不多的对他没有所求的客人。

导演乔恩·费儒邀请我出演《星球大战》的番外篇《曼达洛人》。他是我的忠实影迷。我向他坦白自己从来没有看过这个系列的任何一部电影，而他提出会帮我熟悉一下《星球大战》的世界。他向我展示了令人赞叹的服装、故事板设计和遥远行星的模型。这部新片将使用一种带有圆形背景屏幕的新技术，而不是用绿幕，和此前所有奇幻、科幻电影都不一样。演员们能看到他们周围移动的星球，或他们乘坐的宇宙飞船，摄影机也能拍到整个场景。你不用再在绿幕前假装看到有一条巨龙在进攻。电影回到了它的原点和属地。

《星球大战》的保密程度很惊人。为了掩人耳目，他们让我在明面上签约了一部《哈克贝利·费恩》的电影版。拍摄期间，任何人不允许离开影棚大厅，也不能在户外吃午饭，除非你用亚麻外衣完全盖住戏服。入口处有一名保安严密看守。影迷们潜伏在外面，用手机相机偷拍。国际社会对这部影片的关注和期待也很让人震惊。在首映式上，电影的面纱终于揭开，我只是随口评论了几句那个制作精良的机械尤达宝宝，不到一小时，网上就有了一千万条评论。对我而言，这种合作的缺点无疑是让我没法集中精力在自己的作品上，包括电影和书。有媒体报道说，我把从《星球大战》中赚来的为数不多的片酬投在了故事片《家庭罗曼史有限公司》里面。但实际上在这个小插曲之前，这部电影早就完成了拍摄和剪辑。

克劳斯·金斯基很早就开始在我的电影里扮演反派。他在银幕中的形象在电影史上几乎无人能及。但迈克尔·珊农，还有尼古拉斯·凯奇同属于这样的个性演员。在尼古拉斯·凯奇心中，《坏中尉》是他最出色的表演，甚至排在让他赢得奥斯卡奖的《离开拉斯维加斯》之前。我毫无保留地同意他的看法。但在合作过的所有伟大的演员中，有一位对我来说最为特殊：布鲁诺·S.。他总是衣冠不整，就像是个睡在桥底下的人，尽管他有一套公寓，但他的面容和穿透力极强的语言赋予了他绝对的人格。他就像个弃儿，从漫长、糟糕的夜晚迷惘地朝你蹒跚而来，又向更糟糕、更艳丽的白昼而去。他有一种深度、一种悲凉、一种真挚，是我在银幕上从来没有见过的。布鲁诺本人不想在我们关于那部卡斯帕尔·豪泽尔的电影或《史楚锡流浪记》中署全名。他不想当明星，而更愿意当一名默默无闻的电影战士。他十几岁时成了少年犯之后，在警方报告里的名字就是“布鲁诺·S.”。他有着灾难般的童年和青春，充斥着悲剧。他的母亲是柏林的一名妓女，她不想要这个孩子，从小就打他，在他三四岁时，母亲狠狠地打了他一顿，导致他失去了语言能力。后来母亲把他送到一个智障儿童收容所，但他并不属于那里。从九岁起，他开始要逃走。随后几年，他被送进越来越严酷的收容所和感化院，又犯下一系列轻微的罪行。为了有地方睡觉，他在冬天撬开了一辆汽车，结果被警察抓住，蹲了四个月监狱。没人知道该怎么处置他。他被转移到一家疯人院，但他二十六岁左右时，医院把他当作“治好”的病人给放了出去。我认识他的时候，他正在柏林的一家钢铁厂开叉车，并靠在昏暗的后院唱民谣赚点外快。

他的表演为他带来了名声，也引起了他的同事和一些陌生人的关注，这对他有好处。他出版了一本自己的格言集，在画廊为他幼稚的绘画举办了展览，还发行了一张他的歌曲专辑。从此他开始说出自己的全名，我在此也要说一遍：他的名字叫布鲁诺·斯列斯坦[1]。几年前他去世了。电影界再也不会有像他这样的人了。

1　德语音译为“施莱因施泰因”。

31. 将世界化为音乐

我进入歌剧世界的方式，和踏入表演时一样。它与我那部讲丛林里的大歌剧院的电影《陆上行舟》没有直接关系，而是与我如何在电影中处理音乐有关。音乐在我的电影里从来都不仅仅是背景，而是让画面变得更强有力的手段。1985年，博洛尼亚市政剧院的总监想让我导演费卢西奥·布索尼的《浮士德博士》。这部歌剧最后没有完成，因为作曲家在创作过程中去世了，而它的唱本也相当混乱，所以人们认为这个剧目是演不了的。但弟弟卢基全力支持我，他身边有一位目光长远的经纪人，瓦尔特·贝洛赫。最后，他们说服我去参观了一趟博洛尼亚的那家歌剧院。舞台背后的技术手段给我留下很深的印象。一开始只有几个技术人员陪我参观，但我注意到他们人越来越多，有灯光工人、舞台工人，还有引座员。我参观完，发现自己被紧紧围在一个至少三十个人组成的圆圈里。其中一位走上前对我说，他已被任命为技术团队的发言人。他们想让我留下，想和我一起在这儿工作。然后他用一句简洁的话总结了当时的心情：如果我不马上签合同，他们就不让我回家。我很感动，带着那位发言人作为见证人，在总监的办公室签下了合同。

虽然我不怎么识谱，但从一开始，就感到自己在这个毫无经验的行业中很有安全感。我第一次看歌剧演出是在米兰的斯卡拉歌剧院，那时我不知道歌剧应该是什么样子，也不知道当时的流行趋势是什么。我不属于歌剧圈，所以我的作品看起来与人们在舞台上看到过的其他作品都不一样。我这出戏的开场是不可自拔地陷入研究困境的浮士德博士，我请舞美设计亨宁·冯·吉尔克为此建造了一堵从低云层直冲天空的岩壁。亨宁其实是个画家，但他为我的很多部电影工作过，创造出了许多神妙的美术置景，比如《诺斯费拉图》和《陆上行舟》。我这版的浮士德博士在岩间迷了路，不知道该前进还是后退。我想让舞台幕布在序曲时已经拉开，音乐演奏到中段时，再让一个不知从哪儿来的舞台工作人员从舞台顶部坠入深渊，消失在舞台底部的云雾中。我想让管弦乐队在这儿停顿一下。我们看到的是真的吗？刚才是发生事故了吗？掉下来的人去哪儿了？雾蒙蒙的舞台地板上应该有个洞，出事故的人要穿过这个洞掉进深处。但总监认为这个方案风险太大，特技演员太贵，所以我主动提出要自己表演特技，至少在首演上由我自己来。我做了测试，让自己一点一点地升高。我们买了一个电影片场用的大气垫。有几张我自由落体的照片，但我从十二米高的地方落到气垫上的时候扭伤了脖子，于是最终放弃了。这一切都太愚蠢了，我不用别人劝就放弃了这个胡闹的点子。歌剧的结尾也被我改了：钉在髑髅地十字架上的不是救世主，而是美丽的海伦娜；梅菲斯托突然以善良的牧羊人的形象出现在舞台上，肩上还扛着一只出生才几天的小羊羔。那时是春天，正值羊羔繁殖的季节。梅菲斯托将小羊羔独自留下，而由于音乐没有谱写完，音调变得越来越轻，直到最后九分钟，只剩一个弦乐器在演奏。寻找母亲的羊羔在舞台上徘徊，在那儿站了很长时间。它对着观众发出咩咩的叫声。

就像我后来所有的作品一样，这版演出也是以音乐为主导。我明白，如果你能够把整个世界幻化成音乐，歌剧就会产生。我也意识到，歌剧舞台上的情感世界是自成一格的，在人类生活和自然界中并不存在如此夸张的情感。歌剧中的感情是绝对浓烈的、紧密的，但对于观众来说却是真实的，是音乐的力量让它变得真实。伟大歌剧中的情感就像情感的公理，就如同数学中公认的真理，它无法被进一步分析、压缩或解释。

理查德·瓦格纳的孙子沃尔夫冈·瓦格纳曾在博洛尼亚看过我的作品，他极力邀请我为 1987 年拜罗伊特瓦格纳音乐节的开幕式排演《罗恩格林》，但我立即拒绝了。我的行当是做电影。经过多次劝说，瓦格纳终于把这部他最喜欢的歌剧录音寄给了我，当时用的还是磁带。我原本对这出剧目一点也不熟悉。但它的前奏、它的序曲，像闪电一样击中了我。当时我正在奥地利的高速公路上行驶，听到音乐后立即将车停到小街上去听。这么美妙的东西是我从来没有听到过的。我打电话给沃尔夫冈·瓦格纳，说我要做这出戏。它太伟大了，我想试试。主角罗恩格林由加拿大演员保罗·弗雷出演，他那时还是歌剧界的新人。他家是安大略省的门诺派教徒，他以前经常从父母的农场赶着一车车小猪，开过一望无际的土地。在车上，他总跟着唱猫王的歌，后来有人给了他一张歌剧演唱家马里奥·兰扎的唱片，他就跟着唱兰扎的咏叹调。保罗·弗雷的音色清澈优美，他曾出演过几部音乐剧。我去卡尔斯鲁厄国立剧院看了一场《罗恩格林》的演出，他在那儿出演剧中的一个角色。沃尔夫冈·瓦格纳派我去那儿考察他。罗恩格林一出场就遇到了舞台事故。正好在弗雷身后，八米高的舞美布景坍塌了，但在观众的尖叫声中，他继续不受干扰地演唱。后来发现，保罗·弗雷也不识谱，他是从唱片中学到了自己的角色。他就是我要的人。后来，他在拜罗伊特和纽约大都会歌剧院开创了辉煌的职业生涯。

在拜罗伊特，我的作品看起来也很与众不同。例如第二幕开始时有一片大海，海浪一波一波地涌向观众席。舞台上至少有六十吨重的水，通过后面的液压装置进行升降。这种效果尽管听起来很奇怪，但从来没有人尝试过。然而，水必须要在几分钟内消失，但就像在浴缸里排水一样，这会产生非常大的抽吸噪音。舞台技术人员们想到一个非常简单的解决方案，但观众却会很奇怪，海水怎么突然就消失了。排练期间，我作为导演总是在台上，几乎从来没有坐过位于观众席里的控制台，因此我拥有了一个独一无二的特权。例如，合唱团演唱时，我可以在舞台上走到歌唱家们中间，以确保时间点准确。拜罗伊特的合唱团里一半的歌唱家都能唱重要的角色。我置身于他们的声音之中，被这些声音带领着，这种感觉无法形容。我非常幸运。我与世界上最优秀的人共事过。

我导演过威尔第、贝利尼、瓦格纳、莫扎特、贝多芬的歌剧。在有限的时间内与音乐打交道，呼吸着音乐，将世界化为音乐，总能将我完全带回自己的内心。但歌剧需要独特的处理方式。歌剧院的世界是人造的，戏剧是人造的，阴谋是人造的，丑闻也是人造的。一切其实都很安全：音乐已经写好，剧院有坚固的房顶，不会像在丛林里拍摄那样突然遇到雷雨。管弦乐团已熟记乐谱，歌唱家们也一样。但如果不创造一个灾难和阴谋迫在眉睫的神秘气氛，整个剧院就会立即变得毫无生机。整场演出也会让人感觉死气沉沉。歌唱家们对现场突发事件的时刻戒备，源自于他们内心的恐惧。他们总是突然被推上台，必须在精确到十分之一秒的地方唱出正确的音符。没有再演一遍的机会，而台下的观众席在半明半暗中只是隐约可见，这就是古代角斗场最后的遗存。他们想要看到鲜血。我在米兰的斯卡拉歌剧院就经历过一次，当时世界上最好的男中音在唱咏叹调时声音出了一点小问题，台下响起无情的起哄声："混蛋，白痴！[1]滚去当服务员吧！"然而在中场休息后，他恢复了过来，又收到观众无尽的喝彩。卢恰诺·帕瓦罗蒂有一次被起哄赶下台后，再也没有在那儿演唱过。玛利亚·卡拉斯也因为类似的事情，再没有在那儿演出过。

在排练过程中，要是我觉得一切都进行得太顺利，没有火花，

---

1 原文为意大利语。

没有流言和丑闻所燃起的火焰，我就会习惯性地制造一些动静。1996年，我在华盛顿执导《瓜拉尼》，由普拉西多·多明戈出演主角。他想让我导演这部由一位19世纪巴西作曲家创作的几乎没人知道的歌剧。排练进行得很顺利，每个人都唱得很准确，但这并不是真正的音乐。于是我决定在普拉西多·多明戈休息那天散布一个假消息。我随口对一位行政人员说："多明戈在首演当天根本不会来演唱，因为他那天晚上在纽约大都会歌剧院有别的演出安排。合唱团的团员们都通知到了吗？"过了几分钟，全场沸腾了，合唱团内部开始窃窃私语，这时音乐突然又响了起来。如果没有这场人为的戏，首演和随后的演出都会失败。那份根深蒂固的恐惧必须通过这样的事件去化解。

我们在巴勒莫彩排瓦格纳的《唐豪瑟》的过程中，响起了炸弹警报，整个剧院立即被疏散。这次不是我触发的警报。这场演出在很大程度上是"无形的"，因为《唐豪瑟》几乎没有情节，只有躁动的灵魂。舞美也近乎没有。所有效果都是由灯光构成的，还有通过鼓风机精确调控其流动的空气。我的朋友、出色的服装设计师弗朗茨·布卢毛尔设计了一套用特制降落伞丝绸制作的服装，它极为轻薄，能够在最轻微的风中飘动，就像白色的灵魂显形一样。在高潮时刻，三十个隐藏在舞台上方和侧面不同位置的鼓风机要被打开，巨大的纱衣在剧烈的动荡中飘动。我还记得剧院疏散后，所有演唱者，还有穿着巨大红色纱衣的维纳斯，在空无一人的巴勒莫街道上漫步的样子。有个警察派出的履带式机器人沿铺着红地毯的台阶驶入歌剧院，这一切都像是一场超现实的表演。我注意到酒吧门口挤满迷茫的人群，直到这时我才意识到意大利正在进行一场世界杯的重要比赛。每个人都想去看球，我怀疑是合唱团的一位成员拉响了警报。两天后，首演异常成功。

32. 阅读思想

思维传递的问题早在我接触那对异口同声的双胞胎之前就已长期困扰着我。而我目前正在制作一部关于大脑活动“取”的纪录片，也并非偶然。现在人们可以借助大脑发出的电磁波，将人类的意志转移到一个独立的机器人上。我见过一个瘫痪的女人按照自己的意愿操纵一只机械臂，让它拿起一杯水，再用吸管把水送到嘴里。人们通过核磁共振成像非常清楚地了解大脑活动，从而确定某人是在用英语还是西班牙语默读文本；人类也可以通过计算机扫描脑电波，将一个人对两只大象从左到右穿过大草原的纯粹想象可视化为一幅模糊的图像。对复杂大脑活动的图像化还可以高度准确地判断某人是不是在撒谎，它远远超出了测谎仪的测量范围，后者只能记录脉搏、血压和呼吸频率。法庭不采纳这种存在缺陷的测谎仪的结果作为证据是完全正确的，但研究大脑活动的进展速度如此之快，我们思想的自主权和不可侵犯权很快就会需要某种法律层面的定义和保护。现在已经有了关于个人思想不可侵犯权宪章的文本，正如有禁止生化武器的宪章一样。智利是世界上第一个将该宪章纳入宪法修正案的国家。这可能也与皮诺切特[1]军事独裁时期对人权的侵犯有关。我获准通过 Zoom 软件录制了参议员和国会议员就此议题的讨论会。

我参观了新墨西哥州的一个核材料临时存放处，他们把放射性废料桶存放在巨大的盐矿坑道里。尽管隧道非常深，而且地质条件在两亿五千万年内不会有改变，这个项目仍遭到了当地居民的强烈反对。但问题是：我们怎样才能警告遥远的后代不要进入隧道？几千年的时间内，不再会有人能够用我们现在的语言交流。很有可能我们的所有语言都会消失。在尚存的六千五百种语言中，每十到十四天就有一种语言永远消失，而且没有留下任何记载。这种灭绝速度让人深感震惊，甚至远远快于哺乳动物、鲸鱼、雪豹或像青蛙那样的脊椎动物灭绝的速度。那么我们怎么能开发出一种放射性毒物的警示信号，好让未来的人类在他们的文化背景下也能普遍理解呢？关于这个问题，甚至还有人举办过方案竞赛，但所有绘画和卡通表现形式都假设文化背景不同的未来人也能够“读懂”这些图像，而这个前提本身是不确定的。然而早在我 1969 年拍摄的电影《东非的飞行医生们》里，就有一个片段，拍的是乌干达的预防性医疗措施培训，展现了一个偏远村庄的村民是如何被培训所使用的海报搞糊涂的。他们既没有报纸，也没有书本

1 智利迄今为止任职时间最长的总统，在职长达十六年。其在担任总统期间，残酷打压知识分子、民主人士及共产主义支持者，还实行了导致数千名反对者死伤的国家恐怖主义政策。

和电视。我很好奇，就问他们这幅画着一只超大眼睛的教学海报上画的是什么，有回答说是太阳升起，也有回答说是一条大鱼，但这幅画实际表现的是如何保护眼睛不受污染。最后，我把课上用过的四张图片并排挂了起来，其中一张故意倒挂着。我问每个人，哪张图是倒着的，可只有不到三分之一人能够弄对。这些海报在他们眼里肯定是一团乱七八糟的色块，就像我们看抽象绘画一样。我清楚地意识到，与其说是村民们愚昧，不如说是外来的医务工作者想象不到来自我们文明的图片，对那些村民来说是无法破译的。那些年轻的马赛族战士个个都是运动健将，但为什么他们竟爬不上一处只有四级台阶的小楼梯，进入一个设有小型实验室和 X 光机的移动医务室呢？他们用脚蹭着台阶，怯生生地往上爬，就像踩在生鸡蛋上。这个现象可能和医务人员不理解的禁忌和障碍有关，而我也同样不大理解。

如何塑造未来的图像，一直是我所关注的问题。即使那个未来可能是一个没有文字、对历史脉络一无所知的时代。我想象的是一段四万年的时间，也就是从肖维岩洞到今天的时间跨度。书籍会消失，互联网、星座也会发生变化，北斗七星看起来会更长。至于新墨西哥州的核废料存放处，有人曾想给仙人掌进行基因改造，把它变成钴蓝色，以此作为某种核中毒的警告，但上万年后，这种仙人掌很可能已经遍布整个北美和中美洲。

读懂标志，读懂足球比赛中对方的战术，读懂世界，这些都是我从来没有懈怠去做的事。这是我那部电影《卡斯帕尔·豪泽尔之谜》里的一个主题。影片里的主人公在青少年时期被推向这个世界，就好像他是从一个陌生的星球上掉落的，对树木、房屋和天空中的云朵都一无所知，对语言一无所知，对除他以外的人也毫不了解。《沉默与黑暗的世界》中的那些聋哑盲人感知世界的方式也很触动我，这也正是神经学家兼作家奥利弗·萨克斯联系我的原因。他被这部电影迷住了，于是买了一份十六毫米胶片拷贝，一遍又一遍地放给学生们看。我很早就读过他的书《睡人》，他在书里描述了那些因西班牙流感而昏迷了四十年的患者。他们突然被一种新研发的药品唤醒，进入一个陌生的世界——这个世界上已经发生过另一场世界大战，飞机能够运载大量乘客，有了电视和原子弹。我有一些关于睡眠和催眠的问题想问他。他也知道我的电影《玻璃精灵》和里面用到的催眠术。除了他，没有其他人可以和我深入讨论如何破译和理解线形文字 B 里的文字和符号。

线形文字 B 是一种青铜时代的文字，被书写在烧制泥板上，出现在克里特岛以及希腊大陆上的皮洛斯和迈锡尼等地。下面是迈克尔·文特里斯和约翰·查德威克在 1969 年出版的《迈锡尼希腊语文献》一书中的案例：

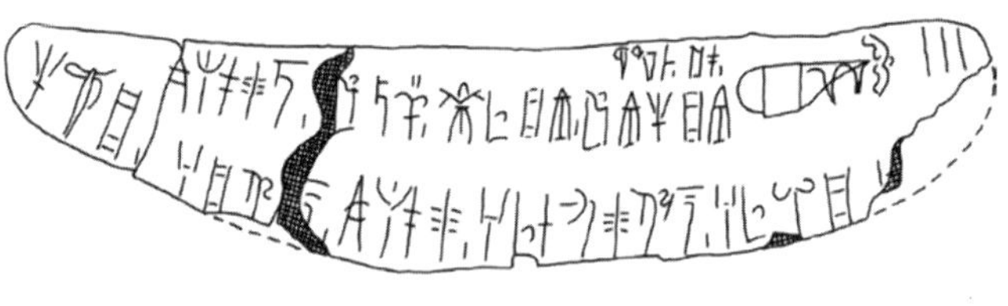

我认为线形文字 B 的破译是一项史上最伟大的文化和知识成就，起初人们还不知道这些字符是用哪种语言书写的，但一些词干和符号的尾部有变化，暗示着这是印欧语言里的语法格。伊特鲁里亚语的字母与拉丁语有着非常密切的联系，我们可以把它念出来，但仍然看不懂这种语言。它有可能是一种我们永远理解不了的非印欧语言，除非我们意外获得类似罗塞塔石碑[1]那样的东西。线形文字 B 有七十多种不同的字符，所以它很明显是一种音节文字。此外，还有一些表意文字，比如罐子的图像表示“罐子”，或者带轮子的手推车的图像表示“手推车”。以十为单位的数字符号很快就能被识别和理解。但两个问题亟待解答：这些音节应该怎么念？石板上写的是哪种语言？建筑师迈克尔·文特里斯曾在第二次世界大战期间参与破译德国空军密信，他使用一种越来越完善的逻辑网格进行研究；而约翰·查德威克研究过早期古希腊文本和方言，他最终得出了一个令人信服的逻辑结论：这些文字一定是古希腊语的一种远古形式，大约比荷马早七八个世纪。

遗憾的是，事实证明这些文本并没有荷马或索福克勒斯的水平。它不是诗歌，而是个账本——记录的是谁在什么场合，因什么原因，欠谁多少谷物和橄榄油，谁该为宗教节日捐献什么东西，谁该支付给哪个干农活儿的多少东西。并不是所有东西都能被完全破译和理解，早期的线形文字 A 迄今仍然抵挡住了所有破译它

1　制作于公元前 196 年的花岗岩石碑，刻有三种文字的古埃及法老托勒密五世的诏书，近代考古学家对照各语言版本内容后，解读出失传千余年的埃及象形文字之意义。

的努力，大概因为它是另一种完全无法分类、无法识别的语言。我的祖父鲁道夫、迈克尔·文特里斯、约翰·查德威克、奥利弗·萨克斯，最后再算上我这个瞠目结舌的旁观者，也许可以在一个充满着神奇愿望的不可能的世界里组成一支优秀的团队。斐斯托斯圆盘是一个同样来自克里特岛的黏土圆盘，它有着自己的螺旋形文字，除了几处地方出现过极短的残篇外，其他地方都没有这种文字。它是世界上最大的谜题。对我来说，它象征着我们阅读世界、阅读整个神秘世界的局限。曾有江湖骗子声称自己破译了这个文本，但即使是未来最大的超级计算机也永远无法读懂它。一旦有人走过来说他破译了这个文本，我们绝对可以确定，他不是骗子就是疯子。

33. 慢读，长眠

我所迷恋的东西并不晦涩。它们都是关于我们身份的基本问题，比如我们总认为每个人都是独特的，但那对双胞胎就是一个反例。对线形文字 B 这类符号的解读，对世界的解读，只不过表面上看起来很小众，因为对于人类整体来说这是一种固有的能力。但我的日常生活是什么？谁是我的朋友？我的人生又是怎么回事？每一次有人让我描述自己都很困难，因为我不喜欢照镜子。我刮胡子的时候会在镜子里看到自己，因为我要注意别把自己割伤，但我看到的只是我的脸颊，而不是我这个人。至今我仍然说不好自己的眼睛是什么颜色。自我反省、盯着自己肚脐眼看的行为[1]都让我深感不快。但有些日常的事情我确实是有意识的，而且我也能够清楚地说出来。与弗丽达和格丽塔姐妹一样，我面对其他人时有一种无可妥协的空间秩序感。尤其是在有许多观众看着

1　指过度自我反省、钻牛角尖。

我的时候，我会更能注意到这一点。当我在讲台上进行讨论的时候，只有跟我对话的人坐在我右边，我才能清晰地进行思考和争论。如果他或她坐在我左边，我就总是会觉得很别扭。在电影院里也是一样。和我一起看电影的人必须坐在我右边，否则和他一起看银幕就是一种折磨。我在电影院时，坐在中轴线稍稍偏左的位置效果最好，也就是从些许偏右的视线角度看向银幕。但我很少去电影院。我一年看的电影也就三四部。

我住在洛杉矶。我和妻子莲娜在决定去美国什么地方定居的时候，答案很清楚——去最有内涵的城市。人们总是把洛杉矶和好莱坞肤浅的珠光宝气联系在一起，但互联网也正是诞生在洛杉矶，而所有重要的画家、作家、音乐家和数学家也都不再在纽约工作，而是在这里。大量墨西哥人为音乐和文学带来了巨大能量。这儿正计划设计电动汽车，城市南部在建造可重复利用的火箭。多家航天公司的任务控制中心位于洛杉矶以北的帕萨迪纳。也有许多平庸的东西起源于这里，比如有氧健身操、直排轮溜冰、乱七八糟的教派……这个清单可以继续列下去。

洛杉矶也有其黑暗的一面。我有一次在接受BBC采访的时候，当着摄像机的面被枪击中，受了些轻伤。我感觉这像是个当地的民间传说。几天之后，华金·菲尼克斯恰好在我前面出了交通事故，他的车开到了另一辆车的车顶上，我把他从车里救了出来。他那时候好像还在戒毒期间，不应该开车。他倒挂在两个弹出的安全气囊之间，正试着为自己点一根烟，不愿意把他的打火机给我。他没有注意到周围到处都是汽油。我从来没有提到过这段经历，直到华金接受媒体采访后，我才证实了此事。

我读书很慢，因为我经常会离开文字，去想象书里描写的画面和情境，再继续集中注意力在文字上。比如托马斯·伯恩哈德的《行走》(*Gehen*)这样的书，我花了两个星期才读完第一自然段。这本书开头的几行文字非常精彩，总让我惊叹不已。我看书的时候必须要躺着。这可能是因为我小时候和母亲、哥哥及弟弟挤在一个房间里，桌子上从来没有能用来阅读的空间，但在地上，我枕着枕头，就能有无限的自由空间。我工作既迅速又顺畅，不像其他片场那样没完没了地重复拍一场戏。这就是为什么我的拍摄日总是提前结束，下午三四点就收工了，尽管我们可以拍到6点。我不记得我这辈子延时收工过哪怕一次。我绝不是个工作狂。我很害怕拍夜戏，因为不喜欢熬夜。当我能想象出一整部电影在我眼前的时候，就把它写成剧本，写稿的时间不会超过一个礼拜。我不需要安静，能在挤满人的公交车上写，也能在周围都是吵闹的孩子的游乐场里写。但对我来说，把剧本作为一种文学形式来创作一直都很重要。我的剧本《眼镜蛇》的开场是在炎热、干旱的巴西内陆地区："光线明亮，能晒死人；天空中没有鸟；狗筋疲力尽地躺在烈日下。金属般的昆虫带着愤怒，叮咬着发烫的石头。"这样的辞藻在电影行业里并不常见。

只要条件允许，我就会睡得很久。我不做梦。这与每个人每晚都要做几小时或者几分钟梦的理论相矛盾，但我就是个活生生的例子，证明这个理论并不属实。无论我什么时候被叫醒，都没有在做梦。我每年做梦的次数平均不会超过一次，而且梦到的总是些平常的事，比如午饭吃着三明治。然而，我会做白日梦，尤其是走在路上的时候。有时我走在路上，梦到的东西可以组成一整部小说，但走的方向不会错。我早上醒来的时候，总会觉得因为没有做梦，所以缺了点东西，因此我可能把拍电影当作一种补偿。在我的成长过程中，有过几次激烈的梦游经历。有一次因为青年旅社人满为患，我住在一个塞满行军床的军用大帐篷里，把哥哥蒂尔摇醒，告诉他要继续把船撑到新锡德尔湖上。然后他猛地摇了摇我，我就醒了。但此时天色一片漆黑，我还躺在一个到胸口的睡袋里，漫无目的地跳来跳去，因为我不知道睡觉的地方在哪儿。我撞到那些睡着的人的床沿，惊醒了他们。我年纪大了以后，偶尔还是会有这样的经历。我从来没有嗑过药。我总是很反感周围的嗑药文化。我也认为药物不会对我有什么好处，因为我心中本就已经有太多的风暴肆虐。

我尽量避免与粉丝接触。我时不时会看些垃圾电视节目，因为我相信一个诗人不应该把视线移开。我想知道自己生活的这个世界，大家所渴望的是什么。我做饭很好吃，但提供的菜品种类很有限。我的牛排做得不错，但我知道它们永远不会接近阿根廷牛排的水平。对那些拥抱树木的人，我深表怀疑。对加州很普及的针对五岁儿童的瑜伽课，我也深表怀疑。我不用社交媒体。如果哪个社交媒体上出现了我的账户，那肯定是假的。我不用智能手机。我对媒体从来不完全信任，所以会看各种信息源，包括西方媒体、半岛电视台、俄罗斯电视台，有时还会在网上下载某位政治家的整篇演讲，从而更准确地了解政治局势。我信任《牛津英语词典》，它是一项伟大的人类文化成就。在此我指的是那套二十卷的巨著，涵盖来自一千多年整个英语语言史的约六十万个词条，三百多万条引文。我估计一百五十年来，有上万名研究人员和业余爱好者搜集了所有的文字记录。对我来说，它是书中之书，也是我会带到荒岛上的书，是一个取之不尽的奇迹。我第一次去曼哈顿东北部的沃兹岛拜访奥利弗·萨克斯的时候，不记得确切的地址，但知道那条小街的名字。当时是冬天，那条略微倾斜的街道都结冰了。那天晚上，我把车停好，沿着结冰的人行道往下溜，向每个房子望去。所有窗户都没有窗帘。透过窗户，我看到一个人躺在沙发上，胸前放着一本巨大的《牛津英语词典》。我知道那一定就是他。果然是他。我们的第一个话题就是那本词典。对他来说，那也是书中之书。

说起能带上荒岛的读物，可能只有另外一本可以接近它的地位：亚瑟·安德森和查尔斯·迪布尔翻译成英语的《佛罗伦萨手抄本》。在阿兹特克帝国被西班牙人摧毁的时候，只有一个人立即开始尽可能多地拯救即将陷落的文化。他的名字叫贝尔纳迪诺·德·萨阿贡，是一位方济各会教徒。他安排收集了有关阿兹特克人历史、宗教、农业、医学和教育的一切资料。这些文本最初是用纳瓦特尔语[1]写成的，但记录时分成了两栏，附有西班牙语译

1　曾是阿兹特克帝国的官方语言，通过早期西班牙传教士的大量记录，成为拉丁美洲最早有书面记载的原住民语言之一，后逐渐被西班牙语替代。现被联合国教科文组织列为濒危语言。

文。我在佛罗伦萨的盎博罗削图书馆[1]亲手拿到了手稿，他们还允许我为影片《上帝与负载者》拍摄一些页面。翻译手稿的安德森和迪布尔是犹他大学的两位伟大的学者。犹他州对前西班牙文化的研究水平非同寻常，因为摩门教徒相信阿兹特克人是一个以色列失落的部落。安德森和迪布尔花了超过二十五年的时间，他们的译文具有詹姆斯王钦定版《圣经》译本的力量和深度。当时我有一个始终没能获得资助的项目，是从阿兹特克人的视角来观察和体验征服墨西哥的历史，为此我用语法和字典学习了古典纳瓦特尔语的基础知识。我去过盐湖城朝圣，拜访查尔斯·迪布尔，他当时大约八十四岁，已经退休了。而安德森教授已经去世。迪布尔是一个出色、安静、深沉的人，他很惊讶有一个德国电影人一直在寻找他，对他的译著充满热情。直到 1982 年，犹他大学出版社才用纳瓦特尔语和英语出版了十二卷本《佛罗伦萨手抄本——新西班牙诸物志》。在那漫长的一天里，我们成了朋友，但再也没有见过面。在我们见面后不久，查尔斯·迪布尔就去世了。

1 此处可能是作者的笔误。盎博罗削图书馆位于米兰，存放《佛罗伦萨手抄本》的博物馆应为佛罗伦萨老楞佐图书馆。

34. 朋友们

我的朋友很少。在内心深处，我更像是一个独行客。另外，我也很难一直和大多数朋友保持稳定的联系，因为彼此之间都住得太远了。沃尔夫冈·冯·翁格恩-施特恩贝格在雷根斯堡，乔·克希林在利马，乌利·贝格费尔德在意大利和柏林。乌利在很多年里帮我拍了好几部片子，他协助我建造了《陆上行舟》里的大船，经常在现场冲到前面，比如在澳大利亚拍《绿蚂蚁做梦的地方》的时候。在拍摄现场，他总能直接用他熟练的手艺解决所有问题。有时候他会替我去旅行，比如去哈萨克斯坦干涸的咸海，那儿有几艘船在曾经是海底的沙漠里生着锈。我们曾经考虑过把这儿作为2016年的片子《盐与火》的拍摄地点，但我根据他的报告否定了这个想法，转而选择在玻利维亚的乌尤尼盐沼拍摄。乌利骨子里是个古普罗旺斯诗歌的专家，但他真正的家是沃尔泰拉附近的一座老农庄，他在那儿有九百棵橄榄树。他费了好几年的工夫才修复了这座破旧的房子。和他在一起总是很美好、很放松。

你可以在《诺斯费拉图》里看到他客串的角色：当来自黑海的幽灵船满载着数不清的老鼠在维斯马登陆的时候，正是他演的水手解开了绑在舵轮上的死去船长的缆绳。

我的朋友里还有赫布·戈尔德、汤姆·拉迪，剪辑师乔·比尼，摄影师彼得·蔡特林格和他的妻子西尔维娅，导演同行泰伦斯·马力克、约书亚·奥本海默和拉敏·巴赫拉尼，他们都离我远一些。安杰洛·加罗离我更近，他住在旧金山。安杰洛是西西里人，他在旧金山建造了自己铁匠铺，但最重要的是，他是另一个时代的人物——他以猎人和收藏家的身份四处旅行；他自己酿酒，做橄榄油，做意大利面、培根和香肠，每年猎杀一两次野猪，然后在炭火上烘烤他的食物。他根据他祖母的食谱自制调味盐和西西里酱汁。我和他一起为他在众筹平台 Kickstarter 上的项目拍摄了一部宣传短片。这部短片非常成功。美国所有伟大的厨师都曾到访过他的铁匠铺，我不知道有谁不尊重他。和他在一起时，一切都是美好的、恰当的、本质的。

我还有一个最亲密的朋友是沃纳·亚努德。由于他和我的名字相同，他已经习惯于被我叫作亚努德。他是在东德的沃格特地区最简陋的环境中长大的，父亲在斯大林格勒失踪了，而他十四岁就开始当矿工。他在一个条件恶劣的钨矿干活儿，十九岁时试着逃去西方。他登上一辆开往西柏林的城铁，在车上引起了怀疑，因为他把所有证件都带在了身上。他们拿走了他的护照。然而几天后，他用他双胞胎兄弟的护照成功逃脱。在科隆的时候，他在一家轧钢厂工作，后来又去了旁边的一家罐头厂。然而他的目标是广阔的世界。很快，他就攒够了钱，买了一辆自行车和一张去加拿大蒙特利尔的船票。当时还有一个朋友和他一起去，但几天后就回来了。亚努德骑自行车穿越美洲大陆，一路向西骑到了太平洋。在路上，他给收割粮食的农民当助手，只靠交谈就学会了英语。他不是文盲，能够很好地阅读，但直到今天他在写作上仍有困难。他独自一人开车往南，途经美国、墨西哥、中美洲，在那儿学了西班牙语，开始从事摄影。他在这一时期所拍摄的照片具有独特的深度和表现力，与所有时尚摄影都相去甚远，因为他对任何潮流都不熟悉。旅行三年半后，他留在了利马，在当地报纸担任摄影师。我是在那儿通过足球教练鲁迪·古滕多夫认识他的，古滕多夫在德甲联赛创办初期早期执教过五支球队，此后便开始在全世界旅行，执教过世界各地无数支国家队。我在利马筹备《阿基尔》期间，只参加过他执教的水晶体育队的体能训练。但有一天，俱乐部分成了 A 队和 B 队，要进行队内训练赛，这时缺了一个人，所以古滕多夫把我安排在 B 队。古滕多夫问，你要打什么位置？我说，我不在乎位置，但想和阿尔贝托·加拉尔多对位。他是秘鲁国家队的边锋，在墨西哥世界杯后和贝利一起被国际记者投票选入世界最佳十一人。加拉尔多是匹快马，总在赛场上做出意想不到的疯狂举动。我想至少给他制造点障碍，让他多受点累，所以我一直跟着这位飞人。十分钟后我拿到了球，但不知道穿哪种球衣的是我们队，也不知道要朝哪个方向进攻。一刻钟后，我因为胃痉挛爬出了球场，在球场附近的夹竹桃灌木丛里吐了好几个小时。亚努德把我从灌木丛中拉了出来，我们立即成为朋友。在《阿基尔》里可以看到他出现在那个在急流里没完没了地打转的木筏上，直到阿基尔用大炮炸毁木筏。亚努德是个完全未开化的人，他的人格完全是自己形成的，也是我认识的唯一一个绝对没有被社会塑造的人。

拍摄《陆上行舟》的时候，亚努德也在现场。摄制组在其他地方拍摄期间，他和一位女朋友在我们的丛林营地住了几个星期，以防当地人把它拆掉当作建筑材料。第一次试拍，他就给米克·贾格尔留下了深刻印象，因为亚努德的人生经历非常独特，他的生活作风也很独特。他从来没听说过滚石乐队。他反复问米克叫什么名字，米克耐心地纠正他。“不是尼克，里面是个 M，就像‘妈妈’（Mutter）的发音一样：米克。”但亚努德从来没有说对过，他说：“哦对，尼克，就像‘脖子’[1]一样。”亚努德大笑起来，笑声听起来像驴叫。米克·贾格尔和他一起叫，也像驴子一样。亚努德好奇“尼克”是不是真的能靠唱歌赚钱，也好奇“尼克”能不能用吉他给他弹奏一曲。米克毫不犹豫地拿出电吉他，只为亚努德弹了一首曲子。后来，亚努德从秘鲁搬到了慕尼黑。在我去美国之前的日子里，他和我一起在慕尼黑帕兴区的一所公寓里租住了几年。他成了我小儿子鲁道夫的好玩伴。几年后，为了庆祝鲁道夫的童年结束，我们三人去了阿拉斯加，坐着一架小型水上飞机来到阿拉斯加山脉以西的一个湖边。我们没有帐篷，就自己搭了个棚子。我们手头有一把斧头、一把锯子、几张吊床、

1　原文为“pain in the nick”，是英文谚语“pain in the neck”的谐音，字面意思是“脖子疼”，引申义是“讨厌鬼”。

一艘橡皮艇和一些钓具。我们带全了基本的食材，大米、面条、洋葱、盐、茶，因为最近的有人居住的房子都远在四百公里外。我们饿不死，但必须自己采集浆果、蘑菇和鱼。六个星期后，飞机又来接我们了。这次经历太难忘了，结果第二年，我们在另一个湖上又重复了一次。1994年，我在维罗纳圆形竞技场排演贝利尼的歌剧《诺尔玛》，亚努德来看望我。他的秘鲁女友当时在博洛尼亚工作，他是从她那儿到我这儿来的。那几天他看起来闷闷不乐、沉默寡言。最后我问他是怎么回事儿。原来他的女朋友怀孕了，亚努德觉得这个事儿很可怕。那是个上午，我们坐在紧挨竞技场的一家咖啡馆里。我向服务员挥了挥手，点了瓶香槟。他要当父亲了，这是多好的事儿啊，对他来说没有什么比这更好了——我向他表示了祝贺。我们举杯相庆，亚努德突然觉得自己的前景非常让人激动。他和女朋友罗莎结了婚，女儿格蕾特尔也已长大成人，开始独立生活。

35. 我的老母亲

我母亲在生命的最后六年里学了土耳其语，因为她在慕尼黑交到了一个来自土耳其东部的朋友。母亲去那儿看她，没有参加旅行团，在安纳托利亚东部乘坐摇摇晃晃的小巴士独自旅行，车上还载着活羊。多年来她的健康每况愈下。在她生命的最后阶段，我不得不前往美国了，因为制片人迪诺·德劳伦蒂斯给我安排了一个大型电影项目。我对母亲说："我会留在这儿。我不走。"但她回应道："你应该走，你必须走。你得去过你自己的日子。"我飞去了纽约，一落地我就得知她在当晚去世了。我去找我的朋友阿莫斯·沃格尔寻求安慰，他立刻取消了当天的一切行程。他陪我坐了一整天，陪着我沉默，还给我做了几次祷告。我当晚又飞了回来。

36. 图像的终结

我试着想象一个像这本书这样的书籍消失后的世界会是什么样子。几十年来，连大学生都不怎么读书的现象已经蔓延开来。随着推特、各类通讯软件和短视频的出现，这一发展趋势又被加强。如果口头语言已经几乎不存在，语言的多样性也已经迅速且不可逆转地减少，世界会是什么样子？如果没有了深刻的视觉语言，没有了我的行当，世界会变成什么样？终结，那不可逆转的终结，将会到来。我想象着一个激进地抛弃了思想、争论和图像的世界。不仅仅是那种逐渐逼近的黑暗，至少在那种黑暗内部还有能触碰到的物体。它会是个空无一物的黑暗状态，里面只有黑暗，满溢着恐惧，充满了想象中的怪物。我记得《佛罗伦萨手抄本》里有一段话，叙述者仿佛想在其文化和视野里的一切都已被摧毁的情况下，试图再次找到自己的语言：“洞穴是可怕的，它是恐惧之地，死亡之地。它被称为死亡之地、是因为人们在此死去。它是黑暗之地；黑暗；永远的黑暗。它伫立于此，口齿撕裂。”怎样才能描绘图像缺失的世界？它所面临的不仅仅是激进地废除、彻底地抛弃图像，重点是根本“没有”图像。我想象眼前有两面恰好完全平行的镜子，完全平行到它们只能反射自己，直到无穷无尽。但没有什么东西可以被镜子反射。如果是凶杀案侦破组审讯时用的那种单侧透明的镜子，那么从外面看，你会看到对面的镜子里什么也没有。没有罪犯在招供，没有桌子，没有椅子，没有台灯，只有一个房间，里面空无一物，一遍又一遍地被映射在镜子里。什么都没了，没有生命，没有呼吸。再也没有吃自行车的法国人[1]。也没有另一个法国人把车挂上倒挡，倒着穿过整个撒哈拉沙漠[2]。不再有真相，也不再有谎言。不再有被称为“谎言之河”的尤亚皮奇斯河，它会骗人，让人以为它就是那条更大、更壮阔的皮奇斯河。不再有日本婚介所会让卫星倒下一桶沙子，在天空中撒下一场让新娘惊叹的流星雨。不再有生活在不同身体里的双胞胎，思考和说话都同步。不再有从亚历山大·冯·洪堡探险之旅中带回的鹦鹉了——1802年，他在奥里诺科河畔发现了一个村庄，那里所有的居民都因一场瘟疫而死去。他们的语言也随之一起消失了，但邻村的村民仍在照看着四十年前从那儿带来的一只活下来的鹦鹉。这只鹦鹉仍然能清晰地说六十个清晰的词语，这些词语都是那些死去的村民们所说的，是他们死去的语言。

---

1 指米歇尔·洛蒂托，一名以故意食用难以消化的食物而闻名的法国艺人。

2 指埃米尔·勒雷，一名法国电气工程师，他1993年在摩洛哥独自旅行时滞留撒哈拉沙漠，用一辆报废轿车的零件改装出一辆沙漠摩托车，一路倒挡开出摩洛哥的撒哈拉沙漠。

冯·洪堡把这些词语写在日记里。如果我们把这些词语教给两只鹦鹉，让它们用这些词交谈，又会怎样？如果我们想象遥远的未来，想象我们所创造的事物仍然存在，不是永远地存在，而是比如说存在了二十万年，又会怎样？到那时，人类肯定已经消亡，但我们的某些遗迹可能依然坚挺着。比如瓦伊昂峡谷的大坝，它经受住了含有两点五亿立方米岩石、泥土和沙砾的巨大山体滑坡。大坝底部厚达二十八米，由特制加固的混凝土浇筑而成。几乎可以肯定，它的下半部分仍将屹立不倒，雄伟壮观。它没有什么可宣告的，也不用向谁传达什么信息。在那光滑的混凝土墙脚下，会有一股清澈见底的细流从一旁的岩石中流出，成群的鹿会过来寻找这股流水，就好像[1]

1 原文如此。作者在此处中断写作，未加标点，如他在前言中所说："在那一刻，我决定不再继续写下去。最后一句话就中断在我刚刚写到的地方。"

电影作品

1961 《大力神》

短片。一个健美运动员对抗大力神赫拉克勒斯。

1964 《沙中游戏》

短片。未公开。

1966 《德意志克罗伊茨要塞前所未有的防御》

短片。一场荒诞的要塞保卫战，抵抗一支不存在的敌军。

1967 《最后的话》

短片。麻风岛的最后一位居民被强行送回文明世界。他拒绝说话。

1968 《生命的讯息》

故事片。一名在二战中受伤的德国士兵陷入精神错乱，用烟花轰炸敌人和队友。

1969 《警惕害马人》

短片。一位退休老人认为自己必须要保护跑道上的赛马免受狂热分子的攻击。

《东非的飞行医生们》

纪录片。一群医生为东非偏远地区提供医疗援助。

1970 《侏儒流氓》

故事片。一群小矮人在流放地起义，造成严重破坏。

《海市蜃楼》

无法分类。为一个幻化成海市蜃楼的星球谱写的诗意安魂曲。

1971 《残疾人的未来》

纪录片。重度残疾儿童的梦想。

《沉默与黑暗的世界》

纪录片。为病友的命运而操劳的盲聋人芬妮·施特劳宾格的世界。

1972 《阿基尔，上帝的愤怒》

故事片。洛佩·德·阿基尔率领一队西班牙征服者在亚马孙丛林中寻找传说中的黄金之国埃尔多拉多时消失得无影无踪。一个关于权力和疯狂的故事。

1973 《木雕家斯泰纳的狂喜》

纪录片。年轻的木雕家、优秀的跳台滑雪运动员瓦尔特·斯泰纳在普拉尼察世界锦标赛上多次飞向死亡地带。一部关于狂喜和死亡的电影。

1974 《卡斯帕尔·豪泽尔之谜》

故事片。弃儿卡斯帕尔·豪泽尔被释放到了纽伦堡。他对世界、语言和其他人一无所知。一个独特的历史人物的谋杀案。

1976 《玻璃精灵》

故事片。18 世纪的牧羊人米尔希亚斯尔看到了世界末日的幻象。村民们就像梦游者一样，从一个村子走向预言的终点。所有演员的表演都在催眠下完成。

《没人愿意跟我玩》

短片。一个孤独的男孩和他会说话的乌鸦。

《一只土拨鼠能啃掉多少木头》

纪录片。宾夕法尼亚州的牲畜拍卖世锦赛。关于语言最终的边界，资本主义最后的诗歌。

《史楚锡流浪记》

故事片。出狱后，史楚锡梦想着在美国过上新的生活。他带上埃娃和一位老人一起出发，前往威斯康星州。一首叙事诗。

1977 《苏弗雷火山》

纪录片。一场不可避免的灾难前的等待。只有一个贫穷的农民拒绝在火山爆发前撤离。

1979 《诺斯费拉图》

故事片。德古拉伯爵带着一万只老鼠前往维斯马。只有女人的爱能够让他走向毁灭。

《沃伊采克》

故事片。改编自毕希纳的戏剧。饱受虐待的奴才沃伊采克一怒之下杀死了他的爱人。

1980 《信仰与货币》

纪录片。电视传道士吉恩·斯科特博士威胁他的信徒如果不在几分钟内汇款，他就关掉电视台。

《布道家》

纪录片。主教休伊·罗杰斯博士在他的教众面前摇摇晃晃地讲道，越讲越像一个宗教狂热分子。

1982 《陆上行舟》

故事片。布莱恩·斯威尼·菲茨杰拉德[1]梦想着在丛林里建造一座伟大的歌剧院。为了到达人迹罕至的橡胶产区，他让数百名丛林印第安人将一艘蒸汽船拖过一座山。

1 主人公全名，他被当地人称为菲茨卡拉多。

1984 《绿蚂蚁做梦的地方》

故事片。一群澳大利亚原住民试图从采矿公司的推土机下拯救绿蚂蚁的圣地。

《士兵的歌谣》

纪录片。在洪都拉斯和尼加拉瓜边境交界地区与儿童兵同行。

1985 《发光的山》

纪录片。登山家赖因霍尔德·梅斯纳和汉斯·卡默兰德尔攀登了加舒尔布鲁木峰中两座八千米以上的山峰。

1987 《眼镜蛇》

故事片。巴西亡命徒曼努埃尔·达席尔瓦升任西非达荷美总督。改编自布鲁斯·查特文的小说。

1988 《法国人印象》

短片。从不同导演的视角看法国。

1989 《太阳牧者》

纪录片。南撒哈拉游牧民族沃达贝的部落会议。由女性选出最美的青年男子。

1990 《来自昏暗国度的回声》

纪录片。陆军将军让-贝德尔·博卡萨在拿破仑风格的仪式上加冕为中非共和国皇帝。

1991 《石头的呐喊》

故事片。两名登山运动员在世界上最困难的山峰巴塔哥尼亚托雷峰上互相竞争，直至逼死对方。

《乌代布尔王公的古怪私人院》

纪录片。奥地利艺术家安德烈·海勒将印度最好的魔术师、舞蹈家和耍蛇人全部聚集在乌代布尔的一个大型剧院。

《电影课程》（1至4集）

四部纪录片。维也纳国际电影节期间与嘉宾一起在杂耍帐篷里拍摄。

1992 《黑暗之课》

纪录片。伊拉克军队放火焚烧科威特所有的油井之后，我们的星球出现的末日景象。

1993 《来自深处的钟声》

纪录片。俄罗斯的信仰与迷信。失踪的信徒在沉默的基捷日城敲响钟声。

1994 《将世界化为音乐》

纪录片。拜罗伊特瓦格纳音乐节的幕后花絮。

1995 《五声部的死亡》

纪录片。韦诺萨的卡洛·杰苏阿尔多，这位“黑暗王子”，在他所处时代的四百年前，便创作出了超越时代的音乐，深深地影响了斯特拉文斯基。

1996 《小小迪特想要飞》

纪录片。迪特·登格勒只是想飞行，却被卷入越南战争。他是唯一一个从越共在老挝的囚禁中逃脱的美军。

1999 《我的魔鬼》

纪录片。克劳斯·金斯基去世多年后，沃纳·赫尔佐格拍摄的一部电影，讲述了他们在五部电影中爆炸般的合作经历。

《上帝与负载者》

纪录片。在危地马拉，玛雅人崇拜着一位打扮得像富有的牧场主的神灵。

2000 《希望的翅膀》

纪录片。朱莉安·科普克是一场秘鲁丛林空难的唯一幸存者，本书作者只是由于一连串巧合才躲过本场空难。

2001 《朝圣》

纪录片。墨西哥的信徒们在瓜达卢佩圣母像前的痛苦与狂喜。

《纳粹制造》

故事片。在柏林的一场杂耍演出中，一位波兰犹太裔铁匠学徒被誉为世界上最强壮的人，引起纳粹的不满。他警告家人危险即将来临，但家人拒绝听信。

2002 《一瞬万年》

纪录片。乌鲁伊乌瓦瓦部落第一次与文明世界接触，在短短几分钟内被推向了一万年后的未来。

2004 《白钻石》

纪录片。格雷厄姆·多林顿在他的第一艘飞艇首飞时发生了悲惨事故后，在圭亚那丛林上空测试一艘新的飞艇样机。

2005 《灰熊人》

纪录片。蒂莫西·崔德威尔想要保护阿拉斯加的熊免受偷猎者的侵害。他对大自然的悲剧性误解使他和女友付出了生命的代价，两人被灰熊撕碎而死。

《蓝星人怀乡曲》

故事片。一个被困住的外星人以失败者的身份来到我们的星球。他渴望回到自己的星球。

2006 《重见天日》

故事片。在战后德国长大的迪特·登格勒被越共俘虏，经历了他人无法想象的命运，在丛林中勉强死里逃生。

2007 《在世界尽头相遇》

纪录片。梦想家和科学家们在世界尽头的南极洲相遇。一曲对一片大陆及其临时居民的颂歌。

2009 《坏中尉》

故事片。新奥尔良饱受腐败、毒品和飓风的蹂躏，是凶杀案侦探的理想之地。一个关于邪恶所带来的快感的故事。

《波希米亚人》

短片。为伦敦歌剧季开幕式在非洲拍摄歌剧《波希米亚人》。

《儿子，你都干了什么？》

故事片。一位才华横溢的年轻演员在排练《俄瑞斯忒亚》时陷入疯狂。他再也无法将舞台剧与现实分开，用道具剑杀害了自己的母亲。

2010 《忘梦洞》

纪录片。于不久前刚被发现的肖维岩洞中拍摄。那里的壁画创作于大约三万年前，保存完好，具有极强的艺术现代感。

《快乐的人们》

纪录片。重新剪辑自德米特里·瓦修科夫的一部长达四小时的电影，讲述了孤独的西伯利亚深处的皮毛猎人的故事。

2011 《人类初始的颂歌》

短片。荷兰大提琴家恩斯特·赖斯格在演奏时，进入了另一个世界。

《凝视深渊》

纪录片。迈克尔·佩里在得克萨斯州的死囚牢中，一周之后他将被处决。关于一起难以理解的虚无主义罪行。

2012—13《死囚》

八部关于人性深渊的纪录片。拍摄于佛罗里达州和得克萨斯州的死囚牢中。

2013 《须臾之间》

纪录片。驾驶者在开车时发短信带来的悲剧。

2015 《沙漠女王》

故事片。作家、考古学家格特鲁德·贝尔对奥斯曼帝国解体后中东的政治格局形成发挥了重要作用。

2016 《你瞧，网络世界的幻想》

纪录片。回顾互联网从诞生到过度发展的今天。

《盐与火》

故事片。一位生物学家被绑架，与两个失明的男孩一起被困在盐漠中。

《进入地狱》

纪录片。与火山学家克莱夫·奥本海默一起环游世界。关于火山爆发及其对人类影响的壮观影像。

2018 《会见戈尔巴乔夫》

纪录片。与安德烈·辛格合作。苏联最后一任主席与本书作者讨论人生与政治。

2019 《家庭罗曼史有限公司》

故事片。日语。一位被经纪公司雇用的演员假扮一个十一岁女孩的父亲，以满足女孩见到父亲的渴望。

《游牧者：跟随布鲁斯·查特文的脚步》

纪录片。从本书作者的角度讲述与一位伟大英国作家的邂逅。

2020 《火球：来自黑暗世界的访客》

纪录片。与克莱夫·奥本海默一起环游世界，探寻最猛烈的陨石撞击，以及其对生命和文化的影响。

2021 《思想剧场》

纪录片。科学家破译我们大脑最深处的秘密、思想和妄想。

2022 《心火：写给火山夫妇的安魂曲》

无法分类。致法国火山学家卡蒂亚与莫里斯·克拉夫特的安魂曲。他们在日本拍摄火山爆发时英年早逝。本片由他们拍摄的世界末日影像组成。

歌剧导演作品

1985 《浮士德博士》（布索尼）

博洛尼亚市政剧院

1987 《罗恩格林》（瓦格纳）

拜罗伊特理查德·瓦格纳节日剧院

1989 《圣女贞德》（威尔第）

博洛尼亚市政剧院

1991 《魔笛》（莫扎特）

卡塔尼亚贝利尼剧院

1992 《湖边女郎》（罗西尼）

米兰斯卡拉剧院

1993 《漂泊的荷兰人》（瓦格纳）

巴黎巴士底剧院

1994 《瓜拉尼》（戈麦斯）

波恩剧院

《诺尔玛》（贝利尼）

维罗纳圆形竞技场

1996 《瓜拉尼》（戈麦斯）

华盛顿歌剧院

1997 《忠臣藏》（三枝成彰）

东京文化会馆

《唐豪瑟》（瓦格纳）

塞维利亚马埃斯特兰萨剧院、列日瓦隆皇家歌剧院

1998 《唐豪瑟》（瓦格纳）

那不勒斯圣卡洛剧院、巴勒莫马西莫剧院

1999 《唐豪瑟》（瓦格纳）

马德里皇家剧院

《魔笛》（莫扎特）

卡塔尼亚贝利尼剧院

《费德里奥》（贝多芬）

米兰斯卡拉剧院

2000 《唐豪瑟》(瓦格纳)

巴尔的摩歌剧院

2001 《圣女贞德》(威尔第)

热那亚卡洛·费利切剧院

《唐豪瑟》(瓦格纳)

里约热内卢市政剧院

《魔笛》(莫扎特)

巴尔的摩歌剧院

2002 《漂泊的荷兰人》(瓦格纳)

爱尔福特教堂台阶艺术节

2003 《费德里奥》(贝多芬)

米兰斯卡拉剧院

2008 《帕西法尔》(瓦格纳)

巴伦西亚艺术宫

2013 《两个福斯卡罗》(威尔第)

罗马歌剧院

图书在版编目（CIP）数据

灵魂的风景 ： 赫尔佐格回忆录 / （德） 沃纳·赫尔佐格著 ； 沈巍译. -- 上海 ： 文汇出版社, 2025. 10.
ISBN 978-7-5496-4566-4

Ⅰ. K851.657.8

中国国家版本馆CIP数据核字第20252TW463号

灵魂的风景：赫尔佐格回忆录

作　　者／ ［德］沃纳·赫尔佐格
译　　者／ 沈　巍
出版统筹／ 杨静武
责任编辑／ 何　璟
特邀编辑／ 周劼婷　郑科鹏
营销编辑／ 王晨鑫　张小莲
装帧设计／ 邵　年 @ 公共劳动 Public Labour
内文制作／ 王春雪
出　　版／ 文匯出版社
上海市威海路 755 号
（邮政编码 200041）
发　　行／ 新经典发行有限公司
电　　话／ 010-68423599　邮　　箱／ editor@readinglife.com
印刷装订／ 北京盛通印刷股份有限公司
版　　次／ 2025 年 10 月第 1 版
印　　次／ 2025 年 10 月第 1 次印刷
开　　本／ 850×1168　1/32
字　　数／ 220 千
印　　张／ 11.5

ISBN 978-7-5496-4566-4
定　　价／ 79.00 元

Author: Werner Herzog
Title: Jeder für sich und Gott gegen alle. Erinnerungen

Chinese language edition arranged through HERCULES Business & Culture GmbH, Germany

The translation of this work was supported by a grant from the Goethe-Institut.
版权登记图字 09-2025-0535